Martin Hochmeister

Siebenbürgische Quartalschrift

Martin Hochmeister

Siebenbürgische Quartalschrift

ISBN/EAN: 9783743316942

Hergestellt in Europa, USA, Kanada, Australien, Japan

Cover: Foto ©ninafisch / pixelio.de

Manufactured and distributed by brebook publishing software (www.brebook.com)

Martin Hochmeister

Siebenbürgische Quartalschrift

Siebenbürgische Quartalschrift.

Zweyter Jahrgang.

Hermannstadt,
verlegt bei Martin Hochmeister, k. k. privilegirten
dikasterial Buchdrucker und Buchhändler.
1791.

Inhalt des ersten Hefts.

I. Skizze der Superintendenten Augsburgischer Konfession in Siebenbürgen . . . . Seite 1

II. Abriß der Drangsale welche Hermannstadt und Cronstadt unter dem Fürsten Gabr. Bathori erlitten 36

III. Chronologische Tafel der Provinzialbürgermeister, Stuhlrichter und Stadthannen in Hermannstadt. 55

IV. Verzeichniß sämmtlicher, während dem letzten Türkenkriege in Gefangenschaft gerathener Kaiserl. Offiziers und Soldaten 84

V. Vaterländische Anzeigen
   I. Literatur 90
   II. Politik 95
   III. Physik 100
   IV. Entdeckung in der Heilkunde 101
   V. Sittengeschichte 103
IV. Mortalitätstabellen 108

Zweytes Heft.

I. Der Brand im Getraide, dessen Ursachen und Mittel darwider 111

II. Nachrichten von dem Siebenbürgischen Fürsten Johannes Kemeny 134

III. Die Provinzialbürgermeister zu Hermannstadt im Großfürstenthum Siebenbürgen, von Joh. Seivert . . . 154

IV. Etwas über das Schwefelbad bei Bazen unweit Mediasch, oder das sogenannte brennende Wasser . . . 207

V. Vaterländische Anzeigen.
   1. Literatur 215
   2. Politik 230
   3. Oekonomie 232

Drittes Heft.

I. Fortsetzung der Provinzialburg. zu Hermannstadt 235
II. Vaterländische Anzeigen
   a. Politik 307
   b. Oekonomie 308
   c. Partiale Mortalitätstabelle von Hermannstadt . 308
   d. Literarische Miscellen 309-314
III. Verzeichniß der in Siebenbürgen wildwachsenden offizinellen Pflanzen.

Viertes Heft.

I. Beschluß der Provinzialbürgermeister von Hermannstadt. 315
II. Die Gesundbrunnen des Szekler Stuhls Haromszek in Siebenbürgen von Dr. Barbenius 353
III. Vaterländische Anzeigen
   a. Literatur 404
   b. Mortalitätstabellen 424

Siebenbürgische Quartalschrift.

Zweiter Jahrgang
Erstes Quartal.

I.

Skizze
der Superintendenten Augsburgischer Konfession, im Großfürstenthum Siebenbürgen.

Vorbericht.

Ausländischer Leser wegen ist zu erinnern, daß die Würde und Gerichtsbarkeit der evangelischen Superintendenten in Siebenbürgen, bei weitem von grösserm Umfange sei, als etwa die der Superintendenten im protestantischen Auslande. Diese haben bekanntlich nur einen einzigen Kirchensprengel von wenigen Gemeinden unter ihrer Aufsicht und sind, nebst dem übri=

übrigen Spezial-Superintendenten einen General-Superintendenten, der die Oberaufsicht über alle Kirchen einer größern Diözes oder gar eines kleinen Landes führt, untergeordnet, welcher allein die bischöflichen Rechte ausübt. Daher denn dieses Oberhaupt der Kirchen auch in manchen Ländern, z. B. in Schweden, England u. a. den Titel eines Bischofs (Episcopus) führt. Und nichts geringers als diese Würde führt denn auch der Superintendent der evangelischen Kirchen in Siebenbürgen. Deswegen wird er auch zum öftern in Urkunden Episcopus und im gemeinen Sprachgebrauch Bischof genannt. Er ist es, dem die Ordination aller evangelischen Kirchenlehrer des Landes zukommt; der die Synoden zusammenberuft, bei welchen er den Vorsitz hat; und der die höchste Behörde des geistlichen Gerichts ausmacht. Untergeordnet sind ihm alle Dechanten, oder nach dem Stil des protestantischen Teutschlands, als Spezial-Superintendenten der beiläufig 150 evangelischen Gemeinden Siebenbürgens, an welchen 427 ordinirte Pfarrer (Pastores) u. Prediger (Diaconi) dienen. — Jedoch über den ganzen Umfang der bischöflichen Rechte der Siebenbürgischen Superintendenten Augsburgischer Konfession, welche in Ansehung der Hermannstädter und Burzenländer Dekanate einige Einschränkungen leiden, behält man sich vor, in einem künftighin in diesen Blättern einzurückentenden Aufsatz: über die Gegenstände der Gerichtsbarkeit des evangelischen Clerus in Siebenbürgen, sich etwas umständlicher auszubreiten; und begnügt sich für diesmal dem Publikum nur diese kurze Lebensbeschreibungen der Oberhäupter der eavngelischen Kirchen in Siebenbürgen vorzulegen; wozu der Herausgeber die Materialien größtentheils unter den hinterlassenen Papieren unsers verdienstvollen vaterländischen Geschichtschreibers Seivert vorgefunden hat. Die schriftstellerischen Verdienste, die sich viele dieser merkwürdigen Männer erworben haben, kann man hier um so vielmehr mit Stillschweigen übergehen, da sie der eben jetzt genannte Geschichtschreiber in einem seiner schon gedruckten Werke ausführlich geschildert hat. Dies interessante Buch, das unter uns noch lange nicht so bekannt ist, als es verdiente, führt den Titel: **Johann Seiverts Nachrichten von Siebenbürgischen Gelehrten und ihren Schriften. Preßburg, im Weber und Korabinskischen Verlage 1785. 519 Seiten, in 8.**

I. Paulus Wiener.

Die alte Matrikel der Herrmannstädter Pfarrer ertheilt uns, als eine gleichzeitige Urkunde, wohl die sicherste Nachricht von diesem Manne,

Manne, dessen Geschichte sonst wenig bekannt ist. Sie verschweigt uns indessen seinen Geburtsort; es bleibt also unentschieden, ob es Hainburg, oder Wien gewesen sei. So viel ist richtig: **Wiener** war Kanonikus und Prediger zu Laubach in Niederkrain. Allein die evangelische Glaubenslehre, zu der er sich bekannte, zog ihm den Verlust seines Dienstes und die Verbannung zu. Er nahm seine Zuflucht nach Siebenbürgen, wo er zu Hermannstadt willige Aufnahme fand. Der Magistrat gab ihm einen jährlichen Gehalt und **Wiener** diente zwei Jahre als Diakonus bei der Kirche. Nach dem Tode des Stadtpfarrers **Bartholomäus Altenberger**, erhielt er den 11ten May, 1552 dessen erledigte Würde. Diese bekleidete er mit solchem Beifall, daß ihn die versammelte Geistlichkeit 1553 den 6ten Februar einmüthig zum Superintendenten erwählte. Die Einweihung der Lehrer der Kirche zu ihrem Amte wurde ihm, unter folgenden Bedingungen zu ertheilen, anvertraut:

1. Die Kandidaten des Ministeriums sollen die Hauptstücke der christlichen Lehre und besonders den Katechismus wohl inne haben, dieselben herzusagen und zu erklären wissen.

2. Die Erklärungen und was sie behaupten, sollen sie mit Zeugnissen der heiligen

ligen Schrift beweisen und anzeigen, wo sich dieselben befinden.

3. Was sie lateinisch sagen, sollen sie in ihrer Muttersprache wiederholen; damit man erkenne, ob sie es auch verstehn und dem Volke vortragen können.

4. In Absicht der streitigen Lehrpunkte sollen sie die wahre Lehre anzeigen und mit Zeugnissen der heiligen Schrift erweisen.

5. Die Bücher des alten und neuen Testamentes sollen sie ihrer Zahl und Ordnung nach kennen.

6. Sollen sie das Zeugniß eines gottseligen Wandels haben und heilig versichern, daß sie sich der gesunden Lehre in den Schriften der Apostel und Propheten befleissigen und ihre treue Nachfolger und Bekenner seyn wollen.

Den 22ten März darauf, ward die erste Ordination vollzogen. Allein die Vorsehung hatte Wienern nur eine kurze Laufbahn in diesem wichtigen Amte bestimmt, indem er 1554 den 16ten August ein Opfer der, damals so schrecklich wütenden Pest wurde. Es lassen zwar einige Katalogisten Wienern aus der Reihe der Sächsischen Superintendenten aus,

weil er nicht die Landesherrschaftliche Bestät=
tigung gehabt hatte; allein diese war damals
noch nicht gebräuchlich. Selbst im Jahr 1595
war sie es nicht; da auf der Synode dieses
Jahres zu Mediasch, die Frage: ob die Su=
perintendenten von dem Landesfürsten zu be=
stättigen seyen? also beantwortet wurde: es
sei nicht nöthig, indem auch die reformirten
und unitarischen Superintendenten nicht bestät=
tiget würden. — M i l e s begeht übrigens un=
ter mehrern seiner historischen Fehler in sei=
nem Würgengel auch diesen: daß er einen
F r a n z W e i d n e r (Salicæus) für den er=
sten Superintendenten erklärt. Dies war er
aber nicht; sondern nur General=Dechant und
Pfarrer in Birthelm.

II. Matthias Hebler.

Ein um die evangelische Kirche höchst=
verdienter Mann. Allein den Nachrichten, die
uns Czwittinger und Schmeizel von
ihm geben, ist nicht ganz zu trauen; bessere
giebt uns von ihm die obengedachte Parochial=
Matrikel von Hermannstadt. Sein Geburts=
ort war K a r p e n in der Altsohler Gespann=
schaft in Ungern. Er studirte zu Wittenberg,
woselbst er auch Magister der freien Künste
wurde. Von hier kam er nach Hermannstadt
und wurde 1551 Kollege bei der dasigen Schu=
le und das folgende Jahr Rektor. Allein auf
drin=

dringendes Verlangen des damaligen Stadtpfarrers Wiener und des Raths, verwechselte er 1554 das Rektorat mit dem Predigerdienste. Nach des erstern Tode erklärte ihn eine einmüthige Wahl des innern und äussern Raths, 1555 zu dessen Nachfolger im Amte; worauf er denn auch 1556 am Feste Petri und Pauli die Superintendur erhielt. Eine sehr glückliche Wahl. Denn der größte Theil der Sächsischen Geistlichen waren zu dieser Zeit mehr alte und fromme, als gelehrte und besonders in der Polemik geübte Männer. Die Umstände der evangelischen Religion erforderten aber gerade jetzt einen Mann von gründlicher und ausgebreiteter Gelehrsamkeit. Dies war Hebler in hohem Grade und verband hiemit noch die Gabe einer erobernden Beredsamkeit und eines unüberwindlichen Muthes. Und es bleibt wohl wahr was unsre Väter von ihm zum Sprichwort machten: Martinus (Luther) wäre in Siebenbürgen nicht bestanden; wenn nicht Matthias gekommen wäre. Franz Davidis fand sowohl als Anhänger Kalvins, als nachgehends des Socin keinen mächtigern Gegner als Heblern, der alle seine Versuche, die Sächsische Nation zu seiner Parthei zu ziehen, glücklich vereitelte. Unter andern bewies sich Hebler als einen männlichen Vertheidiger der evangelischen

Glaubenslehre in einer Versammlung der reformirten Ungrischen und evangelisch=Sächsischen Geistlichkeit, welche auf Befehl der Königin Isabelle, dem 18ten August 1559 zu Mediasch gehalten wurde. (*) Hebler war

Vor=

(*) Bei dieser Gelegenheit ließ der Burgermeister und Rath von Hermannstadt folgendes merkwürdige Schreiben an Heblern und die versammelte Geistlichkeit ergehen:

Reverendi Domini, Amici honorandi. Salutem & sincerae concordiae felix incrementum!

Quoniam intelleximus, in quibusdam Ecclesiis quandam dissensionem in religione ortam esse, propter quam R. V. D. maxime convenisse percipimus; precamur autem Dominum nostrum Iesum Christum mediatorem & intercessorem nostrum, ut suo Sancto Spiritu accendat, gubernet & regat corda Vestra, quo nascenti malo & errori resistere & in unitate *Spiritus* & *doctrinae* constantia perseverare possitis, id quod faxit Deus. Amen! Sed quia necessarium, est malo praevenire dum adhuc in herbis est, & unusquisque sua fide certus esse debeat; certi itaque sumus, & constantes affirmamus, doctrinam, quae hactenus in Ecclesiis nostris sonuit, ipsissimam veritatem esse, consonam Apostolorum & piorum patrum scriptis & ne latum ungvem ab ea discedere volumus. Et cum maxima praecipuaque cura nostra ea esse debeat, ut cultus divinus & religio christiana in Ecclesiis pure conservetur, ne improvida & incauta multitudo, misellus populus in errorem labatur: quocirca R. V. D. rogamus, hortamur & per Iesum Christum orantem patrem coelestem, ut unum simus, sicut & ipse cum patre & Spiritu S. unus est, obtestamur, quo nullam aliam doctrinam amplectentur, quam eam, quae hactenus in Ecclesiis nostris conservata est. Caeteros quoque fratres Vestros commonere et hortari velint, ut & ipsi similiter constantes sint, neve ventum sese

faci-

Vorsizer, Dionisius Alesi, ein Klausenburger und Pfarrer zu Foenesch war Responsdent. Ihre Gegner aber in diesem lebhaften Streite Franz Davidis und Kaspar Helt. Eben so wuste er auch nachgehends die Glaubenslehren seiner Kirche gegen Franz Stankarus und Martin Kalmancháí glücklich zu vertheidigen. Unter so mancherlei Unruhen vollendete Hebler, 1571 seine Laufbahn mit Ruhm und Ehre. Den 12ten August verfiel er nach gehaltener Sonntagspredigt, in eine tödliche Schwachheit, an welcher er den 18ten Septemb. um 8 Uhr, in den Armen seines Beichtvaters sanft entschlief. Sein Leichnam wurde den folgenden Tag in die Kathedralkirche neben den Altar beigesetzt. Man sieht noch daselbst sowohl seinen Grabstein, als an der Mauer das, ihm von seinen Freunden schriftlich errichtete Denkmal.

III. Lukas Ungler (Ungleich)

Er war von gutem Hause aus Hermannstadt gebürtig und daselbst Rektor der Schule, als ihn die Sächsische Geistlichkeit,

1361

facile movere sinant; quandoquidem nullis modis, nec ullis rationibus, Ecclesiis Saxonicis doctrinam prædicari admittemus, quam eam, quæ, ut dictum est hactenus, in Ecclesiis nostris, laus Deo optimo Maximo! pure promulgata est. Easdem R. V. D. quam felicissime valere optamus. Datæ Cibinii, 14. Mensis Augusti, A. 1559.

1561 nebst Georg Christiani Pfarrern zu Heltau und Nikolaus Fuchs Pfarrern zu Honigberg nach Teutschland abordnete. Die Absicht dieser Gesandschaft war, das Glaubensbekenntnis der Sächsischen Geistlichkeit vom heiligen Abendmahl den Akademien: Leipzig Wittenberg, Frankfurt und Rostok zur Prüfung zu übergeben und ihr Gutachten darüber einzuholen. Nach glücklich verrichteten Geschäften kamen sie das folgende Jahr in ihr Vaterland zurück. Hierauf wurde Ungler Pfarrer zu Kelnek unter dem Walde, wie auch Dechant des dasigen Kapitels. Von hier berief ihn die Gemeine zu Reichesdorf im Mediascher Stuhl zu ihrem Seelsorger und 1571 erhielt er die Pfarre Birthelm. Nach Heblers Tode, der in diesem Jahr erfolgte, wurde 1572 den 2ten May auf Befehl des Landesfürsten Stephan Bathori eine Versammlung der Sächsischen Geistlichkeit in Mediasch gehalten, woselbst Ungler zum Superintendenten erwählt wurde. Weil er sich aber hier weigerte, seine Pfarre zu verlassen und nach Hermannstadt zu kommen; so ist von dieser Zeit an Birthelm der beständige Sitz der Superintendenten verblieben.

Seine Amtsführung war ebenfalls, wie die seines Vorgängers mit vielen Unruhen durchflochten, welche die Aufrechthaltung der eingeführten Lehre nothwendig machten.
Doch

Doch erzeigte er sich jederzeit seines Amtes würdig Im Jahr 1593 leistete er der Sächsischen Geistlichkeit einen sehr wichtigen Dienst. Fürst Siegmund Bathori verlangte, auf Anrathen des Kanzlers Kowachozi und Balthasar Bathori von dem Sächsischen Klerus: 1. Die Pfarrer des Hermannstädter und Burzenländer Dekanats sollten so, wie die übrigen Pfarrer von dem Fürsten bestättigt, 2. Der vierte Theil der Zehenten sollte dem Fürsten ohne Bezahlung überlassen und 3. alle neu anzustellende Sächsischen Pfarrer von ihm erbeten werden, weil öfters ungelehrte Leute dazu befördert, Gelehrte hingegen übergangen würden. — Als sich aber dieser Fürst einmal zu Großau, unweit Hermannstadt befand; war Ungler, nebst dem Königsrichter von Hermannstadt, Albert Huet und dem Burgermeister Johann Waida so glücklich, durch überwiegende Gründe, ihn zu bewegen, sie bei ihren alten, gesetzmässigen Freiheiten zu lassen.

Da Ungler 1595 sich seinem Lebensende nahe zu seyn glaubte; so überreichte er der Synode zu Mediasch den 10ten Apr. ein feierliches Bekenntnis über alle Lehren seines Glaubens, nach welchem er auch nach seinem Tode beurtheilt seyn wollte. Indessen lebte er noch bis 1600, da er denn den 27sten November, im 74sten Jahr seines Lebens in die Ewigkeit übergieng.

IV.

IV. Matthias Schifbaumer.

Nach seiner Zurückkunft von der hohen Schule zu Wittenberg, woselbst er 1578 lebte, erhielt er, 1580 das Diakonat zu Meschen im Mediascher Stuhl. In diesem Dienst lebte er sieben Jahre; darauf er zum Pfarrer nach Nimesch beruffen wurde. Doch sein Geist war eines größern Wirkungskreises, als dieses kleinen Dorfes, würdig und erhielt ihn auch; indem er 1591 den 15ten Jul. nach Kleinschelk und nach dem Tode des Stadtpfarrers Franz Valentinian, 1598 den 1ten Jul. nach Mediasch beruffen wurde. Hier erwarb er sich solche Achtung, daß er 1601 den 12ten März die Superintendur erhielt, nachdem er schon den 10ten Decemb. 1600 von den Birthelmern zum Pfarrer war erwählt worden. — Bei seiner Wahl wurde in der Synode zu Mediasch die Frage aufgeworfen: wie lange ein Superintendent seine Würde bekleiden solle? Hierauf antwortete Thomas Bordan, Pfarrer zu Stolzenburg und Dechant des Hermannstädter Kapitels: Nur treue Amtsführung, Bescheidenheit und Gottseligkeit könnten es bestimmen, wie lange er sein Amt verwalten solle. Die ganze Versammlung gab hiezu ihre Einwilligung. Zugleich wurden zween Artikel in Absicht der Gewalt eines Superintendenten und der Sicherheit der eingeführten Glaubenslehre vestgesetzt. Nach derselben besitzt ein Su-
perin-

perintendent die Vollmacht, sein Amt nach den eingeführten Kirchenrechten ungehindert zu verwalten; doch soll er die einzelnen Kapitel und Dechanten in ihren alten Rechten und Gesetzen nicht beunruhigen. Wenn also jemand in einer Klagsache seinen betreffenden Dechanten übergeht und ohne Vorwissen desselben und des Kapitels, gleich zu dem Superintendenten seine Zuflucht nimmt; so soll dieser die Sache nicht annehmen, bis sie nicht nach dem ordentlichen Lauf des Rechts vor ihn gelanget. — Ferner: ein neuerwählter Superintendent soll es mit einem Eide versichern, daß er keine Neuerung in der Lehre einführen wolle.

1604 den 25sten Jänner hielt **Schifbaumer** eine Synode zu Mediasch, darinn unter andern beschlossen wurde: daß die verschiedenen alten Kirchenbräuche, in so weit sie mit dem göttlichen Worte übereinstimmten und zur Erbauung abzwekten, bei den Gemeinen sollten beibehalten und nichts unbedachtsamerweise und ohne nöthige Vorbereitung der Zuhörer sollte abgeändert werden. Ferner: die Prediger sollten sich aller bittern und beschimpfenden Ausdrücke gegen andre Religionsverwandten enthalten; vielmehr in ihren öffentlichen Vorträgen sich befleissigen, die Zuhörer zu erbauen, zu unterrichten und zu trösten. Fänden sie es ja für nöthig, irrige Lehrsäze zu widerlegen; so sollte dies mit Bescheidenheit und gründ=

lichen Beweisen geschehn. — Im Jahr 1607 den 13ten Nov. hielt Schifbaumer abermals daselbst eine Kirchenversammlung, wo unter andern verordnet wurde: daß die priesterliche Kopulation verlobter Personen, so auch der Kirchgang der neuvermählten Frauen und der Sechswöchnerinnen beständig vormittags um 8 oder 9 Uhr etwa geschehen solle. Uibrigens wurde auch vestgesetzt: daß zu Taufzeugen keine Unmündige, auch keine Erwachsene die den Katechismus nicht inne hätten und gar keine Unitarier zugelassen werden sollen und von andern Religionsverwandten, im Nothfalle eine einzige Person. Unter solchen und dergleichen zum Besten der Kirche abzielenden Geschäften, beschloß Schifbaumer sein Leben, 1611 den 30sten August, in einem Alter von 64 Jahren. Des Krypto=Kalvinismus wurde er nach seinem Tode sehr verdächtig. Uibrigens ist noch anzumerken, daß Schifbaumer den letzten Sächsischen Pfarrer zu Rimnik in der Oesterreichischen Walachei ordinirte. Dieser hieß Ananias und starb 1642.

V. Johann Budaker.

Das Budakerische Geschlecht war ehmals eins der blühendesten in Bistriz. Caspar Budaker starb als Stadtrichter 1592, Johann Budaker in gleicher Würde 1603 und Martin Budaker erhielt das Amt eines

eines Stadtrichters 1622. Wie nahe diese unserm Budaker verwandt gewesen, ist man hier nicht im Stande anzugeben. Genug er weihete sich der Kirche und hatte das besondere Schicksal, daß er in einem Jahr nach und nach an drei verschiedenen Orten Pfarrer wurde. In dem schrecklichen Jahr 1602 da Krieg, Hunger und Pest den volkreichen Bistrizer Distrikt fast zur Einöde machten, (*) fanden auch die Pfarrer zu Treppen, Heidendorf und Bistriz nacheinander ihren Tod. Allen diesen folgte B u d a k e r in ihrem Amte. Am letzteren Orte lebte er bis 1611, da er denn zum Nachfolger des verstorbenen S c h i f b a u m e r erwählt wurde. Die Gabriel Bathorische Unruhen — eine der traurigsten Epochen für die Sächsische Nation überhaupt und ihre Geistlichkeit insbesondere — verhinderten seine förmliche Einführung in diese Würde und darum mag auch Budaker in vielen Verzeichnissen der Sächsischen Superintendenten ausgelassen seyn; doch verwaltete er nebst Z a c h a r i a s W e y r a u c h Pfarrern zu Meschen, die öffentlichen Geschäfte bis in seinen Tod, der 1613 den 29sten Jänner, im 38sten Jahre seines Alters erfolgte.

VI. Zacharias Weyrauch (Thurinus)

Er wurde 1552 zu Reps geboren, woselbst sein Vater Bartholomäus Weyrauch im
Jahr

(*) Eine lebhafte Schilderung dieser tragischen Auftritte findet man im Ungrischen Magazin, Band. 1. S. 173 u. f. f.

Jahr 1575 starb. In eben diesem Jahr erhielt er die Schweischer Pfarre, welche er bis 1586 verwaltete, da er denn nach Schas in Schäßburger Stuhl beruffen wurde. Von hier erhielt er 1589 den Ruf nach Reisd, dem er auch folgte; benn 1600 nach Hezeldorf, im Medjascher Stuhl und bann ging er zur Pfarre nach Meschen. Hier bekleidete er sechs Jahre das General-Dekanat. Worauf er 1614 den 17ten Februar, zum Superintendenten erwählt wurde. Er that alles Mögliche, die Kirche von den hie und da angenommenen Kalvinischen Lehrsätzen abzusondern. Er beschloß sein Leben den 6ten Jänner, 1621 in einem Alter von 69 Jahren. Sein Sohn Johann Weyrauch diente gleichfalls der Kirche und war zulezt Pfarrer in Groskopisch.

VII. Franz Grafius.

Sein Geburtsort war Eibesdorf in Mediascher Stuhl. Als Pfarrer zu Reichesdorf und General-Dechant erhielt er, nach Johann Budaker die Stadtpfarre zu Bistriz, woselbst er bis 1621 lebte. Nach Weyrauchs Tode beriefen ihn die Birthelmer zu ihrem Seelsorger, darauf er in der Synode zu Mediasch den 25sten May auch zum Superintendenten erwählt wurde. Er bekleidete aber diese Würde wenig Jahre, indem er an der

Wasser-

Wasserfucht, 1627 den 1ten Junius im 58sten Jahr seines Lebens, starb.

Nach seinem Tode strebte **Peter Bierloch**, (Zytopoeus.) Pfarrer zu Tartlau in Burzenlande sehr nach der Superintendur, brachte es auch durch heimliche Kunstgriffe so weit, daß ihn die Birthelmer zum Pfarrer erwählten. Er versprach auch dem Fürsten Gabriel Bethlen die Hälfte seiner zu beziehenden Zehnten und doch konnte er seine ehrgeitzigen Absichten nicht erreichen. Seine Wahl wurde durch einen Synodalschluß verworfen und der neuerwählte Superintendent erhielt die Pfarre, dieses war

VIII. Georg Thellesius.

Ein Mann von großem Ansehn in der Kirche, ein vortreflicher Redner und geschickter Weltweiser. Er war zu Agnethlen im Großschenker Stuhl geboren, erhielt auch daselbst die Pfarre Jakobsdorf. Von hier wurde er 1618 nach Reisd beruffen und nach dem Tode des Stadtpfarrers **Simon Kirtscher**, 1621 nach Mediasch. Als General-Dechant hielt er 1627 den 18ten Nov. eine Synode zu Hermannstadt, worinn er den 22sten Nov. zum Superintendenten gewählt wurde. Als die Kandidation dazu von den Dechanten geschehen sollte, warfen die Aeltesten der Kapitel die Fraer auf: ob nicht vielmehr ihnen dieses Recht zukomme? Wie denn auch im weltlichen Stande nicht der Rath, sondern die Hundertmannschaft den Bürgermeister bestimme. Man berief sich aber dagegen auf die alte und bis dahin beständig übliche Gewohnheit und dabei hatte es auch für diesmal sein Bewenden. Die Hermannstädter schätzten die Verdienste dieses Mannes so hoch, daß sie ihn zu ihrem Oberseelsorger beriefen; welchen Ruf er aber nicht annahm. Er war auch immer geneigt, sein beschwerliches Amt niederzulegen, behielt es aber doch bis an sein Ende, welches 1646 den 30sten Nov. erfolgte; nachdem er der Kirche 38 Jahre gedient, die Superintendur aber bis ins 19te Jahr verwaltet und sein 66stes Lebens Jahr fast erfüllt hatte.

IX. Christian Barth.

Dieser Mann hatte von der Vorsehung zwar arme und geringe Eltern, die unter dem Joch der Leibeigenschaft seufzten, dafür aber auch vorzügliche Naturgaben erhalten. Von diesen machte er denn auch einen so guten Gebrauch, daß er zuletzt die höchste Würde in der Sächsischen Kirche erlangte. Er erhielt 1637 die Pfarre Heidendorf im Bistrizer Distrikte. Fürst Georg Rakozi lernte ihn kennen und schätzte ihn einer bessern Pfarre würdig. Durch seine Vorsorge wurde also Barth 1639 nach Me=
schen=

schen im Mediascher Stuhl beruffen, und in der Synode zu Birthelm, 1647 wurde er den 26sten Jänner, durch 21 Wahlstimmen zum Superintendenten erklärt. Die Gnade in der er bei dem Landesfürsten stund, erweckte bei manchen Verdacht, er möchte der reformirten Kirche allzugeneigt seyn. Zu seiner Rechtfertigung verlangte also Barth, gleich nach seiner Erwählung, die gewöhnliche Eidesformel des Superintendenten sollte auf alle mögliche Fälle eingerichtet werden. Es geschah auch. Und so wurde denn dem Ausdruk: Augsburgische Konfession noch der Zusatz, der **unveränderten**, beigefügt. Im Jahr 1650 hielt er eine feierliche und allgemeine Kirchenvisitation; lebte aber darauf nicht lange mehr, indem er den 15ten Jul. 1652 in dem 62. Jahr seines Alters in die Ewigkeit übergieng.

X. Lukas Herrmann.

Als Pfarrer zu Groß=Kopisch wurde er 1646 nach Trapold beruffen, erhielt das folgende Jahr den 7ten Mai die Pfarre Meschen und 1651 das General=Dekanat. Hierauf wurde er 1652 den 18ten Nov. zum Superintendenten erwählt. Seine Amtsführung fiel in eine sehr traurige Periode; indem sowohl Georg Rakotzi der zweite, als auch Fürst Johann Kemeny Siebenbürgen der Wuth der Türken und Tartarn aufopferten. Der Türkische Heer-

Heerführer Ali Bascha hatte indessen für unsern Herrmann so grosse Achtung, daß er ihm 1661 sogar das Fürstenthum anbot, als er dem Kemeny einen neuen Fürsten entgegen setzen wollte. Allein Herrmann klug und mit seinem Stande zufrieden, verbat diese Ehre und brachte, nebst den andern Sächsischen Abgeordneten den Michael Apafi in Vorschlag; welcher denn auch die fürstliche Würde erhielt und glücklich behauptete. Nachdem er seinen Hirtenstab bis in das vierzehnte Jahr mit aller Treue geführt, so legte er ihn, im 70sten Jahr seines Alters, 1666 den 16ten März in seinem Tode nieder.

XI. Paul Zekeli.

Nach Herrmanns Tode berief der General-Dechant Stephan Adami eine Synode nach Mediasch, in welcher Zekeli Pfarrer zu Birthelm, den 6ten Juli 1666 zu dessen Nachfolger erwählt wurde. Vorher verwaltete er die Pfarre Kreuz im Schäßburger Stuhl. Von hier kam er 1650 nach Keisd und den ersten Mai erwählten ihn die Birthelmer zu ihrem Pfarrer Er war ein sehr kränklicher Mann, der seinem Ende ganz nahe war. Er reisete wegen der Erndte nach Keisd, hier wurde er von den Frieseln befallen und starb den 16ten September daselbst, im 57sten Jahr seines Alters, wurde auch daselbst begraben.

durch

Durch Vermittlung des Burgermeisters Michael Rakosch in Mediasch erwählten die Birthelmer hierauf den Bruder des verstorbenen Johann Zekeli, Pfarrer in Wurmloch, zu seinem Nachfolger. Da er aber ebenfalls ein sehr schwächlicher Mann war; so gab er auf Verlangen der geistlichen Universität, den empfangenen Kirchenschlüssel der Birthelmischen Gemeine wieder zurück, wurde 1667 Stadtpfarrer zu Mediasch und starb im folgenden Jahr.

XII. Stephan Adami.

Im Jahr 1658 wurde er Stadtpfarrer zu Mediasch; 1662 General-Dechant. Das unverhofte Ableben des vorigen Superintendenten bewegte ihn, abermals eine Synode nach Mediasch zu beruffen. Da er denn 1666, den 8ten Nov. selbst zu dessen Nachfolger erwählt wurde. In dieser Synode wurde zugleich beschlossen, nach dem Tode eines Superintendenten solle seine Stelle binnen 15 oder 30 Tagen besetzt werden; wenn gleich die Birthelmer noch keinen Pfarrer erwählt hätten. Wäre das letztere aber schon geschehen; so sollte der neuerwählte Pfarrer weder dahin kommen, noch den Beruf annehmen, bis nicht die Wahl des Superintendenten vollzogen worden. Fiele nun etwa die Wahl nicht auf ihn; so solle er, zur Vermeidung alles Aergernisses, verbunden seyn,

seyn, von der Wahl abzustehn und die Kirchenschlüssel der Birthelmer Gemeine mit Danksagung zurück zu schicken. — Im Jahr 1672 hielt er zu Hermannstadt und 1676 zu Mediasch merkwürdige Synoden, in welchen viele wichtige Punkte der Casuistik, des Kirchenrechts und der Kirchendisciplin erörtert und vestgesetzt wurden. Sie sind indessen zu weitläufig, um in diesem skizzirten Entwurfe Platz zu finden. Liebhaber werden sie mit Nutzen in den Synodalakten selbst nachlesen. — Er beschloß sein Leben im 74sten Jahr seines Alters, den 18ten März 1679.

XIII. Bartholomäus Baußner.

Dieser verdiente Gottesgelehrte wurde 1629 zu Reps geboren, woselbst sein Vater Martin Baußner Schulrektor und Marktsnotarius war, nachgehends aber die Pfarre Schas verwaltete. Nachdem sich unser B a u ß n e r auf der Schule zu Hermannstadt zu höheren Wissenschaften zubereitet hatte, begab er sich 1652 nach Wittenberg. Von hier reisete er nach Leyden in Holland, woselbst er zwo gelehrte Streitschriften öffentlich vertheidigte. Auch in Amsterdam gab er eine Schrift unter dem Titel heraus: De Consensu partium humani corporis, Libri IV. und kehrte denn in sein Vaterland zurück. Bei seiner Ankunft zu Schäßburg, als dem Stammorte seines Vaters

ters, erhielt er eine Predigerstelle, wurde dann Pfarrer zu Nadasch und 1661 zu Reischesdorf im Mediascher Stuhl. Wegen der damals wüthenden Pest wurde er dieser Gemeine unter freiem Himmel vorgestellt und kaum bezog er die Pfarrerswohnnng, so wurde seine Gemahlin ein Opfer dieser herrschenden Seuche. Im Jahr 1679 erhielt er das General=Dekanat. Diese Amtspflicht forderte von ihm, nach dem Tode des Superintendenten eine Synode zu beruffen, in welcher er denn den 1ten Junius selbst zum Superintendenten gewählt wurde. Er verwaltete diese Würde mit allgemeinem Beifall bis in seinen Tod, welcher 1682 den 15ten April erfolgte. Baußner lebte 53 Jahre und hinterließ zween würdige Söhne. Der ältere Bartholomäus starb als Pfarrer zu Urwegen unter dem Walde; der jüngere Simon edler von Baußnern als Graf der Sächsischen Nation.

XIV. Christian Hans.

Hermannstadt war sein Geburtsort. Nach seiner Zurückkunft von ausländischen hohen Schulen, diente er beim dasigen Gymnasium und verwaltete das Rektorat vom 17ten Jänner 1659 bis den 12ten April, 1661 da er einen Beruf nach Gierelsau erhielt. Von da wurde Hans 1664 nach Neudorf beruffen und 1670 nach Heltau. Hier lebte er bis 1681 da

da ihm seine Verdienste den 28sten May die
höchste Würde in der Kirche erwarben. Nach
dem Tode des Stadtpfarrers Jakob Schniz=
ler hätte er gern seinen Sitz von Birthelm
nach Hermannstadt verlegt; wobei er auch von
dem Königsrichter Georg Armbruster mächtig
unterstüzt wurde. In der Synode zu Her=
mannstadt vom 2ten Dezember wurde darüber
lange gestritten und endlich diese Verlegung
des bischöflichen Sizes wirklich bewilliget. Da
aber Armbruster bald darauf den 5ten Jänner
1685 starb; so entschloß sich Haas anders
und blieb in Birthelm. Er hätte sich auch in
der That wenig hiemit genüzt, indem er schon
1686 den 16ten Septemb. mit Tode abgieng.

XV. Michael Pankratius.

Doktor beider Rechte. Er stammte aus
einem österreichischen Geschlechte von Adel her.
Sein Vater Martin Pankratius, Pfarrer zu
Kelnek im Mühlbächer Stuhl war ein Sohn
Georgs Pankratius, der unter dem berüchtig=
ten kaiserl. Feldherrn Basta als Offizier diente
und sich nach Mühlbach zur Ruhe begab. Mi=
chael wurde 1631 im September geboren. Sei=
ne Eltern verlor er frühzeitig; doch sorgte die
göttliche Vorsehung für ihn, daß er sich zum
Dienst der Kirche und Schule ausbilden konn=
te. Nachdem er verschiedene vaterländische Schu=
len besucht, begab er sich 1649 auf das be=
rühmtete

rühmte Gymnasium zu Preßburg und 1650 nach Tyrnau, wo er sich 2 Jahre hindurch mit der Weltweisheit und den schönen Wissenschaften beschäfftigte. Hierauf lebte er einige Zeit auf der hohen Schule zu Wien und zu Nürnberg. 1653 reisete er nach Wittenberg, wo er sich auf die Rechtsgelehrsamkeit legte. Nachgehends besuchte er auch die Akademien zu Leipzig, Jena, Wirzburg, Altdorf, Mainz, Ingolstadt und Kölln. Im Jahr 1656 wurde er Hauslehrer bei dem Hessischen Hofmarschall Joh. Riedesel; weil er aber die Luft des Landes nicht vertragen konnte; so legte er seinen Dienst nieder und gieng nach Gießen, Marburg, Helmstädt und im folgenden Jahr nach Hamburg. Hier unterrichtete er die Söhne des Herrn von Broktorf und führte sie nach zwei Jahren auf die Rostokische Universität, woselbst er die Doktorwürde in beiden Rechten annahm und dann öffentliche Vorlesungen hielt. 1663 vermählte er sich mit Annen Dorotheen, gebornen Böckel. — Nun dachte Pankratius wohl nie wieder sein Vaterland zu sehen. Allein 1666 wurde er an das neue Kollegium der evangelischen Stände zu Eperies, als öffentlicher Lehrer der Staatsklugheit und Geschichte beruffen. Er folgte dem Ruf. Von hier aber berief ihn der Hermannstädtische Rath zum Rektor ihres Gymnasiums an die Stelle des berühmten Schnitzler. Pankratius kam also nach

einer

einer zwanzigjährigen Abwesenheit 1668 in
sein Vaterland zurück und wurde den 9ten
Jänner 1669 als Rektor feierlich eingeführt.
Doch machten ihm einige Kollegen seinen Dienst
bald zu einer so schweren Last, daß er 1670
den Ruf zur Neudorfer Pfarre annahm. Im
folgenden Jahr beriefen ihn die Mediascher zum
Stadtpfarrer, worauf er 1686 zum General-
Dechanten und den 4ten Nov. in der zu Mediasch gehaltenen Synode zum Superintendenten erwählt wurde. Im vierten Jahr seiner
Amtsführung, den 11ten Julius 1690 starb
Pankratius, im 59sten Jahr seines Alters.
Er hinterließ verschiedene Schriften, als Denkmäler seines Fleißes.

XVI. Lukas Herrmann der jüngere

Ein würdiger Sohn des ehemaligen
Superintendenten gleiches Namens. Zuerst
war er Pfarrer zu Eibesdorf, dann von 1682
zu Wurmloch, und 1687 wurde er nach Mediasch beruffen und 1691 im Jänner erhielt er
die Superintendur. In den Rakozischen Unruhen mußte er vieles erdulden. 1704 besetzte
Johann Etsedi, den 25sten März Birthelm,
und würde die Burg gänzlich ausgeplündert haben, wenn ihn nicht Herrmann mit 100 Gulden befriedigt hätte. Doch den 17ten April kamen die Misvergnügten 400 Mann stark wieder und plünderten das Kastell, die Kirche und
Sakri-

Sakristei rein aus. Herrmann glaubte am Fuße des Altars Sicherheit zu finden; aber vergebens. Sie zogen ihn bis aufs Hembde aus. Die bischöflichen Gräber wurden sogar erbrochen; da sie sich aber in ihrer räuberischen Hofnung betrogen sahen, so mußten es die Einwohner Birthelms entgelten. Wer nur einen guten Schuh an den Füßen hatte, mußte ihn hergeben. Herrmann erlebte das Ende dieser verderblichen Unruhen nicht; indem er den 11ten Sept. 1707 starb. Er hinterlies keine männliche Erben: wohl aber eine Tochter, die Stammutter der von Hermannsfeldischen Familie in Hermannstadt. Die Kirchengeschichte Siebenbürgens hat ihm zwo nützliche Sammlungen zu verdanken.

XVII. Andreas Scharsius.

Wahrscheinlich ein Sohn Johann Scharsius, Stadtpfarrers zu Mediasch, der als General-Dechant 1658 starb. Er studirte zu Wittenberg. Nach seiner Zurückkunft diente er 7 Jahre mit allgemeinem Beifall, als Rektor an dem Mediascher Gymnasium. 1694 wurde er Pfarrer zu Meschen und den 2ten Februar, 1708 wurde er zum Superintendenten erwählt. Unter dieser Amtsführung führte er das dreimalige Anschlagen nach dem Betglokeläuten, zur Erinnerung an die heilige Dreieinigkeit, ein. 1710 sahen sich schon die Sächsischen Kirchen

dieses

dieses ihres Oberhauptes beraubt. Er wurde den 2ten November auf der Kanzel von einem tödlichen Schlagflusse befallen. — Er war ein großer Kenner der Mathematik und hat verschiedene Werke sowohl im Druck, als auch in der Handschrift hinterlaßen.

XVIII. Georg Kraus.

Sein Vater Georg Kraus war Stadtschreiber in Schäsburg. Er studirte mit rühmlichem Fleiße in Straßburg. Nach den gewöhnlichen Diensten bei Schule und Kirche wurde er, 1678 Pfarrer zu Schas; 1684 zu Schäsburg und 1711 den 26sten Jänner Superintendent. Bei der Wahl zu dieser letztern Würde hatte er mit dem General-Dechanten Lukas Grasius gleich viele Stimmen. Das Loos mußte also entscheiden und dies bestimmte Krausen zum Superintendenten; aber auf eine kurze Zeit; denn schon 1712 den 5ten August vollendete er sein würdiges Leben. Für die Freunde der vaterländischen Geschichte hinterließ er viele handschriftliche Werke.

XIX. Lukas Grasius.

Ein Sohn des verdienten Stadtpfarrers zu Mediasch Lukas Grasius. (Gräf) Er bereitete sich zum Dienste der Kirche auf der hohen Schule in Wittenberg zu. Nach seiner Zurück=

rückkunft, 1690 wurde er Diakonus in seiner Vaterstadt; 1695 Pfarrer zu Kleinschelk; 1699 den 24sten März Stadtpfarrer zu Mediasch und 1712 den 17ten November Superintendent. Mit dem Hermannstädtischen Kapitel führt er wegen bischöflicher Rechte und Gerichtsbarkeit einen lebhaften Streit; er behauptete, daß solche ihm, als Superintendenten allein zukämen, in einer Schrift, die den Titel führt: Αποδειξις, sive Demonstratio plena &c. &c. quod Reges & Principes Transsilvani Exercitium Iurium Episcopalium vi Transactionis Passaviennis: ad se devolutorum, Superintendenti & non alii cuiquam concrediderint. Im Namen des Kapitels antwortete hierauf der Dechant Stephan Herrmann, Pfarrer in Stolzenburg ziemlich weitläufig und schützte die Rechte des Hermannstädter Dekanats mit Urkunden der Erzbischöffe von Gran, Kraft deren den Hermannstädtischen Dechanten, als erzbischöflichen Vikarien, bischöfliche Rechte auszuüben erlaubt würde. Auf diese Antwort äusserte sich Grafius in zwo andren ausführlichen Dupliken und hiemit schlief der ganze Prozeß nach und nach ein.

Zum Besten der Evangelischen Kirchen ließ Grafius, 1727 den Seidelschen Katechismus zu Kronstadt druken, welcher aber schon lange nicht mehr im Gebrauch ist. Nach einer fast 24 jährigen Amtsführung, vollendete Grafius

fius sein Leben den 30sten Oft. 1736. Schmei=
zel, (*) der ihn, als sein Zeitverwandter
näher kannte, rühmt ihn, als einen vorzügli=
chen Theologen, großen Kenner der Hebräi=
schen, Griechischen und Lateinischen Sprachen,
sehr erfahrnen Mann in der Kirchengeschichte
der Sachsen in Siebenbürgen und als einen
klugen und vorsichtigen Vorsteher seiner Geist=
lichkeit.

XX. Georg Haner.

Magister der freien Künste. Er wurde
1672 den 28sten April von wohlhabenden bür=
gerlichen Eltern zu Schäsburg geboren. Nach
dem er den Grund zu höheren Wissenschaften
auf dem Gymnasium seiner Vaterstadt gelegt
hatte; begab er sich 1691 im 19ten Jahr
seines Alters auf die Akademie zu Wittenberg.
Nachdem er sich hier 3 und ein halbes Jahr
aufgehalten hatte; erhielt er die Magister=
würde und hielt Vorlesungen. Hier arbeitete
er auch seine Siebenbürgische Kirchengeschichte
aus, die seinen jugendlichen Jahren Ehre macht.
1694 erhielt er aus seiner Vaterstadt einen
Beruf zum dasigen Schulrektorat, und zu glei=
cher Zeit wurde ihm eine Feldpredigerstelle bei
einem Churfächsischen Regiment mit der Ar=
wart=

(*) Diſſ. de Statu Relig. Luther. in Tranſilv. Seit 88.

wartschaft auf eine dortige Superintendur angetragen. Die Liebe zu seinem Vaterlande behielt indessen das Uibergewicht und er gab als Rektor der Schule zu Schäßburg durch seinen Fleis und seine Geschicklichkeit einen neuen Glanz. 1697 wurde er zum Diakonus an der dasigen Kathedralkirche beruffen und 1701 zum Pfarrer nach Trapold. Hier hatte er von den sogenannten Kurutzen sehr vieles Ungemach auszustehen. 1706 gieng er als Pfarrer nach Keisd; 1708 nach Grosschenk; 1713 als Stadtpfarrer nach Mediasch. Das General-Dekanat verwaltete er von 1722 bis 1736, da er denn den 12ten December zum Superintendenten erwählt wurde. Diese Würde bekleidete er nur 4 Jahre und starb an einem auszehrenden Fieber, den 14ten December, 1740 im 69sten Jahre seines Alters.

XXI. Jacob Schunn.

Er wurde zu Hermannstadt, 1691 den 17sten August geboren. Von der dasigen Schule begab er sich 1710 nach Halle auf das königliche Pädagogium. In seinem Vaterland verflossen einige Jahre bis er bei der Schule Dienste erhielt. Allein die Zukunft war für ihn desto glücklicher. Er wurde nach und nach bis zum Archidiakonus befördert. Als solcher bekam er 1729 den Beruf zur Neudorfer Pfarre. Diese verwechselte er mit Heltau 1732 woselbst

selbst er mit großem Ruhme und solcher Zufriedenheit lebte, daß er 1737 den Beruf nach Mediasch zur Stadtpfarrerswürde ausschlug. 1741 den 10ten Febr. wurde er zum Superintendenten erwählt. Seine Amtsführung ist insonderheit durch eine ausserordentliche Begebenheit des 1747sten Jahres denkwürdig. (*) Wider alle Vermuthung sah er sich, nebst dem damaligen Stadtpfarrer zu Mediasch, seinem nachherigen Nachfolger in der Superintendur, Georg Jeremias Haner, in der Gefahr eines blutigen Todes. Bogeslaus Ignaz von Makorsky, wie er sich manchmal nannte, ein verkappter Jesuite, der sich diese Männer durch allerhand Verstellung zu Vertrauten und Wohlthätern zu machen gewußt hatte, beschuldigte sie auf einmal bei dem königlichen Gubernium, sie hätten ihn erkauft, nach Konstantinopel zu gehn, um Siebenbürgen der Pforte zu verhandeln und zu diesem Zwecke habe ihm Schunn verschiedene Briefschaften mitgegeben, die er vorzeigte. Dies erregte großes Aufsehn und wirklich war anfänglich die Gefahr für Schunn und Hanern nicht geringe. Bei genauerer Untersuchung aber ward die Unschuld

---

(*) Die sämmtlichen Akten zur Aufklärung dieser famösen Geschichte, sind in den Händen des Herausgebers und könnten vielleicht einmal im Auszuge, als Beitrag zur Kenntniß des menschlichen Herzens, dieser Zeitschrift einverleibt werden.

schuld dieser verdienstvollen Männer so klar, als von der andern Seite die Niederträchtigkeit und Bosheit des Makowsky, welcher nicht geschickt genug gewesen war, die Hand und das Petschaft des Superintendenten bis zur Täuschung nachzuahmen, und welcher überdas seine meisten gutmüthigen Wohlthäter in Siebenbürgen schändlich bestohlen hatte. Also endigte die Vorsehung diesen höchst drohenden Auftritt zur Ehre dieser Männer und sie erhielten Erlaubnis Genugthuung zu fordern. Allein zufrieden mit dem Triumpfe ihrer Unschuld forderten sie gar keine.

Schunn starb den 10ten Julius, 1759 im 58sten Jahre seines Alters. Er hinterließ den nachfolgenden Superintendenten eine bequeme und anständige Wohnung, die durch seine thätige Verwendung zu Stande gekommen war und dem Vaterlande vortrefliche Söhne.

XXII. Georg Jeremias Haner.

Ein würdiger Sohn des Superintendenten Georg Haner. 1707 den 17ten April wurde er geboren. Er wählte die Laufbahn seines Vaters und vollendete sie mit Ruhm und Ehre. Nach seiner Zurückkunft von ausländischen hohen Schulen, 1730 diente er nach Gewohnheit seines Vaterlandes bei der Schule, dann bei der Kirche als Diakonus zu Mediasch. 1735 erhielt er den Beruf zur Kleinschelker Pfarre; 1740 aber zur Mediascher Stadtpfarre und 1759 erwählte ihn die Sächsische Geistlichkeit zu ihrem Superintendenten. Im Jahr 1772 hatte die verewigte Kaiserin Maria Theresia die Gnade für die Sächsische Nation, ihr einen freien Zutritt zu ihrem Throne zu erlauben. Von Seiten der geistlichen Universität waren die Abgeordneten unser Haner und Johann Müller, Pfarrer zu Grosau und Dechant des Hermannstädter Kapitels. Den 18ten May traten sie ihre Reise nach Wien an, und kamen im August des folgenden Jahres voller Zufriedenheit und Bewunderung, der von der großen Theresia genossenen Huld und Gnade zurück. Noch auf seinem Sterbebette floß Haners Mund von ihrem Lobe über. Den 9ten März 1777 verschied er an einer Brustentzündung, in einem Alter von beinahe siebenzig Jahren. Herablassung, Freundlichkeit und ungefärbte allgemeine Menschenliebe waren die Hauptzüge von Haners Charakter. — Seinem unbegränzten gelehrten Fleiße haben die Liebhaber der Siebenbürgischen Geschichte viele Sammlungen und eigne Ausarbeitungen zu verdanken.

Nach Haners Tode wurden Seine Hochwürden, der damalige und noch jetztlebende Stadtpfarrer zu Hermannstadt, Herr Daniel el Filtſch, der ſich grade zu der Zeit in wichtigen Angelegenheiten zu Wien aufhielt, von den Birthelmern zu der erledigten Stelle beruffen; allein gute Gründe beſtimmten ihn, dieſen Beruf von ſich abzulehnen. Eben ſo verbat ſich auch dieſen ſo ehrenvollen Antrag Herr **Matthias Lang**, vormaliger Stadtpfarrer zu Mühlbach, wegen ſeines hohen Alters und ſchwächlicher Geſundheit. Dann fiel alſo die Wahl der Birthelmiſchen Gemeine, auf Seine Hochwürden, Herrn

XXIII. Andreas Funk.

Pfarrern zu Neppendorf, den 9ten Junius 1778 und den 1ten Julius wurde Er von den Gliedern der Synode auch zum Superintendenten erwählt. — Seinen übrigen Verdienſten wird gewiß dieſer vortrefliche Mann durch eine **verbeßerte Liturgie**, die Er unſern Kirchen ſchenken will, und woran er eben itzt mit thätigem Eifer arbeitet, die Krone aufſetzen.

II.

Abriß der Drangsale welche Hermannstadt und Cronstadt unter dem Fürsten Gabriel Bathori erlitten.

Nachdem Basta die vielen langwierigen Kriege, in welchen die Einwohner Siebenbürgens so vieles litten, geendiget; seinen Nebenbuhler Michael unterdrückt und vom Fürsten der Walachei Radul unterstützt, sich den Moses Szekely vom Halse geschaft hatte: so wurde Siebenbürgen auf Befehl des Kaisers Rudolphs durch eine Gesellschaft von zehn aus dreien Nationen gewählten Männern regiert. Diese neue Regierung war dennoch nicht im Stande die Unruhen, welche durch die vorhergehende Kriege so sehr waren unterhalten worden, gänzlich zu unterdrücken. Daher sah sich Basta genöthiget, aus Ungarn nach Siebenbürgen zu begeben, um die Unruhigen in Furcht zu erhalten. Wäre der Vortheil des Kaiserlichen Hauses und die Begierde, Siebenbürgen dem Oestreichischen Scepter unterwürfig zu erhalten, die wahre und einzige Triebfeder seiner Handlungen gewesen: so hätte er ohne die Anwendung so vieler Grausamkeiten, seiten, durch gelindere Mittel diesen Endzweck viel gewisser erhalten können. Da aber an allen seinen Unternehmungen seine Leidenschaften den größten Antheil hatten, da er die Befriedigung seines Stolzes und Geizes stets den Pflichten des Feldherrn vorzog: so ist es gar nicht zu verwundern, daß er desselben gänzlich verfehlte; und anstatt dem Kaiser die Eroberung von Siebenbürgen zu versichern, durch seine stolze und grausame Aufführung die Gemüther Aller von sich abwendig machte. Darf man sich also im geringsten darüber verwundern, daß die Einwohner Siebenbürgens mit Abscheu gegen ihn erfüllt, den Gabriel Bethlen von Iktar für die Unternehmung seinen Bedrückungen Einhalt zu thun; die fürstliche Würde anbothen? Bethlen aber überließ dieselbe großmüthig dem Besitzer Ungarns Stephan Botskai, welcher nachdem er vom Türkischen Kaiser bestätiget wurde, dem Basta Siebenbürgen zu verlassen nöthigte; und die Angelegenheiten des Landes so viel möglich in Ordnung zu bringen suchte. Basta, welcher bald darauf zurückkehrte, schien anfangs vom Glücke gegen den Botskai begünstiget zu werden; allein seine geizige und grausame Gemüthsart, welche andere von ihm abwendig gemacht hatte, empörte endlich auch die Herzen seiner Soldaten gegen ihn, so daß er genöthiget ward, sich nach Ungarn zurück zu ziehen. Indem die Unternehmungen des Botskai auch in Ungarn von dem glücklichsten Erfolge begleitet wurden: so erfolgte endlich 1606 was man so lange gewünschet hatte, der Friede zwischen dem Kaiser, dem Botskai, und der Ottomannischen Pforte. Durch diesen Frieden gab nun Botskai den Einwohnern Siebenbürgens Gelegenheit, den elenden Zustand, in welchen sie durch die vorigen Kriege waren gesetzt worden, so viel möglich, zu verbeßern. Er versäumte nichts, ihnen alle dazu nöthige Unterstützung zu erweisen und machte daher den alten Siegmund Rakozi einen Mann auf dessen Redlichkeit er sich verlaßen konnte, zum Statthalter von Siebenbürgen. Kaum fing unser Vaterland an, sich von den heftigsten Unruhen unter der Botskaischen Regierung zu erholen, als ihnen dieser gute Fürst durch einen plötzlichen Tod im folgenden Jahre zu Caschau entrissen ward. Nichts ist ein größeres Zeugniß von der Liebe, welche man gegen ihn hegte, als die harte Züchtigung, welche das Volk mit dem M. Katai; den es für den Urheber seines Todes hielt, vornahm, indem es ihn auf öffentlichen Platz in Stücken zerhieb. In eben diesem Jahr starb Basta; aber mit ihm starb nicht das Andenken seiner Grausamkeit, welche Siebenbürgen noch lange drückte. Obgleich Botskai kurz vor seinem Tode und in seinem Testamente einen gewissen Valentin von Hommona den Siebenbürgern zum Fürsten empfohlen hätte: so wurde doch Siegmund Rakozi auf dem Landtage

tage zu dieser Würde erhoben, als ein Mann, dessen gute Eigenschaften man durch Proben erkannte. Weil ihn aber bereits die Schwachheiten eines hohen Alters drückten, und weil er, wie er sagte, ein grosses Ungewitter befürchtete: so ließ er das folgende Jahr 1608 durch seinen Canzler, seine Gesinnung, die fürstliche Würde niederzulegen, erklären und begab sich, nachdem er ihnen den jungen Gabriel Bathori zum Fürsten empfohlen hatte, nach Ungarn wo er in Felsö Badáz starb. Auf seine Empfehlung hauptsächlich kam also der junge Gabriel Bathori von Somlyo von der zweyten Bathorischen Familie, welchen nach dem Zeugnisse der glaubwürdigsten Schriftsteller die Natur mit den schönsten Gaben ausgezieret hatte, durch die einmüthige Wahl der Stände zur Regierung; nachdem er vorher durch den feyerlichsten Schwur versichert hatte, nichts zu unternehmen, was den Freiheiten der drei privilegirten Nationen, wie auch den übrigen Vortheilen des Fürstenthums zuwider wäre. Zum Unglück aber mußte er durch die Vernachläßigung dieses Schwures in der Geschichte künftiger Regenten zum warnenden Beispiele dienen, wie ein Prinz mit den schönsten Eigenschaften und mit der besten Anlage, von dem allzufreyen Genuß der willkührlichen Gewalt bezaubert, die hohen Pflichten seines Berufs und mit ihnen das wahre Wohl seiner Unterthanen, unedlen Leidenschaften aufopfern
könnte.

könnte. Bald nachdem er die fürstliche Würde angetreten hatte; übernahm er eine Reise durch sein Land; eine Reise, welche derjenigen gar nicht glich, womit zu seiner Zeit, der menschenfreundlichere Herrscher Joseph unsere Provinzen beglückte. Sein Aufenthalt in den Städten glich gar nicht dem stillen und erfreulichen Aufenthalte Josephs; sondern gereichte vielmehr den Einwohnern durch mancherley Ausschweifungen zur unangenehmsten Beschwerde. Mitten unter dem Geräusche von Lustbarkeiten vergaß er nicht durch feierliche Gesandschaften nach Ofen, Caschau und in die Walachey sich der Freundschaft seiner Nachbarn zu versichern. Ueberdas hatte Gabriel Bethlen das Glück durch seine Geschicklichkeit die Bemühungen der Abgesandten von Seiten der Hommongischen Erben bei der Ottomannischen Pforte zu vereiteln und seinem Prinzen die Gewogenheit des Türkischen Hofes und die Bestättigung in seiner neuen Würde zu verschaffen. Nachdem er die ersten Monathe des 1609ten Jahres zu steten Ergözlichkeiten angewendet hatte: so berief er endlich im April dieses Jahres die Stände aus keiner andern Ursache zusammen, als um sich einen höheren Titel geben zu lassen und den Sachsen die Erlegung einer ausserordentlichen Geldsumme aufzubürden. Der Anfang des 1610ten Jahres verstrich in Cronstadt wiederum unter den unanständigsten Lustbarkeiten und seine innre Abneigung gegen die Sachsen

stellte

stellte sich bereits durch deutliche Merkmale dar. Sein Hang zu den unwürdigsten Ergötzlichkeiten wuchs zum Nachtheile der Regierung von Tag zu Tage. Ich führe nichts als die glaubwürdigen Worte eines Geschichtschreibers an, wenn ich sage, daß er um das Wohl seiner Unterthanen unbekümmert die Einkünfte des Reichs auf Gastmähler verschwendet, wo weder Zucht noch Ehrbarkeit gelitten war, wo das Geräusch betäubender Lustbarkeiten jeden edlen Gedanken erstickte; daß er die Befriedigungen der Leidenschaften den wichtigsten Angelegenheiten vorzog und dadurch die Rache beleidigter Unterthanen reizte. Wircklich stifteten Kendi und Cornis, durch sein schändliches Betragen gegen sie auf das empfindlichste beleidigt, eine Verschwörung wider den Fürsten mit dem Vornehmen, ihn, wenn er aus Clausenburg auf den Landtag nach Bistritz gienge, auf dem Wege umzubringen. Ohne Zweifel wäre dies Vornehmen ins Werk gestellet worden; wenn nicht der Stallmeister des Kendi, durch eine unvermuthete Entdeckung den Anschlag vereitelt hätte: welche die Verschwornen, ausser einigen, die das Glück hatten nach Ungarn zu entfliehen, mit dem Leben büssen mußten. Die Entflohene wurden auf dem Landtage abwesend als Beleidiger der Majestät verdammet. Der Fürst selbst aber streifte nach Endigung desselben in das benachbarte Ungarn und nahm verschiedene, unter die Bothmäßigkeit des Ungri-

schen

schen Königs gehörige Unterthanen unter dem Vorwande gefangen, daß sie an der Verschwörung gegen ihn Antheil genommen hätten. Auf das Gerücht, daß der Ungrische Palatin mit einem Kriegesheer wider ihn anrücke, foderte er von der Sächsischen Nation gegen Verpfändung des Fogarascher Distrikts eine Summe von 100,000 Gulden und hundert mit sechs Pferden bespannte Wägen; wovon ihm auch ein Theil geliefert ward. Bald darauf aber wurde zu seinem größten Vergnügen zwischen Ungarn und Siebenbürgen in Caschau ein gütlicher Vergleich gestiftet, welcher eine Entlassung des Kriegesvolks von beiden Seiten veranlaßte. Die äussere Ruhe, welche dadurch hergestellt zu seyn schien, war für den Fürsten gleichsam eine Losung, ungestört die schädlichsten Entwürfe auszuführen und nicht nur die Verehrer der Röm. Catholischen Religion zu verfolgen, ihre Geistliche zu verjagen; die Weltliche aller ihrer Aemter zu entsetzen: sondern auch die Sächsische Nation durch arglistige Ränke zu unterdrücken. Ohne seine Absicht jemanden außer seinem geheimen Rathe entdeckt zu haben, brachte er ein Heer von 20000 Mann zusammen, und rückte damit gegen Hermannstadt an, wohin er einen Landtag ausgeschrieben hatte. Als er sich der Stadt näherte, giengen ihm die Vornehmsten des Raths und des Volks entgegen um ihn auf die feierlichste Art zu empfangen und erstaunten nicht

wenig,

wenig, als sie das mächtige Heer erblickten, womit er umgeben war. Die beunruhigten Hermannstädter mußten sichs gefallen lassen, den Fürsten mit allem seinem Gefolge in die Stadt aufzunehmen. Anfangs ließ er zwar nichts feindseliges blicken; aber kaum verflossen drei Tage, als er den Stadtmagistrat vor sich forderte und die Schlüssel der Stadt ausdrücklich verlangte. Man stelle sich das Unglück vor, welches die Hermannstädter empfinden mußten, als er sie den Landesständen als Verräther darstellete und die Landesstände wider Recht und Gerechtigkeit zu beschließen zwang, daß diese Stadt künftighin der Wohnsitz des Fürsten seyn, und alles darinnen ihm ohne Widerrede zugehören sollte. Ja um die Beschuldigung daß die Hermannstädter Verräther seyn, desto scheinbarer zu machen, wählte er zu seiner Absicht Leute, welche niederträchtig genug waren, auf Befehl des Fürsten, auszusagen, die Hermannstädter stünden in einem geheimen Verständnisse mit dem Fürsten der Walachei. Ohne hierauf die geringste Verantwortung zu erwarten, behandelte er die Hermannstädter auf die unbilligste Art von der Welt als Verräther; befahl allen, ihre Waffen auf dem öffentlichen Platz zusammen zu tragen; nahm alle Schriften, zusammt den unschätzbaren National und Stadtprivilegien weg, mißhandelte ohne Ansehn der Person den Magistrat und die Gesellschaft der Hundert Männer,

ner, durch die unrechtmäßigste Gefangenneh=
mung, welche vielleicht die schrecklichste Folgen
gehabt hätte, wenn sie nicht auf Einreden der
Sächsischen Nation unter der Bedingung, al=
sogleich 51000 Gulden zu liefern, wäre auf=
gehoben worden. Die Zahlung dieser Summe
befriedigte das unersättliche Herz dieses Für=
sten nicht; sondern um ja auch der verborgen=
sten Schäze habhaft zu werden; hielt er das
vornehmste Sächsische Frauenzimmer gefangen
und was das Maaß seiner Unmenschlichkeit voll
machte, so ließ er die wehrlosen Bürger, aller
Güter beraubt, unempfindlich gegen die Thrä=
nen der Elenden, welche bei Gott um Rache
riefen, aus ihren Häusern verjagen. Ist es
möglich daß man bei dieser traurigen Scene
ungerührt bleibe? Die Väter des Volks barba=
risch mishandelt, die Rechte der Menschheit
unverantwortlich verletzet; ein schuldloses Volk
aller Güter beraubt; wimmernde Säuglinge
auf den wankenden Armen trostloser Mütter
mitten im Winter fortgeschleppet von einem
Orte, welcher vormals ein sicherer Aufenthalt
unschuldiger Bürger, nun gefühllose Werckzeu=
ge der Tyrannei beherbergte. So hart mußte
ein Volk welches sich nicht der geringsten Treu=
losigkeit bewußt war, die Folgen einer Tyra=
nnischen Regierung empfinden! Bathori rückte
hierauf mit seiner ganzen Macht auf Cron=
stadt und hätte die äufferst beunruhigten Cron=
städter vielleicht ein gleiches Schicksal mit Her=
man=

mannstadt empfinden lassen; wenn nicht zum Glück der Geiz des Fürsten und seiner Bedienten durch ein Geschenk von 70000 Dukaten auf eine kurze Zeit wäre befriedigt worden. Hierauf überfiel er den Fürsten der Walachei Radul ganz unvermuthet; übte in seinem Lande unerhörte Grausamkeit aus, und kehrte indem er der Türkischen Macht hatte weichen müssen, aus einem Lande zurück, in welchem er Fußstapfen einer Zerrüttung hinterließ, dergleichen es in vielen Jahrhunderten nicht erfahren hat. In Cronstadt hielt sich der Fürst in beständigem Wohlleben auf, und verbarg arglistiger Weise die fürchterlichen Anschläge, die er heimlich gegen diese Stadt hegte und die sich bald darauf äußerten. In Hermannstadt hielt er einen Triumpf seiner in der Walachei ausgeübten Grausamkeit; auf dem Landtage nahm er den Sächsischen Geistlichen drei Viertheile des Zehendes und machte die gefährlichsten Anstalten zu einem listigen Ueberfalle der Cronstädter. Als diese aber sein arglistiges Vorhaben bei Zeiten entdeckt und gehindert hätten, folglich die feindseligen Gesinnungen des Bathori am Tage waren: so machte er kein Geheimniß mehr daraus; sondern brach im Sommer des 1611ten Jahres mit einer fürchterlichen Macht in Burzenland ein, und lagerte sich zwischen Zeyden und Weydenbach. Bei seiner Ankunft schickte der Fürst den Generalen Imresi von zweihundert Sol-

daten

paten begleitet, mit dem Verlangen, in die Stadt eingelassen zu werden. Allein die Cronstädter waren durch das unglückliche Schicksal der Hermannstädter zu nachdrücklich gewarnet als daß sie eine so unbesonnene Gefälligkeit gestattet hätten. Der Fürst durch diese Abweisung von Rache entflammt, verwüstete die Vorstädte vor Cronstadt auf eine erbärmliche Art. In solchen trübseligen Umständen nahmen die Cronstädter ihre Zuflucht zum Walachischen Fürsten Radul, welcher diese Gelegenheit, sich an seinem Feinde zu rächen, mit beiden Händen ergrif, und alsogleich mit einem beträchtlichen Heer, welches aber doch an Anzahl dem Bathorischen bei weiten nicht gleich kam, in Burzenland einbrach. Gleich nach seiner Ankunft verbarg er zwei tausend seiner Leute hinter die damals am Flusse Weidenbach gelegene Papiermühle in einen Hinterhalt. Mit den übrigen grif er das weit überlegene Heer des Bathori an. Dieser sparte anfangs keine Mühe, das Heer des Radul zu zerstreuen und seinen Leuten sein Lager Preis zu geben; als plötzlich die im Hinterhalt liegende Völker des Radul die Soldaten des Bathori, welche mit Rauben und Plündern beschäftiget waren angriffen und einen vollständigen Sieg über sie erhielten. Radul stieg also gleich vom Pferd und dankte Gott mit aufgehobenen Händen, daß er endlich den Stolz des Bathori gedemüthiget hatte. Bathori aber kehrte voller Wuth nach

Her=

Hermannstadt zurück, nach Verlust nicht nur eines großen Theils der Soldaten: sondern auch seiner besten Generale. Unterdessen wurde der General Forgats mit einem ansehnlichen Kriegesheer vom Könige Matthias nach Siebenbürgen geschickt; welcher auch viele Orte darinnen einnahm und mit Ungrischen Völkern besetzte, unter diesen waren vornehmlich Mediasch und Schäßburg. Forgats mit den Truppen des Radul unterstützt, hob aber auf das Gerücht, von Annäherung Türkischer Hülfsvölker die Belagerung auf, und kehrte nachdem er die Cronstädter in dem Widerstande gegen die feindseligen Gesinnungen des Bathori so viel möglich zu beschützen versprochen hatte, nach Ungarn zurück. Zum Unglücke muste eben jetzt auch Radul Siebenbürgen verlassen; worauf Bathori ungehindert mit Türkischer Hülfe unterstützt, in Burzenland eindringen und seiner Grausamkeit freien Lauf lassen konnte. Der Türkische Bascha aber, welcher edlere Gesinnungen hegte, veranstaltete, ehe er zu offenbahren Feindseligkeiten schritt, eine Unterredung mit den Cronstädtern unter den Linden, welche damals vor dem Klosterthor stunden; wohin sich von Seiten der Stadt, Michael Weiß und Joh. Chrestels verfügten. Als er in dieser Unterredung die wahre Ursachen erfahren hatte, warum man den Bathori die Ausführung der ungerechtesten Forderungen verhindern müßte, um ihn kein Werkzeug

zeug seyn zu lassen, ein unschuldiges Volk zu
verderben; so faßte Bathori über diese Erklä=
rung den Entschluß, alle Wuth über die Cron=
städter auszuschütten, ließ daher in einer Nacht
die drei Vorstädte vor Cronstadt in Feuer auf=
gehen und kehrte, nachdem er im ganzen Distrikte Denkmahle seiner Grausamkeit gestiftet
hätte, nach Hermannstadt zurück, dessen zu=
rückgebliebene Bewohner er nun seinen Groll
so viel härter fühlen ließ. Er versprach den
Hermannstädtern nach Auszahlung von hun=
dert tausend Gulden ihre Stadt zurück zu ge=
ben, und nachdem er diese Summe erhalten
hatte, so war er so weit entfernet, sein Ver=
sprechen zu halten, daß er ihnen vielmehr al=
les, was sie noch übrig hatten, wegnehmen
ließ. Die Cronstädter wurden auf dem Land=
tage zu Clausenburg in die Acht erklärt. Ba=
thori aber hielt sich in Wardein auf, und mach=
te von da öftere Streifereien nach Ungarn.
Nun mußte er den doppelten Verdruß empfin=
den, nicht nur, daß seine Bemühungen, den
Cronstädter Stadtrichter Weiß auf seine Seite zu bringen, vergeblich waren; sondern auch,
daß sein Gesandter an der Pforte Gezi treulos
wurde. Die mißfällige Antwort, welche er vom
Cronstädter Stadtrichter erhielt, bewegte ihn
alle seine Macht in Burzenland zu versammlen.
Alle Dörfer die er eroberte, mußten das trau=
rige Schicksal erfahren, daß ihre Besatzungen
niedergemacht würden; die Bewohner aber den

Leuten

Leuten des Bathori weichen mußten. Die Bewohner von Honigbach allein vertheidigten sich mit so vielem Glücke, daß sich Bathori nach aufgehobener Belagerung, nach Hermannstadt zurück zog. Im Frühjahr rückte Weiß und Getzi, der nach seinem Abfalle vom Bathori nach Cronstadt gekommen war, ins Feld, mit 400 Soldaten von Radul Michne dem Waiwoden der Walachei verstärkt; und eroberte Illyefalva und Uzon in Háromſzék. Indessen rückte das Heer des Bathori unter seinem neuen Generalen Alliga an. Weiß und Getzi hielten für nöthig, ihm zu begegnen, unwissend welches Unglück ihnen durch die Treulosigkeit der Walachischen Soldaten bevorstund. Bald darauf erfolgte ein Treffen bei Marienburg, bei dessen erstem Anfange die vom Radul Michne geschickten Hülfsvölker auf eine treulose Art die Unsrigen verließen und durch die hiedurch entstandene Verwirrung die Ursache des Verlustes wurden, den die Unsrigen bei dieser Gelegenheit erlitten. Denn die Bathorischen Soldaten, welche diese Unordnung wahrnahmen, drangen desto heftiger auf die Unsrigen, so daß sie ohngeachtet aller Bemühungen des tapfern Weiß, mit Verlust von 500 Bürgern zurück kehren mußten. Weiß selbst, nachdem er alle Proben eines unerschrokenen Heerführers abgelegt hatte, wurde zusammt dem damaligen Stadthannen ein Opfer der feindlichen Wuth. Sein Kopf wurde auf einer Stange dem Bathori zugeschickt; welchem dieser abscheuliche Anblick desto angenehmer war; je mehr er frohlockte, einen seiner fürchterlichsten Widersacher erlegt zu sehn. Diese Zeit war für die Cronstädter eine Zeit des Wehklagens und Jammers, indem fast jedermann den Verlust seines Vaters, seines Bruders, seines Gatten, oder seiner Anverwandten, und die hiesige Schule den Verlust vieler studirenden Jünglinge beweinte; und indem jedermann von der Furcht bevorstehender Uebel heftig geängstiget ward. Die Cronstädter liessen bei allen diesen traurigen Schicksalen ihren Muth nicht sinken, und schickten sowohl an den Kaiserlichen, als auch an den Türkischen Hof Gesandte, welche gegen das schändliche Vorhaben des Bathori um Schutz flehen sollten. Beide Gesandschaften blieben nicht fruchtlos. Es kamen von beiden Höfen Bevollmächtigte, um den Bedrukungen des Bathori Einhalt zu thun. Zum Unglück aber wußte dieser arglistige Fürst an beiden Höfen seine Forderungen als rechtmässig darzustellen, und dadurch alle Bemühungen der Cronstädter zu vereiteln. Doch mitten in so bedrängten Umständen lenkte die Vorsehung den Sinn des Bathori, daß er durch Vermittelung der Kaiserlichen Gesandten, Friedensvorschlägen Gehör gab, und 1613 auf dem Landtage versprach: die Cronstädter in allen ihren Privilegien zu bestättigen und zugleich die Sächsische Geistlichkeit durch ein neues Privilegium in den Genuß der ∤ des Zehendes einsetzte; wodurch die Cronstädter auch bewogen wurden, auf billige Bedingung, dem Fürsten zu huldigen. Inzwischen hatte der vom Bathori verjagte Bethlen zu dem Türkischen Hofe seine Zuflucht genommen und daselbst Gelegenheit gefunden, die abscheu'iche Regierung des Bathori und seine an den Hermannstädtern und Cronstätern sonst ausgeübte Gausamkeit also zu schildern, daß man ein doppeltes Kriegesheer bewilligte, um ihm zur Verjagung des Tyrannen behülflich zu seyn. Beide Heere brachen um eben die Zeit in Siebenbürgen ein, als die Cronstädter sich dem Bathori unterworfen hatten, und setzten sie daher in eine Verlegenheit, die sich leichter vorstellen als beschreiben läßt. Dem Bathori hatten sie sich unterworfen; nun wurden sie unter den härtesten Bedrohungen aufgefodert, ihn zu verlassen. Es ist unmöglich beym Andenken der damaligen Verwirrung unseres Vaterlandes ungerührt zu bleiben; wenn man die unglückliche Lage desselben recht überdenkt. Indessen richteten die eingefallene Tartarn in Zekelland eine erbärmliche Verwüstung an; und beide Türkische Heere rückten von beiden Seiten näher an Hermannstadt. Bathori sahe die ihm bevorstehende Gefahr und flüchtete nach Clausenburg. Mitten unter den unglücklichen Folgen seiner Tyrannei, die warnend genug hätten seyn sollen, um ihn in seiner Grausamkeit zurück zu halten, faßte er voll unbesonnener Rachgierde Entschlüsse, die auf den Untergang des ganzen Siebenbürgischen Adels zielte, aber er hatte die Gewalt nicht mehr sie auszuführen; die Vorsehung wollte, daß er dadurch seinen Untergang beschleunigte. Die Stände kündigten ihm nun in einem besondern Schreiben allen Gehorsam auf und der Fürst, welcher sich kurz vorher seiner Fürstlichen Würde so sehr übernahm, mußte ohne Hülfe von einer Stadt zur andern fliehen. Gabriel Bethlen gelangte im October 1613 durch die Wahl der Stände an seine Stelle zur Fürstlichen Würde. Nach seiner Erwählung und Bestätigung vom Türkischen Bascha entfernten sich die Türkischen Hülfsvölker, nachdem sie den Siebenbürgern ihre Hülfe durch die grausamste Plünderungen und Verwüstungen theuer genug gemacht hatten. Die Grausamkeit des Bathori hingegen näherte sich immer mehr seinem Untergang. Die augenscheinlichste Gefahr welche bei seinem längern Leben dem ganzen Vaterlande drohete, brachte einige Vertraute auf den Entschluß, ihn aus dem Wege zu räumen. Dieser an sich unerlaubte, aber seinen Folgen nach für das Vaterland ohnfehlbar heilsame Entschluß, wurde wircklich noch in diesem Monate zu Wardein ausgeführt. Indem er nämlich an einem Nachmittage ohne das geringste zu argwöhnen, seine versammleten Völker zu besuchen fuhr, näherten sich seiner Kutsche einige hierzu bestellte Soldaten zu

Pferd

Pferd und gaben dergestalt Feuer auf ihn, daß er endlich todt darnieder fiel. Also wurde das Blut desjenigen auch vergossen; der so vieles unschuldige Blut vergossen und den unschuldig leidenden Siebenbürgern so viele Seufzer ausgepresset hatte. Da lag er nun in der Blüthe seiner Jahre, entblößt von aller Gewalt, die er 7 Jahre lang zur Unterdrückung seines Vaterlandes so tyrannisch mißbraucht hatte. Obgleich sein Cörper fürstlich begraben ward: so hinterließ er dennoch ein desto schimpflicheres Andenken seiner Grausamkeit: je länger unser Vaterland die unselige Folgen seiner Regierung fühlen mußte. Wirklich hatte er Siebenbürgen in den traurigsten Zustand versetzt und seinem Untergange sehr nahe gebracht; indem er die wichtigsten Pflichten seines Berufs unbesonnenen Leidenschaften aufopferte, die ihn zu den schändlichsten Thaten reitzten, und zuletzt selbst das Gefühl der Menschlichkeit in ihm erstickten. Die beständigen Unruhen, wodurch er das Land erschütterte, bewirkte nach einer unvermeidlichen Folge, die Vernachlässigung der bürgerlichen Pflichten, den Verfall der Wissenschaften, und Religion; und immer wachsenden Mangel. Durch sein Beispiel gestärkt, hoben die Laster immer mehr ihr Haupt empor und wurden eine Quelle von unzähligen Uneinigkeiten und Zerrüttungen. Seine Grausamkeit war es, um deren Willen unser Vaterland Hülffe bei Barbaren suchen und ihm zum Raube werden mußte. Kurz Siebenbürgen befand sich in einem erbärmlicheren Zustande; als es sich jemals befunden hatte. Da sahe man keine Spuren mehr, von der glückseligen Regierung Stephans; hingegen traurige Folgen von Verwüstung. Ungerechtigkeit, und Grausamkeit bothen sich den Augen ungesuchet dar. Welche Bewegungsgründe der Dankbarkeit liegen hierinn gegen die glorreiche Regierung der Allerdurchlauchtigsten Oesterreichischen Fürsten, die uns die gesegnesten Früchte der Sicherheit und Ruhe schmecken läßt!

Cronstadt im Nov. 1790.

K.**

III.

III.

Chronologische Tafel
der Provinzial Bürgermeister, Stuhlsrichter und Stadthannen zu Hermannstadt.

	Bürgermeister.	Stuhlsrichter.	Stadthannen Villici.
1346		Johann Schobeniser.	Kunzel Kall.
1347			
1348			
1349			
1350			Kunzel, oder Konrad Kall
1351			
1352			
1353			
1354			
1355			
1356			Gerlakus.
1357			
1358			
1359			
1360			
1361			
1362			

	Bürgermeister.	Stuhlsrichter.	Stadthauen Villici.
1363			
1364			
1365			
1366	Jakob Henze manisse. (Lit.Stolzenb.)		
1367			
1368			
1369			
1370			
1371			
1372	Michael Nusnenkleppel.		Andreas Franz.
1373			
1374			
1375			
1376			
1377			
1378			
1379			
1380			
1381			Nikolaus Vichin.
1382			
1383			
1384			
1385			
1386			
1387			
1388			
			1389

	Bürgermeister.	Stuhlrichter.	Stadthannen Villici.
1389			
1390		Nikol. vielleicht Vichin.	
1391			
1392			
1393			
1394			
1395			
1396			
1397			
1398			
1399			
1400			
1401			
1402			
1403			
1404			
1405			
1406			
1407			
1408			
1409			
1410			
1411			
1412		Bartholomäus.	Nikolaus Rosche.
1413			
1414			
1415			
1416			
1417			

	Bürgermeister.	Stuhlsrichter.	Städtchennou Villici.
1418			
1419			
1420	Nikolaus Pfeffersak.		
1421			
1422			
1423			
1424	Jakobus, und Mag. Joh. Goldner, Notar.		Johan Hänlein. (Kakasch) stirbt als Kirchenvater 1442.
1425			
1426			
1427			
1428	Jakobus.	Nikol. Pfeffersak.	
1429			
1430			
1431			
1432	Thomas Trautenberger.		
1433			
1434			
1435	Jakobus.		
1436			
1437			
1438			
1439			
1440	Anton. Trautenberger.	Johann Floschner.	Michael Weis.
1441			

	Bürgermei-ster.	Stuhlsrich-ter.	Stadthannen Villici-
1442			
1443	Jakobus.		
1444	Georg Hecht. Czukas,	Laurentius Turolt.	
1445			
1446	Anton. Trautenberger.		
1447			
1448			
1449	Jakobus.	Reinold. Iud.	
1450		Cibin. Eben-	Joh. Träusch
1451		daselbst vielleicht Stuhlsrich.	Wagner, ob. Transbogn. (Met. Inf.)
1452	Jakobus.	Nikolaus	Ladisl. Hän-
1453		Füst.	lein, (Kákas)
1454			
1455			
1456	Oswald Wenzel.	Melchior Aurifaber.	
1457			
1458			
1459	Jakobus, bis ins folgende Jahr.		
1460	Oswald Wenzel.		
1461			
1462	Jakobus.		

1463

	Bürgermei=ster.	Stuhlrich=ter.	Stadthannen Villici.
1463	Ladislaus Hänlein		
1464		Bartholomäus Hutter.	Joh. Hutter
1465			
1466	Petrus Gräf v. Rothberg		
1467	Wird ent=hauptet, ihm folgt Ladisl. Hänlein.		
1468	Nikolaus Rusche, izt zu=gleich Vice Königsrich=ter.	Stephanus Agatha. (Agnethler)	
1469		Bartholomäus Hutter.	
1470			
1471			
1472	Mag. Thom. Altenberger		
1473			
1474			
1475			
1476			
1477			
1478			
1479			
1480	Joh. Olas.		
1481			

	Bürgermeister.	Stuhlsrichter.	Stadthannen Villisi.
1481	M. Thomas Altenberger Zugleich Königsrichter.		
1482			
1483			
1484			
1485			
1486			
1487			
1488			
1489			
1490			
1491	Altenberger stirbt zu Ofen, ihm folget Georg Hecht.	Beneb. Carnifex (Fleischer) wahrscheinlich ist Stuhlsricht.	Joh. Pellifex vielleicht seinem Namen nach, Hunger.
1492	Georg Hecht.	Jak. Schneider (Szabo) auch Medwischer.	
1493	Joh. Agatha.		
1494	Agnethler wird zum König Vladislaus gefangen geführt, ihm folgt;	Nikolaus Proll.	

	Bürgermei- ster.	Stuhlsrich- ter.	Stadthannen Villici.
1495	Georg Peu.		
1496			
1497			
1498	Nikol. Proll Kamergraf der Königl. Salzwerke in Siebenbürgen.		
1499	Proll stirb amTage des heil. Nikol.		
1500	Jakob Szabo od. Medwischer.		
1501			
1502			
1503			Joh. Wall, (Woll.)
1504	Paulus Renczer, oder Horvath.		
1505			
1506		Joh. Lulai.	
1507	Joh. Wall.	Mag. Michael Altenberger, war vorher Königsrichter in Reps.	
1508	Paul Renczer		
			1509

	Bürgermei= ster.	Stuhlsrich= ter.	Stadthannen Villici.
1509			Sigismund
1510	Joh. Agatha		Sey.
1511			
1512			
1513	Mich. Arm= bruster.		
1514			
1515	Jak. Szabo, Medwischer		
1516			
1517			
1518			
1519	Joh. Lulai, zugleich Kammer= graf.		
1520	Mag. Micha= el Altenber= ger.		
1521	Petrus Wolf (Farkas)		
1522	Paul. Rencz, od. Horvath stirbt im Amte.	Joh. Lang, od. Agneth= ler.	Oswald Mu= rater.
1523	Math. Arm= brüster.		
1524		Petr. Wolf.	
1525	Joh. Rappolt		

1526

	Bürgermeister.	Stuhlsrichter.	Stadthannen Villici.
1526	Petr. Wolf.	Step. Kleser.	Joh. Lang, (Aguethler)
1527	Math. Armbruster.		Zacharias Sartor.
1528			Jakob Ungleich.
1529			Anton. Goldschmid.
1530	Step. Kleser.	Joh. Roth.	
1531		Joh. Lang, ob. Aguethl.	Balthasar Aurifaber.
1532			Joh. Omlascher.
1533		Joh. Roth.	
1534	Matth. Armbruster.		Anton. Aurifaber.
1535			Joh. Omlascher.
1536		Petr. Haller.	
1537	Armbruster wird Königsrichter, Steph. Kleser folget ihm, stirbt aber.		Petr. Nürnberger.
1538	Armbrüster als Königsrichter.	Petr. Haller, (Lit. R loh. 1.) Johann	
1539			

	Bürgermei-ster.	Stuhlrich-ter.	Stadthannen Villici.
		Roth (welcher von beiden auf den andern gefolgt, ist mir noch unbekannt.)	
1539	Joh. Roth. (Veres, Vewrew(s))		
1540			
1541	Matth. Armbrüster, stirbt im folgenden Jahre.	Martin Pilgram.	Mart. Szabo
1542	Mart. Weis.		
1543	Petr. Haller.		Joh. Frank.
1544		Andr. Birkner.	
1545			
1546			Petr. Nüremberger.
1547	Mart. Weis, (Fejer.)	Joh. Frank.	
1548		Andr. Birkner.	Matth. Ponzler.
1549			
1550	Petr. Haller.	Martin Pilgram.	August. Hedvig, (Pellio.)
1551		And. Birkner	
			1552

	Bürgermeister.	Stuhlsrichter.	Stadtkannen Villici.
1552			
1553	Andr. Birkner.	August. Hedvig.	Georg Lydner.
1554	Petr. Haller.		
1555			
1556	August. Hedwig.	And. Birkner	Georg Hecht.
1557			Petr. Lutsch.
1558		Birkner stirbt den 24. Juli.	
1559		Franz Bayer	
1560			Sim. Miles.
1561			
1562		Sim. Miles.	Mich. Hermann.
1563			
1564			Petr. Lutsch.
1565			Mich. Herm.
1566	Simon Miles.	Matthias Ponzler.	
1567			Lukas Klein.
1568		Petr. Lutsch.	
1569			Klein stirbt.
1570		Stirbt als Rathsherr den 4. May 1578.	Servatius Weidner.
1571		Georg Hecht	
1572			Blasius Rheu.
1573			
			1574

	Bürgermeister.	Stuhlsrichter.	Stadthannen Villici.
1574			Thomas Frank.
1575			
1576	Niles stirbt d. 18. Nov.	Blass. Rhau.	Michael Birthelmer.
1577	Georg Hecht erwählt den 19. Jan.	Joh. Lang.	
1578	stirbt als Prokonsul 1580 den Oct. im 66 Jahre.		Joh. Wayda.
1579	Balsus Rhau (Szeorós.)	Joh. Wayda	Blasius Weis.
1580	stirbt den 17. Juni 1581.	Blasius Weis.	Joh. Bayer.
1581	Joh. Wayda, vom 28. Jan. ohne Rathsherr gewesen zu seyn.		
1582			Emerikus Bidner.
1583			
1584			Valentin Repser.
1585			

C 2   1586

	Bürgermeister.	Stuhlsrichter.	Stadthannen Villici.
1586	Joh. Bayer, der Jüngere	Emerikus Bidner.	Lukas Enyeter.
1587			
1588		Lukas Enyeter.	Daniel Weis
1589			
1590			Gallus Lutsch
1591			
1592	Bayer stirbt den 3. Juni Joh. Wayda		
1593			Martin Drobinger.
1594	Lukas Enyeter.	Gallus Lutsch	
1595			Petrus Kammer.
1596			
1597	Joh. Wayda.		Martin Dobringer. st. den 8. Okt.
1598			Martin Omlascher.
1599	Wayda stirbt den 22. Apr. im 66. Jahr Luk. Enyeter	Joh. Bayer.	Benediktus Schelker, (Schelkens)
1600			
1601		Gallus Lutsch	Laurent. Eng. 1602

	Bürgermei-ster.	Stuhlsrich-ter.	Stadthannen Villici.
1602			
1693	Enyet. stirbt den 26. Aug. an der Pest. ihm folgt:		Loz stirbt den 10. Oct. an der Pest.
1604	Johann Rhe-ner (Rogenius)	Georg Enye-ter.	Petr. Schel-ker.
1605			
1606	Gallus Lutsch		Kolom. Goz-meister.
1607		Daniel Mäl-mer.	Gregorius Emerici.
1608		Georg Enye-ter.	
1609			Petr. Kam-ner.
1610			
1611			
1612			
1613			
1614		Pet. Schelker	
1615	Lutsch stirbt den 18. Jan ihm folget Joh. Rhe-ner.	Schelk. stirbt den 19. Jan ihm folgt	wird Stuhl-richter, ihm folget:
1616	Joh. Roth.	Pet. Kamner	Paulus Ludo-vici (Poszto Csinálo.) 1617

	Bürgermei=ster.	Stuhlsrich=ter.	Stadthannen Villici.
1617	stirbt den 11. Octob.	Paulus Lu=dovici.	Mich. Lutsch.
1618	Mich. Lutsch, erwählt den 24. May.		Andr. Jüng=ling.
1619			
1620			JohSchwarz
1621			
1622			LeonhardTel=man.
1623	PaulusLudo=vici.	JohSchwarz (Melas)	
1624	starb als Pro=konsul 1626 den 7. Oct.		Christoph Un=gleich (Un=glerus.)
1625	Mich. Lutsch.		starb den 8. Jul. 1629.
1626			JohReußner
1627			
1628			GeorgFrank. stirbt den 6. März.
1629			Lukas Löv. (Leo.)
1630			Mich. Lang, od. Agneth=ler.
1631			
1632	stirbt d. 1 Aug im 67.Jah. J.Schwarz.	Joh. Reuß=ner.	Valentin Frank.
1633			

	Bürgermeister.	Stuhlrichter.	Stadthannen Villici.
1633	stirbt den 18. April, ihm folget: Joh. Reußner.	Wird Bürgermeister. Paulus Rufinus	
1634	Valentin Seraphin, erwählt d. 10. März, wird den 9. Jun. Königsrichter. Michael Lang od. Agnethler.	Mich. Lang, od. Agnethler, wird den 21. August Bürgermeister. Paulus Rufinus od. Roth.	Georg Werder, oder Melzer.
1635		stirbt den 27. Sept. 1636 im 38sten Jahr.	
1636		Georg Werder.	Petr. Kreuzer.
1637	Joh. Neußner, stirbt den 8. Dec. im 63. Jahr.		Petr. Schnell (Vielleicht eben der vorhergehende)
1638	Mich. Agnethler.	Sirbt den 26 Aug. im 60. Jahre.	Valentinus Laurenti
1639	Wird Königsrichter, ihm	Lukas Löv.	Tobias Sifft.

	Bürgermeister.	Stuhlrichter.	Stadthannen Villici
	folget den 29. Dec. Valentinus Frank.		
1640		Stirbt den 26. Dec.	
1641		Valent. Laurenti, den 23. März.	Daniel Uer. (Ohr) den 23. März.
1642			
1643		Tobias Sifft.	Joh. Lutsch.
1644			
1645	Wird den 18. Juni Königsrichter, Joh. Reußner.	Daniel Ohr.	Michael Theiler.
1646			Laurentius Rosenauer, oder Hochteufel (Szöen)
1647			
1648	Joh. Lutsch.		
1649		Stirbt d. 26. März. Michael Theiler	
1650	Wird Königsrichter. Tobias Sifft.		Jakobus Rapp.
			1651

	Bürgermeister.	Stuhlrichter.	Stadthannen Villici.
1651	Stirbt d. 10. März an der Pest. Joh. Reußner, erwählt den 3. Apr.		
1652			Michael Schwarz.
1653		Jak. Kapp.	Starb 1655 den 24. Nov im 39. Jahr
1654	Stirbt d. 13. Apr. d. 27 Ap. übernimmt der Königsr. Joh. Lutsch das Konsulat.		Andr. Werber.
1655	Laurentius Rosenauer.		
1656	Starb als Prokonsul 1657. den 11. August.	Andr. Werber.	Georg Klein.
1657	Andreas Werber, oder: Melcher.	Jak. Kapp.	
1658			Thomas Haas.
1659			1660

74

	Bürgermeister.	Stuhlrichter.	Stadthannen Villici.
1660			
1661	Stirbt d. 16. Juli, ihm folget d. 18. Jul. Jakob Kapp.		
1662			Mich. Arzt.
1663			
1664	Johann Simonius.		
1665			
1666	Jakob Kapp, starb als Prokonsul den 9. May 1669.		Melchior Herman, oder Stukart.
1667	Johann Simonius, st. nachgehends 1669.	Mich. Arzt, ihm folget Melchior Hermann.	Valentinus Röhrig.
1668	Matthias Semriger.		Joh. Haupt, od. Scheurner.
1669			
1670		Joh. Haupt.	Andr. Waldhütter, oder Schuster.
1671			
1672	Valentin Röhrig, erw. d. 23. März.		Georg Armbrüster, erw. d. 23. März.

	Bürgermeister.	Stuhlsrichter.	Stadthannen Villici.
1673	Starb als Profonful 1676 d. 23. Septemb.		
1674	Math. Semringer, erw. d. 19. May.		Chrift. Reichart, d. 19. May.
1675			
1676	Wird Königs richter, ihm folget Georg Armbrüster d. 20. März	Melchior Hermann oder, Stukart.	Bartholomäus Rufinus.
1677			Starb d. 27. Aug. 1680.
1678	Joh. Haupt, d. 11. Febr.	Chrift. Reichart, d. 11. Februar.	Joh. Binder, den 11. Feb.
1679			Starb d. 27. Juli 1686.
1680	Georg Armbrüster, wird den 17. Apr. Königsrichter, ihm folget: Johan Haupt.		Johann Herbert.
1681			
1682			Mich. Haas.
1683			Starb d. 28. 1684

	Bürgermeister.	Stuhlsrichter.	Stadthannen Villici.
1684	Christ. Reichart (Szabo)	Andr. Waldhütter, den 22. April.	März 1686 Matth. Heneng.
1685			
1686			Gabriel Hendeler.
1687		Sirbt d. 27. August.	
1688		Mich. Spöckel (Cantor Mihali.)	Franciscus Beesch.
1689			
1690			Tob. Fleischer starb 1713.
1691			Joh. Lutsch.
1692			starb, 1702 d. 23. März
1693			Geor. Melzer ob. Werder.
1694		Stirbt den 25. Dec.	
1695	Stirbt d. 19. März alt 76 Jahre 2. M. 3. W. Ihm folget Mag. Joh. Zabanius, d. 6. Apr.	Mag. Johan Zabanius, den 23. Febr Ihm folget, Pet. Weber, den 13. Apr.	Georg. Weis, starb d. 12. März 1697
			1696

	Bürgermeister.	Stuhlrichter.	Stadthannen Villici.
1696			
1697			
1698			
1699			
1700	Wird Königsrichter. Ihm folget: Petrus Weber		
1701			Christ. Haas. st. am Stephanstage.
1702		Joh. Stenzel	
1703			
1704	Wird Königsrichter, ihm folget: Andre. Teutsch d. 21. Aug.		Georg Frank von Frankenstein, starb den 6. Apr. im 36. J. ihm folgt
1705			Graffius, den 11. April.
1706			
1707			
1708		Tho. Schmidt v. Scharfenbach. 11 May	Thom. Konrad, den 11. May.
1709			
1710	Wird Königsrichter, ihm		

1711.

	Bürgermeister.	Stuhlrichter.	Stadthanner Villici.
	folget: Joh. Hofman v. Rothenfels.		
1711			
1712			
1713			And. Gorkel, od. Hoch.
1714		Wird seiner Würde entsetzt.	
1715		Georg Werder od. Melzer.	
1716			
1717	Georg. Werder, oder Melzer.	Andr. Gorkel, oder Hoch.	Joh. Abrahami.
1718			
1719			
1720			
1721			
1722		Mich. Zikeli, nach dem Gorkel gestorben	Jakob Sachs von Hartenek.
1723			
1724			
1725			
1726			
1727			
1728			
1729			

	Bürgermeister.	Stahlstichter.	Stadthannen Villici.
1729 1730	Mich. Zikeli von Rosenfeld, den 1. Februar.	Jak. Sachs von Hartenek, den 1 Februar.	Andreas Kißling.
1731 1732 1733 1734		Joh. Kinder von Friederberg, de! 4. Januar.	Andr. Kraus den 4. Jan. stirbt den 2. Decemb.
1735 1736 1737 1738 1739	Joh. Kinder von Friedenberg, d. 12. Octob.	Steph. Waldhütter von Adlershaus d. 12. Oct.	Daniel Edler v. Klokern
1740	Sirbt d. 30. Apr. alt 67 Jahre 4 M. 15 T. Stephan Waldhütter vor Adlershaus den 4. Jun	Jakob Sachs vou Hartenek.	Jakob Abrahami von Ehrenburg, d. 24. Jan.
1741			
			1742

	Bürgermeister.	Stuhlsrichter.	Stadthannen Villici.
1742			
1743			
1744			
1745	Wird Königsrichter d. 25 Febr. Daniel, Edler v. Klokner, d. 11. März.	Andreas Hermann, den 11. März, und stirbt den 22. Jun	Daniel von Rittern, d. 11. May.
1746		Georg Vette, M. D.	
1747		Petr. Binder von Sachsenfels.	
1748			Joh. Georg Schüler, v. Schulenberg M. D.
1749			
1750			
1751			
1752	Petr. Binder von Sachsenfels.	Samuel Vest d. 3. Frbr.	
1753			
1754	Georg Edler v. Klokner, stirbt als er wählter Kon		

1755

	Bürgermei-ster.	Stuhlsrich-ter.	Stadthannen Villici.
	sul den 27. März im 64 Jahre. Ihm folget: Petrus Binder von Sachsenfels.		
1755			
1756			
1757			
1758			
1759			
1760			
1761			
1762			Andreas von Adlershaus
1763			
1764			
1765	stirbt d. 24. Oct. im 70. Jahre.		
1766	Jakob v. Huttern M. D. d. 27. Jan.		
1767			
1768	stirbt den 10. Febr. alt 59 Jahr. Samuel Vest.	Wird Bürgermeist. d. 10. Nov. Barth Baußner.	Laurentius Wapner, d. 10. Nov.

Siebenb. Quartalſ. II. Jahrg.   F   1769

	Bürgermeister.	Stuhlsrichter.	Stadthannen Villici.
1769	Stirbt den 9. März.		
1770	Joh. Georg von Honnaman, install. d. 4. Jul.		
1771		Joh. Filtsch, installirt d. 2. März.	
1772		Stirbt den 11. Nov.	
1773		Michael Seivert. M.D.	Daniel Kein.
1774			
1775			
1776		Stirbt den 24. Sept.	
1777	Johann von Rosenfeld installirt den 6. Febr.	Dan. Gräser d. 6. Febr.	Daniel Wankel von Seeberg, den 6. Febr.
1778			
1779			
1780			
1781	Joh. Gottlieb v. Reissenfels, installirt den 23. Apr.	Joh. Friedr. von Rosenfeld, den 23. April.	Daniel Kein den 23. Apr.

1782.

	Bürgermei- ster.	**Stuhlsrich- ter.**	**Stadthannen Villici.**
1782	Stirbt d. 19. Sept.		
1783	Joh. Friedr. von Rosenfeld.	Joh. Andr. von Hermannsfeld.	
1784		Dan Seeberg d. 9. Jänner ernannt.	
1785			
1786	Danckt ab d. 3. Mai als Gub. Rath. Steph. Leop Hirling den 20. Oct.	Michael Brantsch installirt d. 25 Octob.	
1787		Karl v. Frankenst. subst. d. 12. Nov.	Der nehml. unt. d. Titl. Stadthaupt.
1788		Andr. Georg v. Hannenh. inst. 28 Jan	Daniel Müller, den 2. April.
1789	Andr. v. Hannenheim d. 4. Juli ern.	Karl v. Frankenst. subst.	
1790	Joh. Fried. v Rosenf. d. 21 Sept. inst.	Michael Bransch d. 11. Mai gew.	Mich. v. Huttern den 11. Mai gew.
1791			

Anmerk. Seit dem 1. Mai 1790 traten die, 6 Jahre hindurch blos zu städtis. Beamten eingeschränkte Bürgermeister, u. s. w. wieder in ihre vorige vielumfassenden Wirken ein.

IV.

Verzeichniß,

Sämmtlicher, während des letzten Türkenkrieges vom 16. Februar 1788 bis zum Waffenstillstande im Septemb. 1790 in Türkische Gefangenschaft gerathenen k. k. Offiziere, Kadetten und Gemeinen nebst dem Ausweis ihrer Ranzionirung.

Ueberzeugt daß unsern Lesern statistische Nachrichten nicht anders als willkommen seyn können, liefern wir hier ein Verzeichniß jener Krieger, die während der 3 Feldzüge gegen die Türken die ganze Härte der Kriegsgefangenschaft erdulden mußten. Da ein großer Theil dieser Männer gerade bei Vertheidigung u n s e r s Vaterlandes seine Freiheit einbüßte, so verdient dieses Verzeichniß als ein ehrenwerthes Dokument in unsere Geschichtsannalen aufgenommen zu werden.

Anmerkung der Herausgeber.

I Major.

1 Major.

v. Szarwasy von Erdödy Housaren seit 31. August 1790.

5 Hauptleute.

Scholderer von Brechainville Infanter. seit 13. Septemb. 1788.
Christiani von 1. Szekler Inf. Regiment. seit 22. Octob. 1788.
Jelleky von 2. Szekler Infant. Regim. seit 14. Mai 1788.
Roscher von eben demselben seit 17. Sept. 1788.
Schulz von Jägerkorps seit 7. July 1790.

2 Rittmeister.

Baron Berg von Wurmser Housaren seit 21. Octob. 1789.
Imgarten von Szekler Housaren seit 5. Oct. 1789.

1 Kapitain Lieutenant.

Weinert von Reißky Inf. seit 13. Sept. 1788.

6 Oberlieutenant's.

Baron Wimersperg von Savoyen Dragoner seit 31. Aug. 1790.
Gergey von Nadaßdy Infant. seit 28. Nov. 1788.

Vetsey von Oroß Infant. seit 24. Sept. 1789.
Seitz von 2. Szekler Infant. Regiment seit 2.
 April 1788.
Martini von eben demselben seit 4. August
 1788.
Stanits von Walachisch Illyrischen Regiment
 seit 28. Nov. 1788.

2 Unterlieutenant's.

Kozy von Erdödy Housaren seit 13. Sept.
 1788.
Jany von 2. Szekler Infant. Regim. seit
 4. Aug. 1788.

4 Fähnriche.

Onzelt von Reißky Infant. seit 13. Septemb.
 1788.
Feny esy von Oroß Infant. seit 17. Sept.
 1788.
Keßler von 1. Szekler Infant. Regiment seit 22.
 Oct. 1788.
Melchior von eben demselben. seit 1. Oct. 1788.

3 Cadetten.

Diemer von Modena Uhlanen seit 28. Nov.
 1788.
Kowats von Nikol. Esterhazy Infant. seit 28.
 Nov. 1788.
Phely von Karoly Infant. seit 30. July 1790.

Von diesen 24 Offiziers und Kadetten sind nur 3 folgendermassen in Abgang gekommen nemlich:

Rittmeister Berg von Wurmser Housaren, durch den Englischen Gesandten in Freiheit gesezt.

Rittmeister Imgarten von Szekler Housaren gestorben.

Fähnrich Fenyvesy von Oroß Infant. Türk geworden.

Es sind dahero die übrigen 21 gefangen gewesene Offiziere und Kadetten in der gehörigen Form rancionirt worden.

Von der Mannschaft vom Feldwebel oder Wachtmeister abwärts sind in obgedachten 3. Jahren. 1326. Mann in das Sklavenhauß nach Konstantinopel als Kriegsgefangene gebracht worden; nemlich:

Von Housaren Regim.	76	Mann
= Uhlanen Divisionen	7	=
= Cheveauxleg. Regim.	3	=
= Dragoner Regiment.	10	=
= Kurassier Regim.	1	=
Summe von der Kavall.	97	M.
Von der Artillerie	5	=
= = Deutsch. Infant,	376	
= = Hungarischen	246	=
= = Gränitz	393	=
Summe v. der Infant.	1015	M.
Translatus der Infant.	1015	M.

Translatus von der Infant. 1015 M.
- Jäger Corps 3 M.
- Czaikisten Corps 2 =
- Pioniers Battaillon 4 =
- den Freicorps 115 =

Summe v. verschied. Corps 124 M.

Walachische Geistliche 2 =
Kontumaz Chyrurgus 1 =
Bauern 78 =
k. k. Postknecht 1 =
Marketender 1 =
Juden 2 =

Sum. der particular Pers. 85

Zusammen also 1326 M.

Hievon sind auf nachstehende Art in Abgang gekommen:

Gestorben 610 M.

Von Gesandten befreiet worden:
Vom Französischen 19 =
= Preußischen 19 =
= Polnischen 52 =
= Holländischen 1 =

Summe der durch Gesandte Befreiten 91

Mit Türkischen Kriegsschiffen abgegangen 32 M.

Deser=

Translatus des Abganges 733 M.
Desertirt 10 M.
Türken geworden 33 =

Summe des Abganges 776 M.

Folglich sind von oberwehnter Anzahl Kriegsgefangenen annoch in der gehörigen Form rancioniret worden 550 M.

Und zwar von der Kavallerie 53 M.
= = Artillerie 3 =
= = Infanterie 375 =
= den verschied. Corps 79 =
Walachische Geistliche 2 =
Bauern 30 =
Marketender 1 =
Juden 2 =

Zusammen 550 M.

V.

V.
Vaterländische Anzeigen.
I. Literatur.
a. Rezensionen.

Diætæ sive rectius Comitia Transsilvanica eorumque decreta, quæ vulgo adpellantur Articuli Diaetales Auctore *Iosepho Benkö*, Societatis Scientiarum Batavo Harlemensis Sodali. 4. Cibinii Typis *Martini Hochmeister* 1791 - - 40 xr.
In Charta scriptoria - - 50 xr.

Ungemein mußte die Freude jedes Forschers der Siebenbürgischen Geschichte bei der ersten Ankündigung dieser Schrift seyn; weil ihm die Aufschrift des Buches ein Werk zu versprechen schien, das ihm nicht anders als höchst willkommen seyn könnte. Und der fleißige Verfasser der Bücher *Transsilvania* und *Milkovia* war eben der Mann, von dem man, wo nicht eine zusammenhangende Geschichte der Siebenbürgischen Landtage, doch einen Auszug der Protokolle und die Landtagsschlüße erwarten konnte. Vielleicht daß der Herr Verfasser, der den Mangel eines solchen Buches gewiß so gut als irgend jemand fühlt, sich noch einmal die diesem wichtigen Werke unterzieht. Indessen ist gegenwärtige Schrift bloß eine allgemeine Abhandlung über die Siebenbürgischen Landtage, und zerfällt in sieben Hauptstücke.

I. Hauptst. Einleitung. II. Hauptst. Der Ort. III. Hauptst. Die Zeit und Dauer der Landtage. IV. Hauptst. Die Art der Berufung auf den Landtag V. Hauptst. Die Personen welche berufen werden VI. Hauptst. Die Art den Landtag zu halten. VII. Hauptst. Landtagsschlüsse.

Die Aufschrift S. 1. *Liber Prior* und die Note S. 4 lassen uns eine Fortsetzung dieser Schrift hoffen, die gewiß jedem willkommen seyn wird, dafern von den ältern Landtagen nicht etwa bloß eine Anzeige des Jahres und des Ortes geliefert wird.

S. 47. verspricht der Verfasser eine neue Schrift: *Politica Trinitas Transsilvaniæ*.

Wir wünschen dieser Schrift ein günstigeres Schicksal, als vermuthlich die *Pars Specialis Transsilvaniæ*, die uns der Verfasser so lange schon hoffen läßt, (Vergl. *Milkov.* B. II. S. IV.) getroffen hat. Was der Verfasser übrigens von den Nationalsiegeln erwähnt, darin können wir ihm fast schon im Voraus beipflichten.

Der Leser von Geschmack hätte dem Verfasser die etimologischen und philologischen Erklärungen der Worte *Comitia* und *Diæta* (S. 2) freylich gerne erlassen, so wie die Erwähnung der verschiedenen *Comitiorum* bei den Römern; es werden ihm Sprachunrichtigkeiten z. B. S. 10 *Exemplaribus corrupte in lucem publicam emanatis*, und geschmackwidrige Phrasen aufstoßen, z. B. S. 20. *Postquam hæc* (Transsilvania) *relicta matre Hungaria patriis suis Principibus nupsit*: Allein wie leicht übersieht man nicht Flecken dieser Art, wenn uns übrigens der Verfasser durch seinen unermüdeten Fleiß wichtigen Nutzen schaffet, wie dieß genau der Fall bei Herrn Benkö sowohl in dieser als in seinen vormaligen Schriften ist. Der Geschichtforscher Siebenbürgens hat ihm die Bekanntmachung mancher wichtiger Urkunde, und besonders sehr vieler ungedruckter Landtagsschlüße zu verdanken. Es muß mehrere Schriften dieser Art geben, ehe ein Robertson oder Schmidt seine Geschichte schreibt, und jeder, der die Trokenheit und die Schwierigkeiten dieser Arbeit zu ermessen im Stande ist, wird dem Fleiße des Sammlers mit Dank lohnen.

b.

Da die Recensionen sowohl über den ersten Theil der von Hr. Prediger Lebrecht herausgegebenen Siebenbürgischen Fürstenbiographien als auch im Betreff des 5. Theils der Wolffgang Bethlenschen Geschichte nur während dem Abdruck dieses Bogens eingegangen; so können wir von selbigen erst im folgenden Hefte Gebrauch machen.

H. d. S.

b. Literarische Miscellaneen.

In Mühlbach ist im März dieses Jahres eine Lesegesellschaft zu Stande gekommen, an welcher mehrere Glieder weltlichen Standes daselbst Antheil nehmen. Man unterhält sich wöchentlich in zwo vestgesetzten Stunden wechselsweise mit Lesung der besten Stellen alter und neuer Schriften, meistens aus dem Gebiete der Weltweisheit, so auch der interessantesten Urkunden, welche Siebenbürgen überhaupt, und besonders die Sächsische Nation betreffen. Die ganze Anstalt steht unter der Oberaufsicht und Leitung des dasigen geschmackvollen und vortreflichen evangelischen Stadtpfarrers Herrn Martin Arz, in dessen geräumigem Pfarrhause sich auch die Gesellschaft versammelt.

Eben so haben in der Gegend von Szaß-Regen schon seit einem Jahre verschiedene Sächsisch-Evangelische Landgeistliche einen Lesezirkel unter sich errichtet. Eine der hiesigen Buchhandlungen versieht sie mit den, von ihnen geforderten Schriften, aus mancherlei Fächern der Wissenschaften; die sie dann periodisch zurückschiken und mit andern verwechseln. — „Wie viele Funken zu guten Gedanken, „sagt Zimmermann, (*) werden durch „kahlen Umgang erdrückt, und wie schaal wird
„man

(*) Ueber die Einsamkeit, Th. III. S. 107.

„man selbst, wenn man immer unter schaalen „Menschen lebt." Was Wunder demnach, wenn so manche Männer, die in ihrer Jugend Anlage genug zu nützlichen Geistesarbeiten zeigten, auf ihren Dorfspfarren ganz verwildern und stufenweise dergestalt in die dümmste Indolenz hinab sinken; daß sie fast gar keinen andern Sinn mehr, als fürs Kornaufschütten und Weinkeltern zu haben scheinen. — Unsterblicher Ruhm kröne dagegen die biedern Männer, die nebst weiser Aufsicht auf ihre Oekonomie, nicht aufhören, durch wissenschaftliches Lesen und Forschen ihren Geist zu bearbeiten; um von Zeit zu Zeit ihres edlen Amtes stets würdiger zu werden und den, ihrer besondern Seelsorge anvertrauten Individuen immer mehr Geschmack an gesunder Vernunft und Geistesvorzügen einzuflößen!

Um den, jungen Studirenden so unentbehrlichen Privatfleiß zu wecken, sind von einen ungenannten Patrioten für die erwachsenern Jünglinge des Hermannstädter evangelischen Gymnasiums kleine Geldpreise ausgesetzt worden die denjenigen zuerkannt werden, welche die besten lateinischen Reden und Abhandlungen liefern. — Nächstens theilen wir die Namen dieser jungen gekrönten Sieger mit.

N.

II. Politik.

1. Siebenbürgischer Landtag.

Wenn wir es gleich für eine unsrer ersten Obliegenheiten halten, alle jene politischen Gegenstände, welche auf die Wohlfahrt dieses Großfürstenthums unmittelbaren Bezug nehmen, und mit den Gesetzen der Publizität in keinem Widerspruche stehen, auf dem Wege dieser Quartalschrift zur Wissenschaft unsrer Leser zu bringen; so müssen wir doch gegenwärtig das freimüthige Geständniß ablegen, daß wir jetzt noch außer Stande sind, unserm Publikum die Resultate, des bereits im December vorigen Jahres zu Clausenburg eröfneten Siebenbürgischen Landtages vollständig vorzulegen, indem die Wichtigkeit der abzuhandelnden Materien, die versammelten Stände noch bis auf den jezigen Augenblick in rastloser Thätigkeit erhält. Wir müssen dahero die Befriedigung der Wünsche unsers Publikums bis zu jenem (hoffentlich bald zu erreichenden) Zeitpunkt hinweisen, wo diese große vaterländische Angelegenheit beendigt seyn wird. Diejenigen Leser aber, welche sich wenigstens vorläufig mit den Verhandlungen des Landtages bekannt machen wollen, verweisen wir theils auf die in ungrischer Sprache, bereits im Druck erschienenen Bogen des Landtagsprotokolls, theils aber auch auf den in der Hermannstädter Zeitung in gedrängter

Kürze

Kürze gelieferten Auszug des vorerwähnten Protokolls.

Um indeß die chronologische Seite dieser vaterländischen Angelegenheit nicht gänzlich unberührt zu lassen, wird es gerade hier der Ort seyn, die in dem 4. Hefte des ersten Jahrganges dieser Quartalschrift in Ansehung des Landtages gemachte Anzeige dahin zu berichtigen, daß die Eröfnung desselben nicht wie dort gesagt wurde am 12. December, sondern erst am 21. dieses Monats erfolgte, und zugleich zu bemerken, daß am 23. December in Gegenwart des Königl. Hr. Comissairs Generalfeldmarschallieutenants Baron von Rall Exzell. der Huldigungseid von dem Königl. Gubernio von Sr. Excellenz dem Präsidenten der Königlichen Tafel, den Protonotarien, Beisitzern und dem Fiskaldirektor, von den Oberbeamten der Comitate, Stühle und Distrikte, von den Geheimen Räthen und Generalen, endlich von den Regalisten abgelegt worden, worauf Sr. Excellenz der Königl. Comissair gleichfalls folgenden Eid ablegten.

Ego Iohannes Nepomucenus Liber Baro Chriſtani de Rall, qua ad praeſentia Comitia Transſiluanica benigne denominatus Plenipotentiarius Commiſſarius Regius, Ex Speciali Mandato ſuae Majeſtatis Sacratiſſimi ac potentiſſimi Domini LEOPOLDI II. Electi Romanorum Imperatoris, Germaniae, Hungariae,

riae, Bohemiaeque Regis Apoſtolici, Archiducis Auſtriae, Magni Principis Transſiluaniae, et Siculorum Comitis &c. Iuro in Animam Altefatae Majeſtatis Sacratiſſimae per DEVM Viuum, Ejusque Sanctiſſimam Genitricem Virginem Mariam, et omnes Sanctos, quod Eadem Altefata Majeſtas Sacratiſſima juxta elargitum Vniuerſis Magni hujus Principatus Transſiluaniae omnium trium receptarum Nationum Statibus et Ordinibus Benignum ſuum aſſecuratorium Reſcriptum Regium, eosdem cujuscunque Conditionis omnes et ſingulos, in communi, vel particulari, in eorum Iuribus, Legibus, et Priuilegiis, Immunitatibus, et Indultis, rite, ſancte, et illibate conſeruatura, nec iisdem quaqua ratione derogatura, nullumque inſuper Principis Boni munus intermiſſura ſit. Ita me DEVS adjuuet, et omnes Sancti.

Nach dieſer Feierlichkeit verließ der Königliche Herr Comiſſair die Verſammlung und die eigentlichen Landtags Verhandlungen (deren ausführlichere Erzählung wir uns vorbehalten) nahmen ihren Anfang.

b. Siebenbürgiſche Hofkanzley.

Um die durch Geſetze und Diplome beſtimmte Form der allgemeinen Landesverwaltung auch in Siebenbürgen wieder herzuſtellen haben Sr. k. k. Maj. im Horn. d. J. geruhet, die Siebenbürgiſche Hofkanzley von der Ungariſchen zu trennen, und dieſelbe in denjenigen Stand, in welchem ſie vor, ihrer Vereinigung mit der

Ungarischen Hofkanzley gewesen ist zurück zu=
setzen. Zu dem Ende ist nicht nur an die Sie=
benbürgischen Landesstände wegen Vorneh=
mung der Kandidation zur Hofkanzlerswürde der
Befehl bereits ergangen, sondern Sr. Majest.
geruhten auch indessen den bisherigen Unga=
risch=Siebenbürgischen zweyten Hofviccekanzler
Grafen Samuel Teleky zum Präsidenten
der Siebenbürgischen Hofkanzley zu ernennen,
in welcher Eigenschaft derselbe den 3. März den
Eid abgelegt hat. Bis zur Anweisung und
Zurichtung eines eigenen Gebäudes werden die
Sizungen in dem besondern Saale des Ungari=
schen Hofkanzleyhauses gehalten.

c. Merkwürdige Magist. Verordnungen.

Noch unterm 2. November vorigen Jah=
res hat der Magistrat zu Hermannstadt, auf
hohe Gubernialverordnung die bei den Beerdi=
gungen der Sachsen von jeher übliche der Ge=
sundheit aber sehr nachtheilige Gewohnheit,
die Leichname der Verstorbenen zu küssen und
sich während den Leichenpredigten auf die Sär=
ge zu legen, in Zukunft auf das ernstlichste
untersagt.

Der Verkauf der aus ungearbeiteten Häu=
ten verfertigten Opintschen (walachische Schu=
he) wird zur Verhütung der ansteckenden Horn=
Viehseuche bei Konfiscation der Häute verbo=
ten. Hermannstadt den 19. Jänner 1791.

Der

Der Magiſtrat zu Biſtritz hat ſowohl im Jahr 1790 bei Gelegenheit der damals graſſirenden Pocken oder ſogenannten Blattern, als auch in dieſem Frühjahre wo die Faulfieber in Biſtritz ſehr heftig müteten, durch den dortigen Stadtphyſikus Hr. Friedenreich zwei Anweiſungen wie man ſich ſowohl bei der Blatterkrankheit als auch bei Faulungsfiebern zu verhalten habe, zum Nutzen der Bürger und Landleute durch den Druck bekannt machen laſſen.

d, Ehrenbezeugungen.

Sr. Excellenz der k. k. Geheime Rath und Comes der Sächſiſchen Nation Michael von Bruckenthal wie auch deſſen Herr Bruder der k. Gubernialkoncipiſt Hr. Carl von Bruckenthal ſind von Sr. jetzt regierenden Majeſtät K. K. Leopold II. in den Freiherrenſtand erhoben worden.

Auch haben Sr. K. K. Majeſtät allergnädigſt geruhet, dem bei dem Katholiſchen Gymnaſio zu Hermannſtadt als Profeſſor der ſchönen Wiſſenſchaften angeſtellten Hr. Joſeph Eſerey von Nagy Ajta wegen der Herausgabe einer griechiſchen Gramatik, wie auch einer deutſchen und ungriſchen Chreſtomatie, zur Belohnung und ferneren Aufmunterung funfzig Dukaten aus dem Siebenbürgiſchen Schulſtudienfond auszuzahlen zu laſſen.

c. Beförderungen.

Der an der reformirten Kirche zu Hermannstadt als Pfarrer gestandene Hr. Franziskus Benkö ist zum Professor der Naturgeschichte auf der Universität in N. Enyed befördert worden.

Der in dem hiesigen Großfürstenthum als Landsaugenarzt angestellte Hr. Johann Molnar hat den Auftrag erhalten, jährlich einige Monate auf der Universität zu Clausenburg Vorlesungen über die Geburtshülfe zu halten, und ist deßhalb mit einer Gehaltsvermehrung zum Professor ernannt worden.

Der bisher zu Hermannstadt als praktischer Arzt lebende Hr. Doktor Gräf hat das Carlsburger Physikat erhalten.

III. Physik.

a. Meteorologische Beobachtungen.

An der Grenze von Siebenbürgen, in **Nagybanya, Kapnick,** und **Felsöbanya,** wurde am 9. Januar d. J. eine ziemlich starke Erderschütterung verspürt. Um 11 Uhr Mittags bemerkte man die heftigsten Stöße, worauf ein starkes unterirdisches Sausen erfolgte. Das Wetter war heiter, und die Luft ruhig, änderte sich aber nachhero und brachte

brachte häufigen Schnee. Daß die Erschütterungen in Kapnik am stärksten bemerkt wurden, die Einwohner in ihren Zimmern hin und her wanckten, und in den Gemächern sich alles bewegte scheint darinnen seinen Grund zu haben, daß der größte Theil der Häuser auf unterminirten Boden erbauet ist.

b. Oekonomie.

Der nicht zu strenge Winter des $\frac{1794}{1795}$. Jahres und die darauf erfolgte angenehme und den Wünschen des Landmannes ganz entsprechende Frühlingswitterung öfnet die glücklichsten Aussichten zu einer sehr ergiebigen Frucht- und Weinerndte. Auch sind die Fruchtpreise zum großen Trost aller Einwohner die schon Jahre hindurch nebst den Kriegslasten eine drückende Theurung ertrugen, ziemlich gefallen. So ist der Kübel des besten Waizens der noch hier in Hermannstadt zu Anfange des Winters mit 8 fl. 24 kr. bezahlt wurde, doch schon in den letzten Tagen des May's für 5 fl. 36 kr. erkauft, und der Preiß eines Kübels Habers ist von 2 fl. 24 kr. schon auf 1 fl. gesuncken. Der übertriebenen Brennholztheurung ist gleichfals durch die Wachsamkeit des hiesigen Magistrats Schrancken gesetzt worden.

IV. Entdeckung in der Heilkunde.

Da in dem vorigen Jahre das Faulungsfieber sowohl in Siebenbürgen als auch in den benachbarten Provinzen mit vieler Heftigkeit wütete, so hat der Pfarrer der Fabricken Vorstadt zu Temeswar Hr. Kolb wider diese Kranckheit folgendes Mittel mit sehr glücklichem Erfolge bei vielen Kranken angewandt. Es besteht nehmlich in vier Stücken: Speck, Schießpulver, Flußwasser, und Fleischbrühe oder Suppe. — Man nimmt ein Stück Speck läßt es körnicht kochen, schneidet es in der Dicke eines Kupferkreuzers und in der Länge und Breite eines Zolls zu kleinern Stücken. Das Schießpulver wird zu Mehl gestossen, und man wälzt sodann die Stückchen Speck so lange in diesem Pulver bis der Speck ganz trocken ist, und keine Fette durch das Pulver herausschlägt. Sodann muß der Patient die Zunge so weit nur immer möglich herausthun, und man legt ihm so ein Stückchen darauf, welches eine viertel Stunde oder auch länger liegen bleiben muß. Es wird eine Menge Schleim und Unreinigkeiten aus dem Körper ziehen, welchen er ja nicht hinunter schlucken darf, sondern soviel als möglich von sich schaffen muß. Von Zeit zu Zeit werden neue Stückchen aufgelegt, und zwar durch 4, 5 auch 6 Tage bis die Zunge eine neue und rothe Farbe erhält. Da der Patient nach dieser Medizin einen starken Reiz zum Trincken bekommt, so giebt man ihm Flußwasser so viel er will, doch muß es vorher durch einen glühenden Stahl wohl abgelöscht seyn. Die Suppe ist eben so gut, ja der

Patient

Patient thut wohl wenn er recht viel trinckt. Wenn er schlafen will, muß der Speck aus dem Munde genommen werden, damit er im Schlafe selbigen nicht hinabschluckt. So lange des Patienten Gesicht roth gefärbt ist, so lange ist er in Gefahr, fängt er aber an blaß zu werden, und spürt Schwäche, so geneset er gewiß.

Die Bewärtheit dieses Mittels hat sich dadurch erprobt, daß von allen Personen (unter welchen einige von den Arzten schon ganz verlassen waren,) die sich dessen bedienten kein einziger gestorben ist. Der Hr. Pfarrer hat gerichtlich erwiesen daß er bei 200 Armen seiner Pfarrkirche durch dieses Mittel vom Tode gerettet hat. —

Die Herausgeber dieser Quartalschrift haben es für ihre Pflicht gehalten, diese neue Entdeckung ihrem Publikum mitzutheilen, ohne für oder wider zu entscheiden, sie werden aber auch mit Vergnügen die etwannigen Einwürfe practischer Aerzte zur Belehrung des Publikums (in sofern ihnen welche mitgetheilt werden sollten) in der Folge bekannt machen.

V. Sittengeschichte.

a. Biedre Handlung eines Siebenbürgisch-Sächsischen Landmannes.

Im Anfange dieses Jahres wurde so wie in allen Zeitungen auch im Hermannstädter Kriegs-

Kriegsboten, einer in Gallizien sich ereigneten Begebenheit erwähnt, nach welcher, ein Vater seinen Sohn als Deserteur, selbst dem Regimente überliefert, und sodann beydes Belohnung für seine edle Handlung und den Sohn zum Gehülfen in seiner Wirthschaft vom Lobl. Militair erhielt. — Eine Anekdote die jeder Seelsorger nützen könnte, um durch deren Erzählung den Geist der Vaterlandesliebe in dem Herzen des gemeinen Mannes immer thätiger zu beleben. Allein ehe noch Gallizien sich dieses Mannes rühmte, hatte schon ein ehrlicher sächsischer Bauer in Siebenbürgen, einen ähnlichen Schritt gethan, bemerkt von wenigen und unbekümmert des Beifalls seiner Zeitgenossen. Da indes dieser Ehrenmann mit allem Recht genannt zu werden verdient, so schätzen wir uns glücklich diesen biedern Siebenbürger unsern Lesern aufzuführen.

Michael Fulp, ein Sächsischer Bauer von teutsch Saros Mediascher Stuhls gebürtig, ist Vater von 2 Söhnen und 1. Tochter. Der jüngere Sohn äußerte Lust zum Studieren, und folgte seiner Neigung. Die Tochter ist für die bürgerliche Gesellschaft wegen dem gänzlichen Mangel des Gehörs beinahe ganz unbrauchbar. Auſſer diesen Kindern unterstützt ihm noch ein lahmes Mädchen, in seinen häußlichen Geschäfften. Im Jahr 1785 wurde ihm sein älterer Sohn von der Seite geris-

gerissen, und an das Löbl. Oroßffsche Regiment abgeliefert. Der junge dem väterlichen Hause entrissene Rekrut wurde aus Hermannstadt flüchtig und kam zu seinem Vater. Allein dieser brave Mann lieferte ihn selbst wieder in die Hände des Militairs ein, und fügte nur die Bitte hinzu, diesen Fehler seines Sohnes zu übersehen, und ihn in die Zahl der tapfern Krieger Josephs aufzunehmen. — Der Sohn dient noch gegenwärtig und zeichnet sich durch eine gute Aufführung aus, der Vater lebt im Schoße seiner gebrechlichen Kinder zufrieden, und freut sich seiner guten Handlung mit dem zuverläßigsten Vertrauen, das er oft geäußert hat „ich weiß wenn der Krieg geendigt ist, „so giebt mir unser Kaiser meinen Sohn wie= „der, daß er mich im Alter unterstüze. —

Edler Mann möchte doch dein Wunsch bald, recht bald erfüllt werden. —

Nachtrag zu dem Artikel Literatur.
Ehrenbezeugung.

Die Königliche Gesellschaft der Wissenschaften zu Stockholm hat in ihrer feyerlichen Versammlung am 15. May 1790 den aus Kronstadt in Siebenbürgen gebürtigen und in Leipzig lebenden Doktor der Arzneywissenschaft H. Joh. Hedwig, in die Zahl ihrer auswärtigen Mitglieder aufgenommen.

IV.

VI. Mortalitätstabellen.

a. Kirchenliste der Gebornen, Getrauten und Gestorbenen der Augsburgischen Konfessionsverwandten in Hermannstadt 1790.

Geboren wurden männlichen Geschlechts 140, weiblichen 127. Zusammen 267.

Getraut wurden 76 Paar; und unter diesen befanden sich 16 Witwer, und 20 Witwen.

Gestorben sind 252, nehmlich:

Krankheit:	Männlich. Geschlechts.		Weiblich. Geschl.		Summa.
	Erwachs.	Unerwachs. b. ins 15. J.	Erwachs.	Unerwachs. b. ins 12. J.	
Abzehrung . . .	9	10	8	6	33
Brustwassersucht.	1	1	1	—	3
Hitziges Fieber .	13	4	15	3	35
Lungensucht . .	8	—	3	—	11
Faulfieber . . .	15	—	9	1	25
Jammer (Frais)	—	27	—	16	43
Brand	9	4	9	4	26
Kindbett . . .	—	—	4	—	4
Nervenfieber . .	—	1	—	—	1
Fürtrag:	55	47	49	30	181

Würmer

Krankheiten.	Männlichen Geschlechts		Weiblich. Geschl.		Summa.
	Erwachs.	Unerwachs. b. ins 15. J.	Erwachs.	Unerwachs. b. ins 12. J.	
Uebertrag	55	47	49	30	181
Würmer	—	1	—	3	4
Gelbsucht	1	—	—	—	1
Brustbeschwerniß	1	—	4	1	6
Alterswegen	3	—	7	—	10
Durchfall	—	—	1	—	1
Friesel	—	6	—	4	10
Wassersucht	4	2	3	1	10
Schlagfluß	2	—	4	—	6
Kolik	2	1	1	1	5
Stekfluß	—	3	—	1	4
Lungenentzünd.	1	—	—	—	1
Magenentzündung	—	—	—	1	1
Rothe Ruhr	—	2	1	1	4
Bräune	—	2	—	—	2
Podagra	1	—	—	—	1
Unzeitig geboren	—	—	—	1	1
Ungenante Krankh	—	1	1	—	2
Erfroren	1	—	—	—	1
Ein ausgesetztes Kind verschmachtet	—	—	—	—	1
Summe	71	66	71	44	252

Anmerkung: Wenn wir gleich aller angewandten Mühe ohngeachtet, nicht in den Stand gesetzt worden unsern Lesern eine ähnliche tabellarische Uebersicht von unsern Catholischen Brüdern mittheilen zu können; so verdanken wir doch dem patriotischen Eifer eines würdigen Geistlichen folgenden summarischen Ausweis: Vom 1ten Januar bis letzten Dezemb. 1790 sind geboren 110. Gestorben 105. Getraut 50.

b.

b. Verzeichniß

Der im verflossenen Jahr 1790 sowohl in Cronstadt, als auch in denen dabei befindlichen Vorstädten, als in der Altstadt Blumenau und Obervorstadt Gestorbenen.

Krankheiten.	Männlichen Geschlechts.		Weiblichen Geschlechts.		Summa.
	Erwachsene	Unerwachs. b. ins 15. J.	Erwachsene	Unerwachs. b. ins 12. J.	
Faulfieber.	46	14	28	13	101
Hitziges Fieber.	11	6	11	7	35
Frais (Jammer).	8	29	8	24	69
Friesel.	7	3	10	1	21
Wassersucht.	25	5	18	9	57
Würmer.	2	6	1	9	18
Gelbsucht.	3	2	4	2	11
Auszehrung.	21	4	18	4	47
Brustkrankheit.	10	1	7	1	19
Krebsschaden.	1	1	1	—	3
Steckfluß.	1	3	—	4	8
Schlagfluß.	3	2	5	2	12
Kalter Brand.	2	1	2	—	5
Gallenfieber.	3	—	4	—	7
Fieber.	1	1	2	2	6
Nervenfieber.	—	—	—	—	—
Fleckfieber.	7	2	4	3	16
Sechswochen.	—	—	13	—	13
Englische Krankh.	—	3	—	2	5
Durchfall.	8	—	4	13	25
Seitenstechen.	3	—	4	—	7
Lungensucht.	7	—	2	1	10
Uebertrag:	169	82	145	123	495

Krankheiten.	Männlichen Geschlechts.		Weiblichen Geschlechts		Summa
	Erwachsene	Unerwachsb. ins 15. J.	Erwachsene	Unerwachs b. ins 12. J.	
Uebertrag:	169	82	145	123	495
Alters wegen..	28	—	24	2	52
Bräune. . . .	5	1	2	1	9
Zahnen. . . .	—	2	—	3	5
Ruhr.	1	3	—	2	6
Blutsturz. . .	2	—	1	—	3
Hauptgeschwür. .	—	—	—	—	—
Rothlauf . .	—	1	1	—	2
Bleichsucht . .	—	—	2	—	2
Venerisch . . .	2	—	—	1	3
Scharlachfieber .	3	—	1	—	4
Gicht	3	—	1	1	5
Pocken. . . .	—	3	—	8	11
Unzeitig gebohren	—	4	—	3	7
Ungen. Krankhei.	3	4	—	2	9
Ermordet. . .	—	—	1	—	1
Summa . .	216	100	178	120	614

Ausser diesen sind noch in den Bienengärten und Walkmühlen gestorbenet:

Erwachsene Männlichen Geschlechts . . 11
  Unerwachsene 8
Erwachsene Weiblichen Geschlechts . . 12
  Unerwachsene 9

        Summa 40

c. **Kirchenliste der Gebornen, Getrauten und Gestorbenen, der Augsburgischen Konfessionsverwandten in Mühlbach 1790.**

Gebohren wurden männlichen Geschlechts 24 und weiblichen eben so viel, zusammen 48.

Getraut wurden 10 Paar; unter diesen befanden sich 3 Wittwer und eben so viel Wittwen.

Gestorben sind 46, nemlich

Krankheiten.	Männlichen Geschlechts.		Weiblichen Geschlechts.		Summa
	Erwachsene	Unerwachs. b. ins 15. J.	Erwachs.	Unerwachs. b. ins 15. J.	
Langwierig . .	1	—	2	—	3
Auszehrung . .	—	1	2	1	4
Hitzigfieber . .	3	—	4	—	7
Fraiß	—	6	—	4	10
Alterswegen . .	1	—	2	—	3
Lungensucht . .	2	—	—	—	2
Fieber	—	1	—	—	1
Würmer . . .	—	—	—	2	2
Zahnen . . .	—	—	—	2	2
Wassersucht . .	1	—	—	—	1
Brustkrankheit .	1	2	—	—	3
Schlagfluß . .	1	—	—	—	1
Seitenstechen . .	—	—	2	—	2
Brand	—	—	1	—	1
Steckfluß . . .	—	4	—	—	4
Summa . .	10	14	13	9	46

Siebenbürgische Quartalschrift.

Zweiter Jahrgang
Zweites Quartal.

I.

Der Brand im Getraide, dessen Ursachen und Mittel darwider.

Von

D. F.

Vorbericht der Herausgeber.

Der Herr Verfasser, ein Mitglied der, unter der glorwürdigen Regierung Marien Theresiens entstandenen, dann aber wieder eingegangenen Siebenbürgischen Agrikultursozietät, hatte den nach-

stehenden gemeinnützigen Aufsatz noch im
Jahr 1770 ausgefertigt und der genannten Gesellschafft vorgelegt, nun aber denselben neuerdings durchgesehen und verbessert. Er wünscht — und wer stimmte wohl nicht diesem Wunsche herzlich bei? — daß dadurch gelehrte Landwirthe und besonders die Herren Dorfpfarrer in unserm Vaterlande zu weiterm Nachdenken und Beobachten aufgemuntert werden möchten.

1. Abschnitt.
Natur des Brandes.

Die Natur des Brandes, der zu gewissen Jahren in verschiedenen Arten des Getraides unsere Hoffnung auf eine reiche Erndte vernichtet, ist eine der wichtigsten, auch der schwersten Aufgaben, welche in der Agrikultur dem Nachdenken und der Untersuchung vernünftiger Landwirthe können vorgelegt werden. Daher ist es auch kein Wunder, daß die scharfsinnigsten ften und erfahrensten Männer, bei allen ihren Versuchen, die wahre Beschaffenheit dieses beträchtlichen Schadens und dessen Ursachen zu entdecken, noch in vielen Zweifeln und meist bloßen Muthmaſſungen verwickelt geblieben.

Vielleicht möchte es mir bei der Auflösung dieser Fragen: Was ist der Brand? Welches sind die Ursachen desselben? wo sind geschickte Mittel diesem Schaden vorzukommen? nicht anders ergehen; da die Natur auch in ihren Fehlern, die sie öfters macht, so, wie in ihren regelmäßigen Wirkungen zur Vollkommenheit eines Dinges, sich vor unsern Augen verbirgt, und ihre Heimlichkeiten nicht gerne offenbahret. Zwar ist es der Vernunft und Kunst nicht selten gelungen, daß sie sie durch anhaltende Beobachtungen, auf ihrer verdeckten Spur unvermuthet ertappet und dann Mittel gefunden, durch Hinwegräumung der Hindernisse und einen vernünftigen Beistand, ihren natürlichen Wirkungen zu Hülfe gekommen.

Eben dieses feuert auch mich an, gegenwärtig einen Versuch zu wagen, die Natur des Brandes, dessen Ursachen und Mittel selbige zu heben, auszuforschen und dadurch allen geschickten Liebhabern des Landbaues zum weitern Nachdenken Gelegenheit zu geben.

Meine Beobachtungen, so ich im Jahre 1768 auf den Großauer Weitzenfeldern, welche fast durchgehends Brand gezeuget hatten, angestellet und einige geringe Chymische Untersuchungen des brandigten Korns selbst, haben mich veranlasset die Natur dieses Uibels in folgendem kurzen Begriffe abzubilden.

Der Brand im Weitzengetraide ist ein in die faule Gährung gegangenes Korn.

Diese Erklärung löset sich von selbst in zween Säße auf, deren Wahrheit ich diesfalls zu beweisen habe.

Der erste ist dieser: Der Brand ist keine, von dem Weitzen wesentlich unterschiedene Art des Gewächses; sondern bloß ein mangelhafter, unvollkommener Weitzen.

Der andere; Der Brand ist ein in die faule Gährung gegangenes Weitzenkorn oder: der Brand ist eine Wirkung der faulen Gährung in dem Weitzenkorn.

Bei dem Beweise des ersten Satzes werde ich nicht Ursache haben, mich lange aufzuhalten; ob er gleich zum Wesen des gegebenen Begriffes nothwendig erfordert wird, um die Ursachen dieses Uebels, nicht etwa da zu suchen,

suchen, wo sie nicht zu finden sind. Der Augenschein lehret, daß eine Brandaehre mit andern, welche reinen Weitzen tragen, das Stauden in der Erde, das Wachsthum, den Halm, die künstliche Einrichtung der Absätze in der Aehre, worauf die Körner sitzen, die angesetzte Blätter, gemein hat, und der äusserliche Unterschied besteht größtentheils darinnen; daß eine Brandaehre, wegen der auf einem Absatze mehreren, neben einander befindlichen kleinern Körner, deren ich oft drei bis viere, von unterschiedener Größe, entdecket habe, mehr rauh und aufgesträubt, als die ordentlichen aussieht: und daß der Strohhalm oder Stengel sammt der Aehre an Farbe blaß, etwas ins grüne oder schimmligte fallend, mehr eingeschrumpft in seinen Röhren und Blättern, als die rechten in die Augen fallen: und daß es auch, wie ich bemerket habe, an der auswärtigen Seite oberhalb des kleinen röhrigten Stieles, womit es auf dem Absatze in der Aehre verknüpfet ist, keine Organa der kleinen Oefnung zeiget, wodurch es heraus zu keimen, und seines gleichen hervor zubringen im Stande seyn sollte. Aber auch dieser Unterschied ist nicht hinlänglich, meinen angenommenen Satz zu entkräften; er beweiset nur soviel, daß es ein unvollkommenes und unfruchtbares Korn sei. Ich habe noch andere Gründe, daß zu erweisen, was ich behaupte. Ich habe wahrgenommen, daß auf einiger

H 3

Wei=

Weizenstauden, welche 2, 3 bis 4 Halme aus einem und eben demselbigen Saatkorne erzeuget hatte, zween Halme reinen Weitzen und nur der dritte Brandaehren trugen; auf andern nur ein Halm Weitzen und drei Brand=aehren zeigten. Ja! was mich nicht wenig aufmerksam machte, so fand ich verschiedene Aehren, welche nur auf der einen Seite von unten bis oben auf durchgehens in allen Korn=behältnissen Brand und auf der andern Seite lauter reinen Weitzen in sich hielten. Selbst das Brandmehl im Korne hat nicht alle we=sentliche Eigenschaften, woraus ein ordentli=ches Weitzenmehl bestehet, abgeleget; ob es zwar auch von denselbigen unterschieden ist. Man koste beides, man wird einige Aehnlich=keit im Geschmacke empfinden; man streue et=was von Brandmehl auf eine glühende Kohle; der Geruch wird von den Dünsten eines rei=nen Mehles nicht ganz unterschieden seyn, ob er gleich etwas unangenehmer und widriger ist. Stimmet nicht auch die gemeine Erfah=rung meinem Vorgeben bei: wenn, dem äus=sern Scheine nach, der schönste Saame oft ausgestreuet und im Wachsthum bestens be=sorget wird; so erndtet man dennoch nicht sel=ten mit dem reinen Weitzen zugleich auch den schädlichen Brand ein: Diese angeführten Grün=de, werden vielleicht hinlänglich seyn, meinen ersten Satz: Daß der Brand keine von dem Weitzen wesentlich unterschiedene Art des Ge=
wächses;

wächset; sondern blos ein mangelhafter und unvollkommener Weitzen sei, zu erweisen. — Der anderte Satz fordert weit mehr Aufmerksamkeit und eine tiefe Erkenntniß der Natur und ihrer Kräfte Ein Boerhaave, Maquer ein van Svieten und ein Iaqvin würden viel geschickter seyn, diese Materie gründlich abzuhandeln, als ich, der ich nur die ersten Gründe der Chymie blos zu meinem Vergnügen, gelernet habe. Indessen soll mich die Furcht oder Scham, Fehler zu machen, diesfals nicht abhalten, meine Gedanken über diese angenommene Wahrheit; Der Brand im Weitzen ist ein in die faule Gährung gegangenes Korn, bekannt zu machen.

Was ist die Gährung und worinnen besteht eine faule Gährung? Die gelehrtesten Chimiker erklären die erstere überhaupt durch eine innere Bewegung der unmerklichen Theile eines Körpers, wodurch derselbige einer grossen Veränderung in der Art der Verbindung seiner Bestandtheile unterworffen wird. In Absicht auf ihre verschiedene Wirkungen und der Grade in derselbigen, geben sie der Gährung bald den Namen einer geistigen, bald sauern, bald faulen Gährung. Sie merken an; daß auf die geistige, gleich die saure und auf diese wo der Heftigkeit der innern Bewegung nicht auf eine Art Einhalt gethan wird, die letztere gar bald erfolge. Es ist natürlich, daß durch

diese innere fortdaurende Bewegung in der
faulen Gährung die unmerklichen Theile eines
Körpers aufgelöset, das Oel in ein flüchtiges
Salz verwandelt wird, die Feuchtigkeit aus=
dämpfet, und die Erde in einen zarten Staub
zerreibet und also nichts als Moder, Schimmel und Gestanck zurücke läßt.

Was hindert mich, diese Stüke alle oh=
ne Ausnahme, auf meinen Gegenstand, ich
meyne den Brand im Weitzen anzuwenden?
Ich finde in ihm eben die Eigenschaften, die
sonst in dem Ueberreste eines in die Fäulniß
gegangenen Erdgewächses angetroffen werden.
Selbst die Farbe des Stengels oder Halms
und der Aehre, welche Brand trägt, machet
in einem aufmerksamen Auge einen von der
vollkommenen Farbe einer gesunden Aehre un=
terschiedenen Eindruk: sie fällt ins matte
und dem Schimmel ähnliche Grün, auch so
gar zur Zeit der Erndte. Man zerreibe ein
Brandkorn sobald es verblühet hat und nach=
gehends; so wird man einen etwas feuchtern,
schwarzbraunen Staub, der sehr übel riechet,
wahrnehmen. Man lasse einige Aehren lang
und gut austrokenen; und lege alsdenn einige
Brandkörner in Wasser; so wird die äußere
Haut derselben, nachdem sie aufgequollen, ber=
sten und der schwarze Brandstaub wird allmäh=
lig in Gestalt eines Wölkgens zu Böden sin=
ken und sich im Wasser gar nicht auflösen.
Man

Man drüke den Staub einiger Körner heraus, und rüttele mit dem Glase das Waſſer: ſo wird es alsbald die Farbe einer ſchwarzen Dinte annehmen; aber ſobald das Glas zur Ruhe gebracht wird; ſo erſcheinet das Waſſer durchſichtig und nur in etwas gelbtrüb, der Brandſtaub hingegen ſetzet ſich auf den Boden; und giebt nach wenigen Stunden einen faulen und unangenehmen Geruch von ſich, ja je länger er ſtehet, deſto widriger iſt deſſen Geſtank. Woher iſt dieſer ſo zarte und ungemein feine Staub? Iſt es nicht eine von der heftigen innern Bewegung zerriebene Erde die ſich im Waſſer nicht auflöſen läßt und auf einer glühenden Kohle zwar etwas abrauchet, aber nicht verbrennet? Woher iſt das Waſſer über dem Brandſtaub gelbtrüb? Sollte nicht das flüchtige, aufgelöſte, öligte Salz ſo ſich, wie die Scheidekünſtler behaupten, auch mit Waſſer vereiniget, ſolches verurſachen? Warum iſt dieſer Staub ſchwarzbraun? Darum weil das Oel nur ſo lange weiß ſcheinet, ſo lange es mit dem Alkali verbunden und zu einem veſten Körper coaguliret iſt. Dieſe Vereinigung hat die Fäulniß zerſtöhret, und die Erde zeigt ſich in ihrer toden Geſtalt. Warum ſtinket dieſer Brandſtaub ſo ſehr, er mag trokken ſeyn, oder angefeuchtet werden? Die Antwort iſt leicht, weil er in die Fäulniß gegangen. Ein faulender Apfel, eine faulende Welſche Nuß, Birne, Kirſche, oder andere

Feldfrüchte leiden zuletzt diese nehmliche Verwandelung, ob zwar nach Beschaffenheit und Größe dieser oder jener Frucht, in weniger oder mehrerer Zeit.

Sollte ich es nun nicht wagen dürfen aus diesen beschriebenen Wirkungen auf die faule Gährung, als die Ursache derselbigen einen Schluß zu machen: Ich weiß wohl, daß man, weil eine Wirkung überhaupt verschiedene Ursachen haben kann, in dieser Art zu schlüßen, leicht irren kann: aber da hier keine Kunst, sondern bloß die Natur gewirket hat, und da sie nach dem Geständnisse der Scheidekünstler, keinen andern Weg gehet, wenn sie in einem vegetabilischen oder auch animalischen Körper diese nehmlichen Wirkung hervorbringen will: so hält mich keine Furcht einen Fehl=Schluß zu machen, ab, um wo nicht mit aller möglichen Gewißheit, dennoch mit der höchsten Wahrscheinlichkeit zu behaupten: Daß der Brand ein in die faule Gährung gegangenes Korn sei.

Die Art und Weise wie diese faule Gährung in der Weitzensaat und anderm Getraide als Hirse, Gerste, Haber, und türkischen Korne vorgehet, ist nicht schwer zu begreifen: wenn man den Wuchs und die Structur dieser Gewächse kennet. Alle Arten von Pflanzen sind wegen ihrer Beschaffenheit und Vermischung

schung der Erde, des Wassers und ihrer wesentlichen Fettigkeit, der Fäulniß fähig; zumal da die Luft, eine temperirte Wärme und Wasser sowohl in ihnen selbst, als auch ausser ihnen anzutreffen ist. Die temperirte Wärme dehnet zu erst die Luft aus, und setzet sie dadurch in Bewegung, diese in ihrem Innern bewegte Luft, setzet darauf die im Saamenkorn selbst und ausser demselbigen befindliche Feuchtigkeit, in die sie am leichtesten dringen kann, und diese Feuchtigkeit die salzigte Erde in Bewegung, diese greiffet das wesentliche Oel oder Fett an, bewegt dasselbige gleichfals. Diese verdorbene und von der Fäulung angegriffene Säffte, steigen allmählig in den ihnen von der Natur angewiesenen verschiedenen Kanälen und Haarröhrchen des Stengels hinauf in die Aehre, daselbst fliffen sie in Körner zusammen. Hier geht nun zuletzt die ganze Alteration vor. Das Weitzenkorn ist nicht was es seyn sollte. Es leget zwar seine Natur nicht ganz ab; es nimmt aber gewisse andere Eigenschafften an, die vorher nicht da waren. Der elementarische Geist, und die Feuchtigkeit verwandeln sich in einen Dunst und fliegen davon; die Erde bleibt, sie wird aber durch das heftige Reiben viel subtiler und salzigter, das öligte und fette Wesen wird zu einem flüchtigen öligten Salze und rauchet weg. Da nun kein wesentliches Oel da ist, welches die Cohæsion der Bestandtheile, ich meyne des Al-

cali

cali acidi und der Erden durch sein Zerrinnen gehörig zusammen hällt: so fällt der Rest im Korne natürlicher Weise in einen stinkenden schwarzbraunen Staub und Moder. Dieser genetische Begriff vom Brande, führet uns auf verschiedene Umstände, unter welchen dieser Schade im Getraide gewirket wird, aber er giebt uns auch zugleich Gelegenheit, Mittel darwider ausfindig machen zu können.

2. Abschnitt.
Ursachen des Brandes.

1. Ein sumpfigter und allzuniedriger Boden kann den eingestreuten Saamen, der durch eine natürliche geistige Gährung sich entwikelt, sehr leicht in eine faule Gährung stürzen. Wer weiß nicht, daß Obstbäume, die auf einen niederen, feuchten Boden gepflanzet sind, gemeiniglich brandigt werden; und daß die Frucht, so sie tragen, sehr gerne und geschwind in die Fäulniß gehet.

2. Ein fauler Boden, oder welcher mit noch nicht genug verlegenem Miste nicht allzulange vor der Aussaat überfahren ist, theilet wegen der noch nicht gantz vollendeten faulen Gährung dem Saamenkorne die Korruption

mit,

mit, so wie ein fauler Apfel, dem andern, der nahe an ihm lieget. Die Erfahrung lehret uns, daß die Weintrauben in einem allzusehr und frisch gemisteten Weingarten sehr gerne faulen und zuletzt modern.

3. Ein nicht gut geruheter und nicht in kleine Theile zerriebener Acker behält wieder weite Zwischenräume: fällt in diese ein Saamenkorn, so daß es nicht rings um mit Erde umgeben ist; so entstehet in der, in diesen Zwischenraumen befindlichen Luft leicht eine Fäulung, die auch das Korn anstecket.

4. Steckt etwa irgend in den Kanälen des Halmes der Safft, der dadurch dem Korne sollte zugeführet werden (wie ich glaube, daß es in denjenigen Aehren geschiehet, an welchen ich nur auf einer Seite Brand gefunden habe) so höret die vegetabilische Bewegung auf, das Korn geht in die Fäulniß und folglich in Brand, so wie die Arzeneygelehrten wissen, daß eben eine solche Stockung des Geblüts und der Säffte im menschlichen Körper eine gefährliche Franckheit wirket, so sie gleichfalls mit dem Namen des Brandes belegen.

5. Wird das Saamenkorn feucht oder noch unreif eingesammlet und zu dick aufgeschüttet, oder in einem feuchten Ort aufbewahret,

wahret, oder in einer temperirten Wärme gehalten: so ist die Anlage zur faulen Gährung da: und wird dieser Saame ausgestreuet, der Brand fast unvermeidlich.

6. Ist das Saamkorn gleich trocken eingeführet und wohl bewahret, zwar reif, aber in seiner Art nicht vollkommen, das heißt, hat es nicht seine natürliche Proportion der vom Schöpfer ihm bestimmten Bestandtheile, so wird die vegetabilische Bewegung, die der faulen Gährung sonst widerstehet, gehindert und also diese letztere sehr leicht zu wirken anfangen.

7. Zeiget sich an dem Saamkorn etwas Schimmel oder giebt er sich durch den Geruch zu erkennen: so ist das Merkmahl der Fäulniß schon da.

8. Ist das Saamkorn angefressen, oder zerquetscht, oder auf eine andere Art beschädiget: so ist es schon zur Fäulung sehr geschickt.

9. Eine feuchte und dabei warme und faulende Luft stecket die Säfte in den Gewächsen leicht an, und wirket in den noch nicht coagulirten milchigten Schleime des Korns, eine faule Gährung und so folgt der Brand.

10. Ein

o—×—o.

10. Ein fauler, stinkender, hitziger Regen, der wenn die Sonne darzwischen scheint, auf die Saatfelder fällt, kann leicht das nehmliche wirken: so wie unter der Linie, durch die allzu grosse Hitze das süße Wasser plötzlich in die Fäulniß geräth.

Wenn die Spirituösen Theilchen im Gewächse nicht hinlänglich gebunden sind, so ist um desto eher eine Fäulniß zu besorgen,

Dieses halte ich nun für die Haupturfachen des Brandes und die 2 letztere welche aufser dem Saamkorne und dem Gewächse in der Witterung zu suchen sind, habe ich angeführet um zu zeigen, wie leicht es Gott sei, ein Land oder Dorf mit Brand zu strafen, wenn er daßelbige seinen Zorn will fühlen laßen. Die übrigen sind die gewöhnlichsten und natürlichsten, welche in der Beschaffenheit des Saamkorns liegen, zumal da ich bemerket habe, daß in den neben den andern größern Brandkörnern sitzenden überaus kleinen Körnchen, schon in ihrem Aufwachsen Brand enthalten ist.

Ein jeder vernünftiger Landwirth, wird also hieraus sehen; daß es nicht unmöglich sei, dem schädlichen Brande im Weitzen durch Behutsamkeit und Fleiß in der Art die Felder anzubauen vorzukommen. Vielleicht möchte es der glückliche Erfolg zeigen; daß es der

Mühe

Mühe werth sei, sich dieser Mittel zu bedienen, die ich aus der vorhergehenden Abhandlung geschlossen habe.

3. Abschnitt.

Mittel, den Brand im Weitzen zu verhüten.

Damit diese Mittel die ich diesfalls vorschlagen werde, auch dem einfältigsten Landmanne begreiflich werden mögen, so will ich ihn erstlich auf die Art, den Acker zu dieser Absicht bequem zuzurichten und denn auf die gehörigen Besorgungen des Saamkorns, weisen: Dinge die gröstentheils in seiner Gewalt stehen.

1. Die Art einen Acker zuzurichten, um dadurch, den Brand im Weitzen so viel möglich zu verhüten.

a. Man muß darauf bedacht seyn, daß man seinen Aeckr mit altem, verfaultem und verlegenem Miste, oder mit dem Schlamme von den Fahrwegen, welcher durch das Zertretten und Zerquetschen des Viehes und der Wägen in die innere Bewegung der unmerklichen Theile versetzet worden, übersähe und ihn so viel möglich mit der Ackerer-

de

de durchgehends vermische. Denn der bereits gantz verfaulte Mist, ist das alcalische Saltz, welches eigentlich die vegetabilische Bewegung die der faulen Gährung widerstehet, hervor bringet.

Könnte man Ochsen= und ander Blut von Thieren, Schaafmist, Taubenmist, verfaulte Knochen haben: so würde die Absicht viel leichter erhalten werden.

b. Ist der Acker niedrig und feucht: so muß ein kluger Landwirth auf Mittel denken dieses Uebel zu heben. Ausser den um den Acker tief genug gezogenen Wässerfurchen und auch Gräben, in welche sich die übermäßige Feuchtigkeit ziehet und über den Acker wieder ausdünstet; könnte man nach dem Maaße der Ackerslänge, 3, 4 biß 5 Brunnengruben, Klafter tief und eben so weit ausgraben, dann biß zur Helfte mit Steinen ausfüllen und die ausgeworffene Erde wieder darüber ziehen: auch möchte alles was die Feuchtigkeit gerne annimmt und austrocknet dienlich seyn. Wem gebrannte Kalcksteine und Kreide zu kostbar fällt, könnte vielleicht durch Schweinsmist, Pferde= und andern hitzigen Arten von Mist, diesem Uebel zuvorkommen und alsdenn mit anderm guten verlegenen Dunge überführen. Kleiner Schutt von alten zerfallenen Mau=

ern wäre gleichfalls in diesem Falle nützlich zu gebrauchen; so wie unsere gemeine Ofenasche oder die, welche auf dem Acker selbst aus zusammen getragenen Hecken und Gesträuchen, Rohr und Stroh, wenn man es verbrennet, erzeuget wird. Selbst dieser Feuerbrand möchte, wie ich glaube, den Stoff zur faulen Gährung ungemein schwächen.

c. Jeder Acker muß tief gebrachet und vor dem Säen soviel möglich recht locker gemacht, und in ganz kleine Theile im pflügen und egen zermalmet werden; damit die Nahrungssäfte aus der Erde von allen Seiten in die Poros des Saamkornes dringen und die vegetabilische Bewegung in ihre gehörige Stärke setzen können.

d. Der Acker muß zu der Zeit, da er soll besäet werden, nicht zu naß seyn; weil eben die Feuchtigkeit mit ein sicherer Grund zur faulen Gährung ist.

e. Etwas hochgelegene bergigte Felder sind zur Weitzensaat am geschicktesten und werden nicht leicht Brand zeugen, weil die übermäßige Feuchtigkeit beständig abfliesset.

2. Die Sorgfalt und Behutsamkeit, die man in Ansehung des Saamens und dessen
Aus=

Aussaat anzuwenden hat: woferne man so viel als möglich den Brand verhüten will.

a. Man eile zum Schnitte, wenn es anders die Witterung zuläßt, sobald man wahrnimmt, daß der Saame reif ist: denn so wird die ganze Kraft im Korne bleiben, davon sonst ein Theil zurück in den trockenen Stengel tritt; woferne er nicht zeitig abgeschnitten wird.

b. Hat man abgeschnitten: so lasse man die FruchtHauffen einige Täge auf dem Felde der freien Luft ausgesetzt liegen und führe alsdenn erst ein.

c. Es ist höchstnothwendig im trockenen Wetter das Getraide einzuführen, damit ja keine feuchte Garbe mit in die Scheure komme.

d. Es wäre klüglich gethan; wenn das Saamkorn nicht in einen Haufen geschlagen, sondern a l s o b a l d ausgedroschen würde; weil dadurch der Schaden verhindert wird, den die Ausdünstung des frischen Weizens und die leicht daraus entstehende Wärme sonst verursachen mögte. Man dresche aber die Garben nicht rein aus, damit nur das schwere und reiffe Korn ausfalle.

e. Der

e. Der ausgedroschene Weitzen muß nicht ohne Unterschied zur künftigen Saat aufgehoben werden; sondern nur der schwereste und schönste; weil eben dieser in seiner Art der vollkommenste ist.

f. Dieser ausgesonderte Saame muß auf das sorgfältigste von aller Unreinigkeit, Staub und Erde gesäubert werden; weil im Gegenfall diese Dinge gar leicht ein Mittel zur Fäulniß werden können.

g. Er soll nicht eher in die Küsten oder andere Fruchtbehältnisse geschüttet werden; als bis er nicht einige Tage im Schatten auf einem luftigen Boden etwa zween Zoll dick übereinander gelegen und fleissig umgeschauffelt worden; bis alle unnöthige Nässe ausgedünstet. Auch alsdenn, wenn man ihn nun in ein Kornbehältniß bringet; würde es dienlich seyn, ihn wie einige kluge Landwirthe zu thun gewohnt sind, mit Asche, oder auch Kreide, oder Schutt von zerfallenem Mauerwercke zubestreuen, weil diese Dinge der faulen Gährung dadurch, daß sie austrocknen, widerstehen.

h. Es ist nöthig den Saamen an einem kalten Orte zu verwahren; denn die Kälte bindet

bindet die geistigen Theilen und hindert vor allen Dingen die Fäulniß.

i. Ehe er ausgestreuet wird, muß man dahin trachten, daß er so zugerichtet wird, damit er nicht etwa in der Erde, ehe er sich gantz entwickelt, von der faulen Gährung angegriffen werde.

Alle bittere Saltze widerstehen der Fäulniß; weil sie die geistigen Theile nicht verfliegen lassen und die unmercklichen Theile eines Körpers durch ihr zusammen ziehn, nicht leicht in ihre innere Bewegung fallen lassen, ja auch weil sie die temperirte Wärme abkühlen, die ein Grund zur faulen Gährung ist.

Wenn dann Salpeter oder auch nur gemeines Saltzwasser einem Ackersmann nicht zu kostbar seyn sollte: so dächte ich, es könnte zu dieser Absicht mit Nutzen gebraucht werden, wenn man den Saamen vor der Außsaat mercklich damit befeuchtete. In Ermanglung dieses, könnte man mit in Wasser aufgelösten Tauben und Schaafmist, welcher den Abgang des Salpeters ersetzet, einen Versuch machen. Ich glaube, daß der ungelöschte Kalck dießfalls gute Dienste thun könne; weil er mit dem Salpeter in einer nahen Gemeinschaft stehet.

het. Ja mich hat ein in dem Feldbaue erfahrner Bauer versichert, daß er in seiner Saat keinen oder selten ein wenig Brand spühre, seitdem er sich dieses Mittels bediene. Die Art, wie er verfährt, ist folgende:

Den Tag der Aussaat pflegt er den Saamen in einem Wassertroge mit reinem Flußwasser gantz gelinde anzufeuchten und untereinander zurühren, gleich darauf streuet er eine gute Handvoll ungelöschten Staubkalk darüber, und rühret es wohl untereinander damit wenn es möglich ein jedes Korn von diesem Staubkalk Theil nehme und so bleibt der Saame stehen, bis den andern Morgen, da er denn der Erde anvertrauet wird.

k. Die Aussaat erfordert gutes trockenes Wetter, welches der Begriff der faulen Gährung unmittelbar zeiget.

Ich glaube, daß bei dieser hier kurz beschriebenen Sorgfalt und Behutsamkeit der Saame kräftig keimen, freudig aufwachsen und diese so gesunde vegetabilischen Säfte, weil sie gehörig aufgelöst und zubereitet sind, auch in den Röhren, durch die sie hinauf steigen, nicht leicht stocken werden, und also den Hauptursachen des so schädlichen Brandes im Weitzen glücklich gesteuert werden.

werden könne. Und sollte der Vortheil nicht schon beträchtlich seyn, wenn wir es durch Anwendung dieser Mittel auch nur dahin bringen könnten; daß wir unsere Aeker wenigstens größtentheils, von diesem Uebel befreyen könnten?

II.

Nachrichten von dem Siebenbürgischen Fürsten Johannes Kemeny.

Wenn die widerwärtigen Schicksale des vortreflichen Siebenbürgischen Fürsten Johann Kemeny deutlich bezeichnet werden sollen, so muß die Geschichte seines durchlauchtigen Vorfahren Georg Rakozi II. nothwendig etwas mit berühret werden, indem die Begegnisse beider Fürsten in wenig Jahren auf einander gefolget, und in der Geschichtsbeschreibung nicht füglich von einander getrennet werden können.

Dieser Fürst Georg Rakozi II. war der älteste Sohn Georgs Rakozi I. und ein Enckel Sigismundi Rakozi. Er wurde noch bei Lebzeiten seines Hr. Vaters von den Ständen zum Fürstlichen Nachfolger gewählet, und erwarb sich im Anfang seiner Regierung den Beifall und die Zufriedenheit aller Landesstände. Nachdem er aber ohne alle Bewilligung der Pforte, auch ohne Vorwissen der meisten Landesstände, sich mit den Schweden und Kosaken,

saken, wider die Pohlen in Krieg verwickelte, so verschwand auch sein Glücksstern, sein Fürstenthum wurde mit unendlichen Unruhen bestürmet, und sein Verderben eilte mit schnellen Schritten auf ihn zu.

In dieser Absicht versammlete er eine den hiesigen Umständen nach, zahlreiche Armee, und brach damit im Jahr 1657 nach Polen auf; allwo er zu den Schwedischen Völkern stieß, gar bald aber, sich auch wieder von denselben trennete, und von seinen verrätherischen Bundesgenossen den Kosacken, einem Schwarm Tartarn in die Hände geliefert wurde. Der Fürst selbst wurde unter der Hand gewarnt, und rettete sich nebst etlichen wenigen der Seinigen durch eine eilfertige Flucht nach Etsed. Das übrige Volk wurde theils aufgerieben, theils in die Tartarische Sklaverei geführet. Unter diesen leztern, befand sich auch der damalige Feldherr Johann Kemeny, welcher sich nachgehends zum Fürstenthum empor geschwungen. Wie es mit diesem unglücklichen Feldzug, und erfolgter Gefangennehmung der Siebenbürgischen Truppen zugegangen, ist umständlich zu ersehen, aus demjenigen Bericht, den der damalige Oberfeldherr Johann Kemeny selbst unter dem Titel: Ruina Exercitus Transilvaniæ eigenhändig soll verfasset haben.

Diesem Bericht zufolge, wurde der Oberfeldherr sammt dem Ueberrest des Siebenbürgischen Kriegesheeres nach der Krimmischen Tartarei in die Gefangenschaft abgeführet.

Den 5ten September kam der andre Siebenbürgische Feldherr Johannes Bethlen mit seinem unterhabenden Korps von der Belagerung der Stadt Krakau aus Pohlen zurück, welchem der König aus grosser Gnade, den freien Abzug verstattet hatte.

Den 14ten September kam schon ein Tartarischer Gesandter in Schäßburg an, und wurde mit grosser Feierlichkeit empfangen. Diesem folgte gar bald auch ein Türkischer Legat, welcher im Monat October desselben Jahres anlangte, und öffentlich erklärte: Daß die Pforte den Georg Rakozi, wegen seiner Vergehung für keinen Fürsten mehr erkenne, ja beide Legaten traten zusammen, und veranstalteten die förmliche Entsetzung des bisherigen Fürsten Georgi Rakozi II. und drangen bei den Landesständen auf die Erwählung des Franz Rhedai, welche aber keinen Bestand hatte.

Im Jahr 1658 wurde auf den 9ten Jänner ein Landtag nach Mediasch, um die Fürstenwahl vorzunehmen, ausgeschrieben. Da aber viele Landesstände in dieser Absicht versammelt

sammelt waren, so erschien Georg Rakozi ganz unversehens den 24ten Jan. vor Mediasch, und belagerte diesen Ort. Um nun das bevorstehende Blutbad zu verhüten, so wurde Rakozi gleich den folgenden Tag in Mediasch eingelassen, und mit den gegenwärtigen Ständen ausgesöhnet. Inzwischen sengeten und brennten die eingefallene Tartarn im Schäßburger Stuhl und anderwärts dergestalt, daß viele Ortschaften gänzlich im Rauch aufgingen, und viele Menschen in der Barbaren Hände geriethen. Im Cronstädter Districte verwüsteten sie alles, wie auch bei Fogarasch bis Weissenburg wo die Stadt abgebrennet wurde, Enyed wurde gleichfalls verbrannt, und ohnerachtet dieser bedrängte Ort eine ansehnliche Summe Geldes zahlen muste, so wurden dennoch die Angesehensten mit fortgeschleppet. Ein Theil von der Stadt Klausenburg, gegen dem Kloster zu wurde abgebrannt, und dennoch muste die Stadt annoch 100000 Gulden Brandschatzung zahlen. Endlich da der Großvezier Mehemed Bassa im Lager unter Jennö den Achatius Bartsaj zum Fürsten in Siebenbürgen erklärte, so berief der neue Fürst die Landesstände auf den 4ten Oct. nach Schäßbrrg, wo zwar viele, (doch nicht alle, besonders die es mit dem Rakozi hielten) erschienen, und dem neuen Fürsten huldigten. Unter währendem Landtag kam auch ein von dem Türkischen Hof abgeschickter Kapidgi Bassa mit 40 Türken an, um wie

es

es hieß, so wohl den Schaden und die Verwüstung des Landes aufzunehmen, (zu welchem Ende der Fürst diesen Kapidgi Bassa durch zugegebene Kommissarien im Lande herum führen ließ) als auch dem neuen Fürsten die Konfirmationsinsignien von der Pforte zu überbringen, welche auch den 10. Oktober in die Versammlung der Stände abgehohlet, und darauf die Huldigung abgeleget wurde. Weil aber unter diesen Ständen verschiedene waren, so dem Rakoczi ergebeu waren, und ihm den ganzen Vorgang heimlich berichteten; so entstund gantz unvermuthet das Gerücht, als wenn sich viele Rakoczische Völcker nahe bei der Stadt, im sogenandten Reussel hätten sehen lassen. Dieses verursachte einen solchen Schrecken, daß die Stände plötzlich aus einander, der Fürst aber den 12. Oktocer auf Deva ging, und bei seiner Abreise die Insignien, als Fahne, Säbel, Buzgany, Huth, Reigerbusch, Sattel aber ohne Pferd, dem Schäßburger Magistrat zur Besorgung behändigte, welches bey allen eine bange Besorgniß verursachte, wenn etwa Rakoczi kommen, und diese Insignien herausforden sollte, was für Unheil daraus erfolgen würde.

Im Monat November kam Fürst Bartsaj mit seinen Türcken wiederum auf Schäßburg, und verlegte den Stuhlweissenburger Begh auf Kizd, den Temesvarer und Lippaer

auf

auf Segesd und Trapold, die Kurtaner und übrige Völcker behielt er bei sich in der Stadt. Und weil ein Kapidgi Bassa zu Auspressung der 500000 Thaler, so der Grosvezier dem Lande auferlegt hatte, ankommen war; so wurden im Schäßburgerstuhl 292 Marck Silber und 5579 fl. baares Geld gewaltsam eingetrieben und dem Perceptor Ugron Andras nach Herrmannstadt geschicket.

Im Jahr 1659 im Monat September muste die Stadt Schäßburg auf strengen Befehl des Fürsten Rakoczi die Gemahlin und zwei Söhne des Bethlen Janos, so sich dahin geflüchtet hatten, gefangen setzen, und alle ihre Güter herausgeben, ohnerachtet die Stadt alles, nur m ö g l i ch e anwendete, hievon verschonet zu werden, und vornehmlich den Landesartickel vorschützte: daß die Städte die bei ihnen befindliche adliche Güter an niemanden, als ihre Eigenthümer aushändigen sollen ꝛc. so half diese Einwendung gar nichts, und gleichwohl muste die Stadt nachgehends im Jahr 1667 mit 10000 fl. hievor büssen.

In eben diesem Jahr berief Fürst Rakoczi einen Landtag nach M. Wasarhely, um sich wiederum zum Fürsten einsetzen zu lassen. In den Regalien, oder Beruffungsschreiben,
war

war die Klausel angesetzt: *az visxsza-vonnokat, nem egjébbel, bahem segjverel búntettjûk meg &c.*

Bald darauf, wurde Rakoczi von den Türken bei dem eisernen Thor geschlagen. Er erhohlte sich aber wieder und belagerte Herrmannstadt, wohin sich Fürst Bartsai gezogen hatte.

Im Jahr 1660. ward Herrmannstadt vom Rakoczi vom 5. bis zum 10. Jenner hart beschossen, und den 20. Jenner wurde der Wolff, (eine sognanandte beruffene Kanone) von Weissenburg, (jetzt Carlsburg) mit 80 paar Ochsen, vor Herrmannstadt gebracht.

Den 10. Mai wurden aus allen Stühlen, auf Befehl des Rakozi, Sturmleitern verfertiget, und vor Herrmanustadt gebracht, und gleichwohl muste er den 15. Mai unverrichteter Sachen abziehen, und der im Anmarsch begriffenen Türkischen Armee entgegen gehen. Es kam endlich den 17. Mai bei Klausenfenburg zwischen Gyalu und Fenes zu einem Haupttreffen, wo die Rakoczische Völker gänzlich geschlagen, er selbst aber tödlich verwundet wurde. Er wurde in seinem Kammerwagen nach Großwardein gebracht, wo er den 6. Junii an seinen Wunden starb, und zu Etsed beigesetzet, nachgehends aber den 24. April 1661 zu Patak begraben worden. Dieses

ſes war der traurige Ausgang eines unüberleg=
ten Feldzugs wider Pohlen.

Auf dieſe Weiſe wurde der Fürſt Bar=
tsai eines mächtigen Mitwerbers befreit,
und ſchickte den 25. Mai aus Hermannſtadt
zwei Edelleute, den Tholdalagi Mihaly, und
Simon Mihaly, von Sard mit den Berichts=
ſchreiben, auf Mediaſch, Schäßburg, und Ub=
varhelly. Wie dieſe beide durch Laßlo in
Schäßburgerſtuhl reiſen, treffen ſie dort den
Fiſkal Zehndter Csakany Györgj an, und er=
zehlen ihm ihre Verrichtungen. Dieſer eilet
voraus nach Schäßburg, und verbreitet die
vernommene wichtige Neuigkeit von des Ra=
koczi Niederlage, wodurch aber einige Rako=
cziſch geſinnte Bürger aufrühriſch werden, die
mitgebrachte Nachricht für eine falſch ausge=
ſprengte Zeitung halten, auch ſogar den bei=
den abgeſchickten Edelleuten entgegen eilen,
und da ſie dieſelbe zwiſchen den Gärten, un=
ter der Burg antreffen, ſo reiſſen ſie ſelbige
von den Pferden, und führen ſie mit vielen
Schlägen und Schimpfworten in des damahli=
gen Burgermeiſters Johannis Botth Behau=
ſung auf die Burg und verlangen, ſolche als
Verräther einzuſperren. Dieſer läſt ſogleich
den Magiſtrat zu ſich beruffen, und bemühet
ſich den aufgebrachten Pöbel zu beſänftigen,
denn es war faſt die ganze Stadt, vor ſei=
nem Hauſe in den Waffen. Allein alle ſeine
Bemü=

Bemühungen waren fruchtlos, indem die Rädelsführer beständig auf die Auslieferung dieser Edelleute drangen. Endlich ging ihre Wuth so weit, daß sie in des Burgermeisters Haus hinein drangen, und die Edelleute, wider allen Respeckt gegen den Magistrat, gewaltsam heraus rießen, auf den Platz schleppten, und daselbst niederschossen. Sigismund Nagy von Sard, des Simon Mihaly Halbbruder, war von ohngefehr den nehmlichen Tag in die Stadt kommen, und empfing bei diesem Auflauf ebenfalls eine Wunde, an welcher er den 6ten Tag darauf starb.

Dieser unmenschliche Vorgang, versetzte die ganze Stadt in unbeschreibliche Drangsaalen. Der Fürst Bartsaj erfuhr diesen Mord erst in Mediasch, und schrieb an den Schäßburger Magistrat die Drohung, daß er durch den Budai Vezer, sonst Ali Bassa genannt, die ganze Stadt wolle s ch l e i ff e n lassen. Die Stadt bemühete sich, durch demüthige Abbitte, Geschenke und Vorstellungen den Fürsten zu besänftigen, damit er nicht die Unschuldigen mit den Schuldigen strafen möge. Allein es war alles vergebens. Endlich wurden die Schäßburger citirt. Allein aus Furcht wollte sich niemand bewegen lassen, zu dieser Verantwortung zu erscheinen. Dieses machte die Verbitterung nur noch grösser. Nun wurde auf die Auslieferung der Mörder gedrungen, der

Magi=

Magistrat und Hundertmannschaft traten demnach den 4ten Juni zusammen, und nach vorläuffiger strengen Untersuchung, wurden die vier Haupträdelsführer und eigentliche Mörder, in Eisen und Banden, des Fürsten Bruder und Locumtenenti Bartsai Gaspar nach M. Wassarhely überschickt. Noch wagte es der Magistrat, durch zwei nachgeschickte Deputirte, nehmlich den Prokonsul Petrus Nußbaumer, und Notarius Georg Krauß, für die Missethäter als hiesige Bürger eine Fürbitte einzulegen. Allein als diese in Wassarhelly anlangten, waren die Gefangene bereits in die Spießse gezogen, und auf die Hauptstrasse aufgestellet worden. Ausser dieser Lebensstrafe, wurde der Stadt annoch eine Geldbuße von 25000 Rthaler auferlegt, welche die Bartsaj Akosische Strafgelder hiessen, davon man auch noch die traurige Spuren in den Stadtprotokollen findet.

Noch in diesem Jahr schrieb Fürst Bartsai einen Landtag auf den 20ten Nov. nach Schäßburg aus, unter welchem der Fürst sich mit des Banffi Sigmond Tochter verehligte. Es lief aber gar bald die Nachricht ein, daß Kemeny Janos, dem Bartsaj als ein unschlüßiger Herr, nach seiner Befreiung aus der Tartarischen Gefangenschaft, das Fürstenthum als einem selbst anerkannten beherzten und mit ungemeinen Eigenschaften begabten Feldherrn selbsten angetragen, auch das Schloß Görgeny eingeräumet hatte, mit einer ansehnlichen Macht auf Siebenbürgen anruckte. Diesemnach schickte Bartsaj einen Hauptmann Namens Nanasdi mit 200 Mann auf die Gränze gegen Ungarn zu, um dort die Wache zu halten. Diese aber wurden nach wenigen Tagen von den Kemenyischen überfallen und aufgehoben. Einige Edelleute erfuhren dieses, noch während dem Landtag, und hinterbrachten es dem Fürsten, welcher aber diese Nachricht sehr übel aufnahm, und die Edelleute Verräther schalt, und ob gleich bald darauf auch der Kövarer Oberkapitain diese Nachricht schriftlich bestättigte, so glaubte solches der Fürst dennoch nicht.

Diese Unentschlossenheit aber hatte für den Bartsaj die betrübtesten Folgen, denn gar bald hernach rückte Kemeny mit einer ansehnlichen Macht wircklich ins Land, und es verloren gleich Anfangs Bartsaj Gaspar des Fürsten Bruder, und Lazar György ihr Leben. Des Fürsten Todt aber erfolgte auch gar bald darauf, da er nemlich den 23ten Juni 1661 in einem schlechten Dorf Repa genannt, niedergesäbelt, auch daselbst begraben wurde.

Er war von geringer Herkunft, hatte sich aber dergestalt empor geschwungen, daß er unter voriger Fürstlichen Regierung Geheimer

mer Rath, und der Hunyader Grafschaft O=
bergespann wurde. Als die Pforte den Georg
Rakozi II. schlechterdings des Fürstenthums
entsetzt wissen wollte, so wurde Achatius Bart=
saj als Deputirter des Landes zum Grosvezier
ins Lager unter Jennö geschicket. Der Gros=
vezier trug ihm das Fürstenthum an, und
als er es mit Bescheidenheit ausschlug, zwang
ihn derselbe unter Bedrohung des Todes das
Fürstenthum anzunehmen, und so wurden auch
die Stände gezwungen, ihn dafür zu erkennen.
Seine Regierung aber gereichte ihm zur grö=
sten Last, und war mit unendlichen Unruhen
und Drangsalen vergesellschaftet. Er war von
Natur wankelmüthig, daher derselbe bald das
Fürstenthum dem Rakozi abtreten wollte,
bald aber solches dem Kemeny antrug. Er
führte in seinem Wappen, einen mit einem
Pfeil durchschossenen Arm, der in der Hand
einen Säbel hielt. Als er vom Rakozi in Her=
mannstadt belagert wurde, ließ er eine Gol=
dene Denkmünze prägen, mit der Inschrift:
SVB RAKOCZIANA OPPRESS. REG. TRANS.
& OBSIDIONE CIBINIEN. in der Mitte stund:
1660. DEVS PROVIDEBIT.

Nach dem Tode des Bartsaj, trachtete
Joh. Kemeny das Fürstenthum, welches ihm
Bartsaj selbsten angetragen hatte, um so mehr
zu behaupten, da ihn viele Stände aus eig=
nem Trieb dazu beruffen hatten. Allein die

K 2　　　　　　　Türken

Türken wollten ihn schlechterdings nicht leiden; sondern sie rückten im Monat Julius mit einer starken Armee in Siebenbürgen ein, wodurch Kemeny bewogen wurde, sich nach Szakmar zurück zu ziehen. Die Türkische Armee schlug ihr Lager zwischen M. Wasarhely und Radnoth auf, und beriefen den Michael Apafi dahin, und erklärten ihn zum Fürsten in Siebenbürgen.

Vom 12ten Oct. 1761 fort, hielt sich die Fürstin Appafi in Schäßburg in der untern Stadt auf, als aber den 30ten Oct. das Gerücht erscholl, daß Kemeny wiederum ins Land eingerücket sey, erachtete sie sich daselbst nicht sicher, und zog sich in die Burg hinauf.

Den 20ten Nov. wurde zu Kleinschellen ein Landtag gehalten, um den Fürsten Appafi in der Regierung zu bestättigen.

Den 16. ging der neue Fürst Apafi, wegen der bei Klausenburg, und sonst im Lande herum streiffenden Kemenyischen Völcker, unter einer Begleitung von 4000 Türcken und 2000 Kurtanern aus Herrmannstadt nach Mediasch, welche er in der Nähe hin und wieder ins Quartier verlegte. Als aber gewisse Nachricht einlief, daß Fürst Kemeny näher anrücke, so glaubte er nicht sicher genug zu seyn; sondern ging den 12ten Jan. 1662 nach Schäßburg,
und

und lagerte sich, sammt den Türken in die untere Stadt. Inzwischen hatte Fürst Kemeny den Sz. Pali Janos mit 2000 Reutern vorausgeschickt, um wo möglich den Fürst Apafi in Mediasch zu überfallen. Da aber dieser bereits in Schäßburg angelanget war, so lagerte sich Sz. Pali in Segesd, und schickte dem Fürst Kemeny umständlichen Bericht ein. Dieser brach sogleich mit seinem Volk von Szomosujvar auf, dergestalt, daß die Vortruppen unter Anführung des Varadi Janos schon den 14ten Jan. in Holdvilag eintrafen, da denn eben den nemlichen Tag, eine Parthei Varadischer Soldaten mit einer Parthei Türken, so beiderseits fouragieren ausgeritten waren, zwischen Peschendorf und Kreisch zusammen trafen, und handgemeng wurden.

Den 15ten Jan. kamen etliche Varadische Völker bis auf die Steinau. Dieses ist der nächste Berg, vor der Stadt gegen Danos zu, wo auf der Spitze neben dem Weg ein gemauertes Thürmlein stehet. Auf diese Soldaten wurde aus der Burg gefeuert. Etliche Ungarische Soldaten, nebst 300 Türken thaten einen Ausfall, und jagten die Varadische bis gegen Szolös. Worauf der Fürst Apafi den Magistrat vor sich verlangte, die Stadt zur unverbrüchlichen Treue ermahnte, und im Fall der Noth einen Aufenthalt im Schloß verlangte.

Eben denselben Tag kamen 10 Fahnen Kemenyscher Völker vor das Hüllgässer Thor, wurden aber von den ausfallenden Türken zurück gejagt.

Den 18ten Jan. kam der Fürst Kemeny selbst zu Nados an, (dessen Kriegsheer auf 9000 Mann erachtet wurde) brach aber den 19ten schon wieder auf, ließ den Sz. Pali Janos, und Ebeni Istvan in Segesd oder Schaaß, das teutsche Volck blieb in Wolkendorf, er selbst aber mit seinem Leibregiment lagerte sich in Weißkirch.

Den 20ten Jan. verlangte der Fürst Kemeny den Fürst Apasi zu einer Unterredung, bei die Weißkircher Hattertbrücke, dieser aber schickte den Lugosi Ferencz und Joh. Pauli dahin, welche, da sie niemanden daselbst antrafen, unverrichteter Sachen zurückkehrten. Der Fürst Kemeny schickte den nemlichen Tag einen Brief an die Stadt, sie ein für allemal für dem Unglück zu warnen, und umritte die Stadt selbst, um zu sehen, wo sie am füglichsten anzugreifen wäre. Indessen kam ihm die unvermuthete Nachricht, daß in Mediasch viele Türken angekommen wären. Er hielt also den 21ten Jan. einen Kriegsrath und rathschlagte: ob er die Stadt belagern, oder seinem aus Ungarn im Anzuge begriffenen Succurs entgegen gehen sollte? Das letztere

tere riethen alle Generale, allein der Fürst behauptete das Gegentheil.

Den 22ten Jan. ließ Fürst Apasi dem versammelten Schäßburgermagistrat zu wissen machen, daß er gewisse Nachricht erhalten, daß die Stadt noch den Tag, und zwar an fünf Orten würde angegriffen werden.

Eben denselben Tag versammelten sich die Kemennische Völcker von Segesd und Wolckendorf morgends um 9 Uhr bey Weißkirch, von welchen 200 Reuter gegen die Stadt anrücken. Und als jedermann den Angriff der der Stadt vermuthete, so legten sich 200 Janitscharen in Eßelsloch in Hinterhalt. Unter währendem Scharmützel, bekommt Fürst Kemeny eine Nachricht über die andre, daß die Türkische Hilfstruppen den nehmlichen Morgen aus Mediasch ausgezogen, und auf Schäßburg anrückten. Er achtete zwar diese Nachrichten nicht viel, endlich aber rückte er durch das Reussel über Marienburg nach Großailisch oder Szölös, allwo er sich lagerte.

Inzwischen rückte den nehmlichen Tag der Kucsuk Bassa mit 2000 Türcken in Schäßburg ein, und wurde mit grossem Frohlocken empfangen.

Den 23ten Jan. kommen zwei Bayern von Segesd mit der Anzeige: daß der Fürst Kemeny mit seinem Volck auf Szölös zu gegangen, und daselbst sich niedergelassen habe, und daß seine Absicht sei, seinen Zug gegen Ungarn zu nehme, worauf die Türken beschlossen dem Kemeny nachzujagen, welches auch mit ohngefähr 5000 Mann bewerckstelliget wurde. Diese trafen den Fürsten in Szölös an, als er eben über der Mahlzeit saß. Sie griefen die Kemenyische, die mit Abkochen beschäftiget, und in keiner Vorbereitung waren, alsogleich an, säbelten viele nieder, die übrige bemüheten sich ihr Leben durch die Flucht zu retten. Der Fürst setzte sich alsogleich zu Pferde, fand aber die seinigen in der größten Verwirrung. Hiezu kam noch das Unglück, daß der Fürst mit seinem Pferde stürzte, und in dem schrecklichen Getümmel sich nicht aufhelfen konnte, sondern von der Menge zertretten wurde. Die Türcken brachten nach der Aktion bis 468 Häupter in ihren Kopjen, wie auch 18 Fahnen, und drei paar Paucken. Für jeden Kopf gab ihnen Kucsuk Bassa einen Thaler. Die Gefangene aber wurden sammt den eingesalzenen Köpfen oder deren Häupter, durch Stuhlsleute den 1ten Febr. nach Temesvar geschiket.

Also muste dieser tapfere Fürst sein Leben jämmerlich einbüssen. Er war ein Sohn des

des Balthasar Kemeny, welcher Obergespann, im Albenser Comitat, und Ober Capitain des Fogaraser Distrikts, wie auch Geheimer Rath des Fürsten Gabriel Bethlen gewesen. Seine Mutter war Sophia gebohrne von Torni. Er selbst Anno 1630 der Fürstin Catharina Brandenburgica Bevollmächtigter, und wurde nachgehends des Fürsten Georgi Rakoczi II. Vornehmster General. Als er aber oberzehltermassen bey Szölös das Leben verlohr, so führte sein ältester Sohn Simon Kemeny das Pferd, mit dem der Fürst gestürzet, mit sich nach Aranyos Medgjes, und schützte bei seiner Mutter vor: daß man nicht wisse, wo sein Vater geblieben. Jedoch die Fürstin erfuhr gar bald die eigentliche Wahrheit, und ließ das Pferd erschiessen. Ein Ungrischer Theolog Nahmes Gyöngyösi hat den Todt dieses Fürsten in Ungrischen Versen sehr rührend beschrieben.

Auf der Stelle, wo der Fürst Kemeny gestürzt, und ums Leben gekommen, ist ein gemauertes Monument aufgerichtet, das noch stehet. Ohngefähr 80 Schritt davon, liegt ein Hügel, wo die Gebliebene hinbegraben worden. Hier ist ein Stein aufgerichtet gewesen, wo eine Inschrift eingegraben war, die aber in den Kuruczischen Unruhen sehr mißhandelt und unleserlich gemacht worden. Der Inhalt war folgender:

HOC TVMVLO PROmiSCVA CADAVERVM STRAGE PLEno.
IACET
GENERosus ET MAGNæ Spei Iuvenis
IOHANNES PETrityevith DE SZÉPlak,
Qui in inFAVSTO ILLO BELLO CIVili
qVOD GESTVM INTER DVos Principes
Ioannem Kemény et MICHAELEM APAFFI
Copiis TVRCARVM MVNITVM ROBVStiorem
cum IOANNE KEMENYio
aCIE OCCVBVERVNT
A. D. M. DC. LXII. Die VERO XXiii. Ianuarii

Anmerk. Was groß geschrieben, war auf dem Leichenstein noch Leserlich, was aber klein geschrieben, war völlig ausgelöscht.

In diesen bedrängten Zeiten, war Siebenbürgen der Schauplatz alles ersinnlichen Elendes. Denn diese vier Siebenbürgische Fürsten, deren in diesen Blättern Erwähnung geschehen, bemüheten sich wechselweise einer den andern zu verdrängen, und suchte einer um den andern die Türkische Hülfe an, welche auch allemahl, aber auf Unkosten des armen Landes, und zu dessen ausserstem Verderben, sehr zahlreich eintraf. Die Hauptquelle und Anfang aller dieser Drangsalen aber, war das unglückliche Bündniß, welches Fürst Georg Rakoczi II. ohne Wissen und Willen der Pforte und der Landesstände, mit der Krone Schweden und den Kozaken wider Pohlen errichtet hatte, wodurch nicht nur eine unsägliche Menge Menschen, ihr Leben, ihre Freiheit und Habseligkeiten einbüßten, sondern
auch

auch das ganze Land seinem Untergang sehr nahe gebracht wurde. Denn von der zahlreichen Armee, die Rakoczi nach Pohlen führte, kamen die wenigsten in ihr Vaterland zurück, viele geriethen in die Sclaverei, wo sie in Kummer und Elend gestorben, oder doch mit dem größten Schaden der ihrigen, durch ein übermäßiges Lösegeld befreiet werden mußten. Wie viele Ströhme Menschenbluts wurden nicht nach der Zeit noch vergossen, und dem Land ungeheure Taxen auferlegt, wodurch manche einzelne Familie zu Grunde gerichtet worden. Auf die letzte, endigte sich diese schaudervolle Scene, auch mit dem kläglichen Untergang dreier Fürsten, und nur der einzige Fürst Apafi hatte noch das Glück auf seinem Bette, unter dem mächtigen Schutz des Großen Leopolds, ruhig eines natürlichen Todes zu sterben, und ewig sei es der Höchsten Vorsehung gedanckt! mit dessen Todt hatten auch die Unglücksstürme, die Siebenbürgen in vorigen Jahrhunderten beängstigten, unter dem Allerglorwürdigsten Osterreichischen Scepter ein erwünschtes Ende.

Schäßburg.

M. G. S.

III.

III.

Die Provinzial Burgermeister zu Hermannstadt im Großfürstenthum Siebenbürgen.

Von
Johann Seivert.

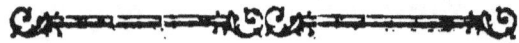

Vorbericht des Herausgebers.

Die Quellen und Hilfsmittel, deren sich der sel. Herr Verfasser bei dieser Arbeit bedienet hat, sind, ausser den Hermannstädter Rathsprotokollen und vielen Urkunden, die in dem Werkgen selbst hin und wieder angeführt sind, hauptsächlich: des verstorbenen Hermannstädter Stadtpfarrers Martin Felmers Kollektaneen und des ehmaligen gelehrten Pfarrers in Kreuz Georg Soterius Transilvania celebris im Manuskript. Ausführlichere Nachrichten

richten von einem und dem andern dieser angeführten Provinzialbürgermeister giebt der sel. Verfasser in seinen Grafen der Sächsischen Nation in Siebenbürgen, die in dem II. und III. Bande des Ungrischen Magazins dem Publikum mitgetheilt worden sind.

Die ältesten Urkunden gedenken nur der Richter aber keiner Bürgermeister zu Hermannstadt. Bis noch hat man vor dem Jahr 1366 keine entdecken können. Wann also diese Würde, die auch zu Schäßburg, Reps, und seit der Regierung des Kaisers Ferdinnds I. zu Medwisch gebräuchlich ist, eingeführet worden, kann aus Mangel nöthiger Hülfsmittel nicht bestimmet werden. Die Konsuls in alten Urkunden, waren die Rathsherrn, die auch Geschworne (Iurati) und Burger, oder nach der Sächsischen Mundart Borger, noch im 16ten Jahrhundert genennet wurden. Erst im nächst verflossenen wurde der Name Konsul, im heutigen Verstande üblich; darauf dann der Hermannstädtische Bürgermeister, als das zweite Haupt der Hermannstädtischen Provinz, oder Sächsischen Völkerschaft, Provinzial Konsul,

ſul hieß. Vorher aber werden ſie in Urkunden Magiſtri Civium genennet.

Sie wurden jährlich, höchſtens alle zwei Jahre von dem äuſſern Rath, oder der Hundertmannſchaft, aus den Mitgliedern des innern Raths erwählet, und darauf aus dem Rathhauſe unter Pauken und Trompetenſchall, feierlich nach Hauſe begleitet. Die Oekonomie der Nation ſtehet unter ihrer Aufſicht: ſo wie die Obergerichtsbarkeit das Vorrecht der Königsrichter, als Grafen der Nation, iſt. In der Stadt haben ſie den Rang vor den Königsrichtern, auſſer derſelben aber beſitzen ihn die letztern. In Gerichtsfällen ſind dieſe zwei Männer des Staats, einer des andern Richter, doch mit Zuziehung des ganzen Rathes. Beide beſitzen auch das Patronatsrecht bei erledigten Pfarren, Kirchen und Schuldienſten.

Unter die beſondern Vorrechte und Amtsgeſchäfte der Provinzialbürgermeiſter zu Hermannſtadt, gehören folgende: 1. Sie ſind die Richter aller Stadtſalariſten, die ſie beeiden, wie auch der nächtlichen Schwärmer, und der Reſchinarer Walachen. So werden auch Streitſachen von den Untergerichten zu Bolgatſch, Seiden, Groß und Kleinprobſtdorf, Reuſſen und Rakowitz an ſie appellirt. 2. Bei öffentlichen Verſammlungen des Raths und der Sächſiſchen Univerſität, haben ſie den Vorſitz

Vorsts, tragen die abzuhandelnde Geschäfte vor, und sammeln die Stimmen. 3. Soll der äussere Rath sich auf dem Rathshause versammeln; so giebt der Bürgermeister den vorigen Tag nach dem Wortmann (Orator) desselbigen Nachricht von der abzuhandelnden Sache; damit sich die Hundertmänner, ehe sie ins Rathszimmer tretten, darüber berathschlagen können. 4. Die bürgerliche Nachts= und Thorwachten stehen unter seiner Oberaufsicht. Er bewahret auch die Thorschlüssel. — In diesem Jahrhundert ist von Zeit zu Zeit manches abgeändert worden; welches unten an seinem Orte angezeigt werden wird.

Doch genug hievon! Ich eile zum Verzeichnis unsrer Provinzialburgermeister selbst. Freilich wird es in den ältesten Zeiten sehr mangelhaft ausfallen. Allein, bei so grossem Mangel an nöthigen Quellen und Hülfsmitteln kann es wohl anders seyn?

Jakob Henczemannisse.

Dieser ist der älteste Bürgermeister, den ich bis noch habe entdeken können. Er bekleidete diese Würde, nach einer Stolzenburger Urkunde, im Jahr 1366.

Michael

Michael Nunnenkleppel.

Er verwaltete das Konsulat in den Jahren 1372 und 74 das erstere erhellet aus seiner Urkunde, von dem Provinzialnotarius Michael, ausgefertigt, kraft welcher die Brüderschaft des heil. Leichnams zu Hermannstadt Erlaubnis erhält, in der Parochialkirche der heil. Jungfrau Marie einen Altar zu errichten und Messe zu halten. Mit dieser Messe verband nachgehens Demetrius, Kardinal Priester und Erzbischof zu Gran, 1384, einen Ablaß für bußfertige und wohlthätige Herzen, auf ein Jahr und hundert Tage. — Das letztere aber zeigt eine Urkunde der Sächsischen Universität, darinn er nebst dem Andreas von Mühlenbach, und Johann von Hermannstadt, Grafen und königlichen Richter, vorkommet. — Johann Nunnenkleppel, der nach der alten Kirchenmatrikel, eine Fleischbank an die obengedachte Kirche verehrte, möchte vielleicht sein Sohn gewesen seyn.

Niklas Pfeffersak.

Bürgermeister im Jahr 1420 lebte noch 1428 und war damals Stuhlsrichter (Iudex terrestris) Zu unsern Zeiten würde es sehr auffallen, wenn ein gewesener Bürgermeister, nachgehends ein geringeres Amt übernehmen sollte; bei unsern Ahnen

Ahnen aber waren dergleichen Erscheinungen nicht selten. Jetzt werden die gewesenen Konsuls, zu Prokonsuln erkläret

Jacobus.

Sein Geschlechtsname ist mir unbekannt. Sollte aber Jacobus, der 1465 Bürgermeister war, sein Sohn gewesen seyn; so hätte er Schoren geheissen. Er bekleidete die Bürgermeisterwürde zu verschiedenenmalen. Im Jahr 1424 da Johann Hänlein, Stadhann, und Johann Goldner Notarius waren. Abermals nach einer Heltauischen Urkunde 1428.

Thomas Trautenberger.

Bürgermeister, 1432. Dieses erweiset der Grundbrief des Dorfs Halwelegen im Schäßburger Stuhl, von diesem Jahr, die National Abgeordneten dabei waren: Thomas Trautenberger, Bürgermeister; Anton Trautenberger, Königsrichter; Jacobus, Geschworner, oder Rathsherr zu Hermannstadt; Heinrich von Alzen, Königsrichter im Löschkircher Stuhl; Lorenz von Rothberg, Königsrichter des Reußmärker Stuhls; der Richter Jacob, von Giersaue (de Insula Gerhardi); Michael Wessober von Großaue, Hermann; Bürgermeister,

Jacob Kraus, Richter, und Stephan Lutsch, Geschworner zu Schäßburg; Andreas von Stein, Königsrichter zu Reps, (de Kosd (*); Johann Lutsch von Reps (de Rupas) Johann von Märgeln, Königsrichter im Schenker Stuhl; Richter Johann von Agnethlen; Hans Feer, Hann (Villicus) zu Schenk; Peter Sinner, Richter im Mühlenbächer Stuhl; Anton Körpner, Richter zu Reußmark; Matthias Christiani, Hann zu Bros, (Varasch); Anton Murle, Bürgermeister, und Georg Walther, Richter zu Winz. — auch dieses erweiset, daß Winz, oder Alvinz damals zur Nation gehörte.

Jaco-

(*) Der Repser Stuhl heisset in ältern Urkunden Sedes Kosd, oder Koos. Eine von 1444, fanget also an: Nos Iudices et Consules universique Iurati seniores Sedis Kosd. Das beigefügte Siegel führet die Umschrift: SIGILLVM SEDIS D.ictæ KOOZ. und enthält eine Burg mit drei Thürmen, zwischen zwei kleinen Schildern. — Diesen Namen führet der Stuhl von dem Kosbach, der aus dem Schenkerstuhl herfliesset, Reps durchströmet, und nach seiner Vereinigung mit dem Hameroder Bach, bei dem Dorfe Galt, in den Altfluß fällt. — Von benanntem Bach führet auch das Repser Kapitel, den Namen des Kosbenser.

Jakobus.

Das alte Protokoll der Hermanstädtischen Plebanie nennet ihn Jakobus den älteren. Ich mögte ihn für eben den Jakobus halten, der 1424 und 28 Bürgermeister war. Als Bürgermeister erhielte er 1435, nebst den Richtern, Hederikus von Olcen, und Laurentius von Rothberg, im Namen der ganzen Sächsischen Nation, von K. Sigismunden zu Preßburg, die Bestättigung aller Rechte und Freiheiten derselben.

Antonius Trautenberger.

Als Bürgermeister finden wir in ihn den Jahren: 1440, da Johann Flaschner, Stuhlsrichter und Michael Weis, Stadthann war; so auch 1441. Ob er es aber auch das folgende Jahr gewesen, kann ich nicht bestimmen. Nach des seeligen Felmers Bericht verwaltete er dieses Amt auch 1446 da Trautenberger, 1432, Graf der Nation und Königsrichter zu Hermannstadt war: so mus er diese leztere Würde entweder nicht lebenslang, oder das Konsulat manchmahl zugleich mit verwaltet haben; das leztre ist nicht ohne Beispiele, und das erstere könnte auch seyn. da Johann Sachs, 1446. Judex Regi-

us Cibinienſis, heiſſet. (*) In dem Hermannſtädtiſchen Archiv befindet ſich eine Urkunde:
Litteræ ſententionales ſuper Antonio Trautenberger, die uns einiges Licht über die
Geſchichte dieſes Mannes verbreiten könnte,
ich aber habe nicht das Glück gehabt, ſie zu
ſehen.

Jacobus.

Vielleicht der Jüngere, im Jahr 1443,
ihm folgte im Amte:

Georgius Hecht (Csukás)

Welcher das Konſulat im Jahr 1444
bekleidete.

Jacobus.

Seines Konſulats gedenken Urkunden
von 1449, 1452, 1459, 1460, und 1462.
In den leztern Jahren heiſſet er Jakobus
Schoren, und ſeine Gemahlin Anna. Unter ſeinem Konſulat 1459, errichteten die
drei

(*) Ein Johann Sachs, heiſſet in einer Urkunde von 1453
Judex Regius de Szász Sebes, Protonotarius Hunga-
ricalis Cancellariæ Regiæ Majeſtatis, ob es aber
eine Perſon mit demſelben ſei oder aber nicht, kann ich
nicht entſcheiden.

drei Nationen wider den K. **Matthias Korwin**, eine Konföderation zu Medvisch, (*) dahin sie von dem Grafen der Zekler, **Johann v. Labatlan**, zusammen berufen worden. Von Seiten der sieben und zween Sächsischen Stühle, wie auch der Städte Kronstadt und Klausenburg, befanden sich dabei, außer dem Bürgermeister Jakobus, die Rathsverwandten, **Johann Zulab** und **Johann Bogathi**. Auch befanden sich **Matthäus**, Bischof von Weissenburg, und andere Geistliche gegenwärtig. Was hiebei beschlossen worden, habe ich in den Königsrichtern angemerckt.

Oswaldus Wenzel.

Im Jahr 1440, finde ich ihn unter den Hermanstädtischen Rathsherren; 1456 erhielte er die Bürgermeisterwürde, und abermahls nach dem Jakobus Schoren, 1460; da seiner ein Transumt der Bulle des Papstes **Pius II.** von Errichtung eines Messamts in der Hermanstädtischen Hauptkirche, gedenket. Wir erkennen zugleich daraus, daß selbige Kirche um diese Zeit in die Länge und Breite vergrössert worden. Seine Gemahlin hies gleichfalls Anna.

Ladis-

(*) Feria II. ante Festum D. Barbaræ Virg.

Ladislaus Hahn, oder Hähnlein. (Kakas)

Johann Hähnlein, der 1424, Stadt=
hann war, und 1442, als Kirchenvater (Vi-
tricus Ecclesiæ B. Mariæ Virg.) starb, schei=
net sein Vater gewesen zu seyn. 1452, ver=
waltete er das Stadthannenamt, und 1463,
erhielte er das Konsulat, welches er bis 1466
bekleidete, da denn Petrus Gereb sein Nach=
folger wurde. Nach dessen blutigen Todt aber,
verwaltet er es 1467, auf das neue, und
wurde 1469, Graf der Nation und Königs=
richter. Seine Gemahlin hieß Agnetha.

Petrus Gräf von Rothberg (Gereb de Weresmarth.)

Dieser berüchtigte Mann in der Säch=
sischen Geschichte, erhielt 1466 das Konsu=
lat, welches aber für ihn im folgenden Jah=
re ein tragisches Ende hatte. Eben so thöricht
wie auch der Königsrichter Benedikt Roth,
der die Seele der grossen Empörung war,
die den Waiwoden Johann, Grafen v. St.
Georg zum König wider den König Matthi=
as Korvin aufwarf; war er doch nicht so klug
wie er. Roth rettete sich durch seine Flucht
nach Pohlen, allein Gräf hielt sich in Her=
mannstadt für sicher genug, und blieb daselbst,
ob er gleich mit der Landesverweisung bestraffet
war. Wie nun König Matthias, 1467 nach
Her=

Hermannſtadt kam, und daſelbſt verſchiedene Rebellen fand, die wider ſeinen ausdrücklichen Befehl, das Vaterland nicht verlaſſen hatten; ſo ließ er den Bürgermeiſter Gräf, nebſt etlichen andern auf öffentlichem Plaße enthaupten, und ihre Güter einziehen, doch erhielt ſeine Gemahlin Klara, und ſein Sohn Johann Grif für ihre Perſonen Gnade, auch nach einiger Zeit einen Theil ihrer eingezogenen Güter wieder, unter andern Hortobagyſalva, weil das wallachiſche Dorf, Reſchinar (Städterdorf.) Gräfen verpfändet war, ſo wurde es gleichfalls eingezogen, aber nachgehends ſchenckte es der großmüthige König abermals der Hermannſtadt. Nach ſeinem Tode verwaltete Ladislaus Hahn das Konſulat. (*)

Nikolaus Ruſſe, oder Aurifaber.

Weil es bei unſern Vätern nichts ungewöhnliches war, jemanden nach ſeinem Stammorte, oder Handwerke zu benennen: ſo könnte entweder Nikolaus oder einer ſeiner Vorfahren, von Reuſſen gebürtig, oder ein Goldſchmid geweſen ſeyn. Unſere ältere Geſchichte zeiget uns verſchiedene verdiente Männer, die den Namen Goldſchmid, geführet. Michael Aurifaber, Meiſter der freien Künſte, war 1394 Pleban zu Kleinſcheuren. Mel-

(*) Man ſehe auch meine Königsrichter.

hior Aurifaber, Stuhlsrichter zu Hermannstadt, 1456. In eben diesem Jahre, Jacobus Aurifaber, Königsrichter zu Mühlenbach, Martin Aurifaber, Rathsherr zu Hermannstadt, 1500. Ob aber alle diese zu einem Geschlechte gehören, kann ich nicht entscheiden; eben so wenig, ob nicht das noch iezt blühende Geschlecht der Reußner von Reissenfels, von diesem Nikolaus Rusche, oder Reußner abstamme. Dieser erlangte das Konsulat, nach dem Hahn, 1468 und war zugleich nach der Flucht des Roth, Vice Königsrichter, bis 1469, Bürgermeister aber blieb er bis 1472.

Thomas Altenberger.

Bürgermeister und Königlicher Kammergraf zu Hermannstadt. Im Jahr 1469 finde ich ihn unter den dasigen Rathsverwandten, 1472 folgte er dem Rusche im Konsulat, welches er in einer Reihe bis 1480 verwaltete. Unter dieser seiner Amtsführung, ertheilte er im Namen des Raths den Dominikaner Mönchen 1474 die Freiheit in der Stadt zu wohnen, dafür sie ihr Kloster und Kirche zum heil. Kreuz vor dem Elisabethenthor, dem Rath eigenthümlich überliessen, und unter andern auch gelobten, daß ihre Mitglieder größtentheils Deutsche seyn sollten; Worauf sie das izige Nonnenkloster in der Salzgassen erbauten.

ten. 1481 erhielte Altenberger die Bürgermeisterwürde auf das neue, und war zugleich Königsrichter bis auf das Jahr 1488, Bürgermeister aber bis in seinen Tod, der 1491 den Tag vor Mariä Heimsuchung, zu Ofen erfolgte, woselbst er sich jetzt in Nationalgeschäften befand. Man sehe die Königsrichter.

Johann Olaß.

Von diesem Manne weis ich nichts mehr, als daß er nach den Rathsprotokollen 1480 Bürgermeister gewesen seyn soll.

Georgius Hecht (Czukas.)

Ein verdienter Mann. In der blutigen Schlacht des Waiwoden, Stephan Bathori mit den Türken auf dem Brodfeld (Kenyér Mezö) 1479 den 13. Oct. führte er die Sächsische Völker mit vielem Muth an. Da sich diese auf ihr eigenes Verlangen, im ersten Treffen des rechten Flügels befanden: so waren sie auch der ersten Wuth der Feinde ausgesetzt. Sie fochten mit solcher Tapferkeit, daß sie glückliche Folgen zu hoffen hatten. Da aber die Feinde neue Verstärkungen erhielten; so sahen sie sich endlich nach grossem Verlust, genöthigt, der Menge zu weichen, und sich zu dem zweiten Treffen, welches die Walachen ausmachten, zurück zu ziehen, da denn der

Streit

Streit mit solcher Heftigkeit erneuert wurde, daß der Maroschfluß ganz blutroth floß. Der feindliche Verlust war viel grösser, als der ihrige, allein bei dem grossen Uebergewichte ihrer Menge wäre zuletzt doch alles verlohren gewesen, wenn nicht Paulus Kinifi noch zu rechter Zeit mit Hülfsvölkern von Temeschwar angekommen, und die Feinde im Rücken angefallen hätte. (*) Nur in dem Flusse fand man bei 2000 todte Sachsen und Walachen. Für diese bezeigte Herzhaftigkeit, sahe sich Hecht 1491 mit dem Konsulate belohnt, welches er zwei Jahre verwaltete. Hierinn folgte ihm zwar 1493 Johann Agnethler, allein nach dessen Unglück 1494, erhielt er es wieder, und bekleidete es bis 1498.

Johann Agnether.. (Agatha)

Vielleicht ein Sohn des Stephan Agatha, der 1468, Stuhlsrichter war. Von seinen vorhergehenden Diensten kann ich gleichfalls wegen der sehr mangelhaften Verzeichnise der Stuhlsrichter und Stadthannen, nichts melden. Ich finde zwar einen Johann Pellifex (Kürschner) 1419 als Stadthannen, ob er aber eine Person mit dem Johann Agnethler sei bleibt mir doch ungewis. Im Jahr 1493 folgte er Hechten im Konsulat, und wurde

---

(*) Man sehe den Bonfin, Dec. III. Libr. VI.

wurde von der Nation nach Ofen geschickt, um von dem König Vladislaus die Bestättigung des Andreanischen Privilegiums zu erhalten, welche auch den 21. November erfolgte. Das folgende Jahr aber wurde Agnethler, aus mir, bis noch unbekannten Ursachen in Verhaft genommen, und zu dem König abgeführt. Hecht erhielt darauf das Konsulat wieder.

Nikolaus Prol.

Bürgermeister und Kammergraf der königlichen Salzwerke in Siebenbürgen. 1494 verwaltete er das Stuhlsrichteramt, wurde 1498 Bürgermeister, starb aber das folgende Jahr am Tage des h. Nikolaus. Dieses bezeuget sein marmornes Grabmahl in der Hermannstädtischen Kathedralkirche, dessen Aufschrift ich, wie ich sie erhalten, hier mittheilen will:

SEPVLTVRA NOBILIS ET EGREGI. VIRI QVONDAM NICOLAI PROL. COMITIS CAMERARVM SALIVM REGALIVM P CIVM REGNI TRANSSILVARVM, AC MAGISTRI CIVIVM CIVITATIS CIBINIEN. SVORVMQVE HÆREDVM. QVI OBIIT FESTO BEATI NICOLAI CONFESSORIS. ANNO MILLESIMO QVADRIGENTESIMO NONAGESIMO NONO.

Jaco-

* **Jakobus Czabo (Schneider) oder Medwischer.**

Diesen Namen mögte er wohl von seinem Schneiderhandwerk, und Stammorte, Medwisch, erhalten haben. Im Jahr 1492, verwaltet er das Stuhlrichter Amt; 1500 erhielte er das Konsulat, das er bis 1504 bekleidete. Im Jahr 1515 wurde er abermahls dazu erwählt, wie lange er aber itzt diese Würde bekleidet habe, ist mir unbekannt.

Paulus Rentzer, oder Horwath.

Seine vorigen Dienste sind mir unbekannt, und seinem Namen Horwath nach, würde ich ihn für einen Ausländer halten. Im Konsulate folgte er dem Czabo 1504, hierinn wurde zwar Johann Wall, 1507 sein Nachfolger; allein 1508 erhielt er es zum zweitenmal, und verwaltete es zwei Jahre. Zum drittenmale wurde er 1522 Bürgermeister, starb aber in eben diesem Jahre.

Johann

(*) Eines Georg Medwischers dieser Zeiten gedenket ein Grabstein der Kathedralkirche. Seine Aufschrift ist: SEPVLTVRA PVDICÆ ET HONESTÆ BARBARÆ, CONIVGIS GEORGII MEDIENSIS. — IN CHRISTO OBIIT. AO. DNI. 1503. D. I. IAN.

Johann Wall.

Im Jahr 1504 war er Stadthann, und nach einer Urkunde 1506 Bürgermeister. Nachgehends finde ich seiner gar nicht mehr gedacht.

Johann Agnethler. (Agatha) oder Lang.

Ein Sohn des unglücklichen Bürgermeisters gleiches Namens, verwaltete das Konsulat 1510, und vielleicht bis 1513 da Michael Armbrüster Bürgermeister wurde. Im ersten Jahre seiner Amtsverwaltung gab die Ermordung des vertriebenen wallachischen Waiwodens Michne, oder Michael, zu einem blutigen Tumult in Hermanstadt Gelegenheit. Dieser hatte die Schwester eines Raizischen Kapitains Jaxith, misbraucht. (*) Diese Schmach konnte der leztere eben so wenig gleichgültig ertragen, als ehemals Absolom. Er wartete nur auf Gelegenheit sich zu rächen, und diese fand er den 12. März. Michne kam aus der Kathedralkirche vom Gottesdienst, und wolte in die Fleischergasse nach Hause gehen. Als er aber unter den

Prie=

(*) Dieses bezeiget uns Schesäus in Ruin. Pannoniæ Lib. I. — Septem hic (Cibinii) Wajdæ moto periere tumultu, cum Iaxit Michnem crudeli cæde peremit. ob decus ereptum germanæ illustre pudoris.

Priesterthurn kam, wurde er von dem Ja=
rith unversehens angefallen, und mit etlichen
Wunden ermordet. Michne hatte zwar ein
grosses Gefolge bei sich, das aber wegen ver=
meinter Sicherheit ganz unbewaffnet war.
Aus diesem Grunde wurde es dem Meuchel=
mörder eben so leicht seine Rache auszufüh=
ren, als glücklich zu entfliehen. Doch ver=
folgte ihn bald ein Aufruhr der Bürger,
welche eine solche Stöhrung der allgemeinen
Sicherheit nicht ungeahndet lassen wollten.
Hätte das Blut seiner Feinde Michnen das
Leben wieder schenken können: so hätte er es
gewiß wieder erhalten. Nur sieben Waiwoden wurden dabei erschlagen, und Jarith, der
sich in seiner Wohnung mit der Wuth eines
Verzweifelnden vertheidigte, wurde endlich von
einem Bürger durch das Fenster erschossen.

Siegler berichtet uns, (**) der ermorde-
te Michne sei in die Dominikaner Kirche
zum heiligen Kreuz feierlich begraben worden,
also in das itzige Nonnenkloster. Ich mag
ihn keines Irrthums beschuldigen; aber so
viel ist gewiß, daß sich sein Grabstein itzt in
der Kathedralkirche der h. Jungfrauen Marie
befindet. Von dessen Aufschrift liest man noch
folgendes; SEPVLTVRA MAGF. DNI.
MICHA-

(*) Chronol. Rerum Hung. S. 64.

MICHAELIS VAIVODÆ TRANSALPINI HIC CIBINII IN DIE PER IALILCHIT DOLOSE INTERFECTI. 1510. Johann Sal, ein gelehrter Arzt, sezte ihm dieses Denkmal:

Heu! res humanæ fragili quam stamine
      pendent,
 Quam ruit aligero gloria nostra gradu!
Regnabam nuper multo cumulatus honore
 Sede parentali splendida sceptra ge-
      rens.
Militia notus, qua Cynthius astra sub-
      umbrat,
 Quaque terit gelidum Parrhasis ursa
      polum.
Ante meam faciem provincia nostra tre-
      mebat,
 Me quoque finitimæ pertimuere plagæ.
Prædonum fueram domitor, furumque
      flagellum,
 Iustitiam rigido fortiter ense colens.
Christigenis volui sociata iungere signa,
 Inque Byzantinos arma movere lares.
Iam mihi non vires, auri neque copia
      fulvi
 Defuit, aut quidquid Principis aula
      tenet.
        Ab

At brevis hora gravi mea fubruit omnia
casu,
Omnia, ceu paleas disjicit aura levis.
Dum mea gens patrio pepulit me perfi-
da regno,
Turcarum immensa concomitata manu
Cibinium fugi, infignem dum incedo per
urbem
Sepofitis armis omnia tuta putans:
Irruit hoftis atrox, multoque fatellite
cinctus,
Vitam furtivo furripit enfe meam.
Exoritur clamor, vulgus cita corripit
arma,
Horrendique reos criminis enfe ferit.
Flebat luctifico populus mea funera
planctu;
Sed nequit ad dulcem me revocare diem,
Sic quafi nomento volucri cecidere ruina,
Nofter honos, regnum, gloria, ro-
bur, opes.
Corpus humo tegitur, pius æthera fpi-
ritus intrat,
Et clarum toto nomen in orbe manet.

Ich finde angemerckt, daß ein Johann
Agatha den 16ten März, 1529 gestorben.
Vielleicht

Vielleicht ist es eben dieser Agnethler. Johann Lang, oder Agnethler, der 1522 die Stuhlsrichterwürde, 1526 das Stadhannen Amt, und 1531 bis 33 abermals das erstere verwaltete, mag wohl sein Sohn gewesen seyn,

Michael Armbrüster.

Diesen finde ich als Bürgermeister bei dem Jahre 1513. angemerkt.

Johann Lulai.

Graf der Nation und Königsrichter zu Hermannstadt, wie auch Kammergraf zu Salzburg, verwaltete 1519 zugleich das Konsulat.

Michael Altenberger.

Ein Sohn des Bürgermeisters Thomas Altenbergers, der den väterlichen Fustapfen glücklich folgte. Im Jahr 1500 wurde er Rathsherr, und als solcher nachgehends Königsrichter zu Reps. Doch kam er wieder nach Hermannstadt, wo er 1507 die Stuhlsrichterwürde erhielt, und 1520 das Konsulat. Vielleicht ist er dieses Jahr gestorben, da im folgenden, Wolf diese Würde erhielt. Wenigstens scheinet mir Michael Altenberger, dessen ich in den Jahren 1523 und 1533 gedacht finde, sein Sohn gewesen zu seyn. Im erstern Jahre protestirte er den 4ten März, dem Hermannſtädtiſchen Kapitel, daß niemand ſeine väterlichen Güter, die itzt ſeine Stiefmutter den Brüdern zum heil. Kreuz vermachen wollte, kaufen, oder in Beſitz nehmen ſollte.

Petrus Wolf (Farkas)

Das Konſulat verwaltete er 1521 nachgehens wurde er 1524 Stuhlsrichter, und als ſolcher 1525 nach dem Rappolt abermals Bürgermeiſter. Er ſtarb den 17ten Febr. 1529. Das Grabmal dieſes Geſchlechts in der Kathedralkirche führte die Aufſchrift:

Wolfius hac vili Petrus eſt tumulatus
in urna,
Qui de patricio fangvine natus erat,
obi: 12. Febr. 1602.

Ein Wolf mit aufgeſperrtem Rachen und hervorragender Zunge, Alsdenn:

Auguſtino etiam Catharis prognata
parente,
Petro quæ lecti foedere iuncta fuit.

Zween Wölfe und zween Adler.

Mat.

Matthias Armbrüster.

Wahrscheinlich ein Sohn des Bürgermeisters Michael Armbrüsters, der diese Würde seines Vaters sehr oft bekleidete. Zum erstenmal 1523 und 24 zum zweitenmal 1527. 30. Unter der Zeit seines Konsulates gieng in Hermannstadt jene grosse Religionsveränderung vor sich, wozu Armbrüster auch vieles beitrug. (Siehe Ungr. Magazin, IVter Band.) Zum drittenmal 1534 bis 1537 da er Königsrichter wurde, als aber sein Nachfolger, Stephan Kleser im Amte starb; so verwaltete Armbrüster 1538 auch das Konsulat. Im Jahr 1541 war er abermals Konsul, da ließ er denn das Siechenhaus (Domus Leproforum) in der Elisabethgassen, durch den Vorsteher desselben Paulus Raforis verkauffen, und das Geld zum Nutzen der Siechen anwenden. Wie wolfeil müssen aber damals die Häuser gewesen seyn! Paulus Bechmacher, ein Schuster, kaufte es um 100 Gulden. Zugleich wurde auch der Teich der schwarzen Mönche verkauft. Vielleicht hätte er ein gleiches auch mit andern geistlichen Gütern gethan, allein das folgende Jahr 1542 war das letzte seines Lebens.

Johann Rappolt.

Schon 1500 finde ich ihn unter den Hermannstädtischen Rathsverwandten. Als Armbrüsters

brüsters Nachfolger verwaltete er 1525 das Konsulat, darinn ihm Petrus Wolf folgte. Uebrigens weiß ich nichts mehr von ihm, als daß er 1529 Vicebürgermeister und Provincialnotarius heisset. Er hinterließ einen Sohn Rappolt, deßen Gemahlin, Anna Karlowitz war. Diese verkauften alle ihre adelichen Güter zu Gierelsaue den Einwohnern dieses Dorfs. Der Versicherungsbrief hievon befindet sich noch im Hermannstädtischen Archiv.

Stephan Kleser.

Die Stuhlsrichterwürde erhielt er 1526 das Konsulat aber 1530 Worinn ihm Armbrüster 1534 folgte. Als aber dieser 1537 zum Königsrichter erwählet worden, so erlangte Kleser abermals die Bürgermeisterwürde, starb aber noch in diesem Jahre.

Johann Roth. (Verres, Rufus.)

Als Stuhlsrichter wurde er, nachdem er dieses Amt von 1530 zu verschiedenenmalen verwaltet hatte, im Jahr 1539 zum Bürgermeister erwählt, blieb es auch das folgende Jahr. Endlich wurde er 1543 zu einem tragischen Tode, Königsrichter.

Martin

Martin Weiß (Fejer)

Wäre er eine Person mit dem Martin Szabo, so war Weiß 1541 Stadthann. Das folgende Jahr wurde er nach dem Tode des Matthias Armbrüsters Bürgermeister. Zum zweitenmal 1547 und blieb es bis 1550 da ihm abermals Petrus Haller folgte. Unter seiner Amtsführung, wurde 1547 das bisherige Rathhaus, der izige grosse Priesterhof, an einen Bürger Gallus Auner, um 800 Gulden verkauft. — Dieses Geschlecht, das ein doppeltes Kreuz im Wappen führte, ist nicht mit den Kronstädtischen Weissen zu verwechseln. Es ist mit dem Georg Szabo, oder Weis, einem Schneider und Rathsherrn, den 12ten März 1697 erloschen, welcher zu seinem Gedächtniß die kleine Orgel in der Kathedralkirche hat bauen lassen.

Petrus Haller.

Da ich von diesem grossen Patrioten das meiste schon in den Königsrichtern angemerkt habe: so werde ich hier ganz kurz seyn können. Zum erstenmal verwaltete er das Konsulat von 1543 bis 1547. Im ersten Jahre lies er die Güter der Brüderschaft der heil. Anna, zum Nuzen der Stadt verkauffen, wie auch den Teich der Dominikaner gegen Hammersdorf zu. Gleiches Schicksal hatte ihr Garten und Teich vor dem Elisabeththor, 1546. In diesem letztern Jahre lies er auch das Hermannstädtische Archiv, durch den Provinzialnotarius Christian Pomarius, in Ordnung bringen, und ein Verzeichniß darüber verfertigen. Zum zweitenmale bekleidete er das Konsulat, von 1550 bis 1553. Unter dieser seiner Amtsführung erhielt Hermannstadt zum erstenmal eine Kaiserliche Besatzung, da den 17ten August 1551 die Grafen Felix und Baptista von Arch, mit drei und Andreas Brandeis mit 11 Kompagnien einzogen. 1552 lies Haller die Stadt vor dem Leichenthürchen bis zum Heltauerthor, mit der äussern und mit Erde verschütteten Mauer bevestigen. So wurden zwar die Bürger gegen die Anfälle äusserer Feinde sehr gesichert, aber nichts konnte sie gegen die Wuth eines noch viel fürchterlichen und innern Uebels schützen. Gegen das Ende des 1553sten Jahres äusserte sich die Pest auch zu Hermannstadt, und breitete sich das folgende Jahr so aus, daß sich der Rath genöthiget sahe, zu verordnen: künftighin sollte niemand mehr, als Rathsherrn und Geistliche in die Stadt begraben werden. Für die übrigen wurde der Friedhof bei dem Schneiderteiche angelegt, und das sogenannte Leichenthürel in die Stadtmauer gebrochen. 1555 wüthete die Pest noch so sehr, daß nur in diesem Jahre auf 3200 Personen in Hermannstadt dahin starben.

Zum

Zum drittenmale bekleidete Haller die Bürgermeisterwürde von 1554 bis 1556, darauf er nach dem unglücklichen Tode des Königsrichters Roth, dessen Nachfolger im Amte wurde.

Andreas Bürkner.

Seit 1544 war Bürckner etlichemal Stuhlsrichter gewesen, und zuletzt von 1551 da er denn 1553 nach Hallern das Konsulat erhielt. Nachgehends wurde er 1557 wieder Stuhlsrichter, und starb in diesem Dienste den 24ten Jul. 1558 nach einer langwierigen Kranckheit. Miles im Würgengel S. 70. nennet ihn, ohne allen Grund, einen Königsrichter.

Augustinus Hedvig.

Nachdem Haller Königsrichter geworden, erhielt Hedvig, der itzt Stuhlsrichter war, 1556 das Konsulat, und verwaltete es bis 1566. Unter seiner Amtsführung erregte der berüchtigte Franz Stankarus, 1557 einige Unruhen in Hermannstadt, woselbst er nach vielen Bittschriften und Verheissungen endlich die Freiheit erhalten hatte, sich mit Weib und Kindern niederzulassen. Er wollte nur ein Arzt und kein Apostel seyn. Allein nach wenigen Monaten breitete er, wider seine

Zusage, seinen Irrthum von dem Mitleramte Christi unter den Bürgern aus. Kaum aber entdekte es der wachsame Hedwig, so wurde Stankarus auf ewig aus Hermannstadt verbannt. Auch mit der Sächsischen Geistlichkeit entstunden 1560 grosse Streitigkeiten. Diese wollte sich in ihren alten Vorrechten und Gerichtsbarkeiten, die ihnen nach dem päbstlichen Kanonischen Rechte zukämen, und ihnen auch von der Königin Isabella bestättigt worden, auch fernerhin, behaupten; da hingegen der weltliche Stand diese ihnen, als sein Vorrecht, entziehen wollte. Lange Zeit wollte kein Theil nachgeben. Endlich kam es doch zu einem Vergleich, nach welchem der Geistlichkeit die Gerichtsbarkeit in Ehesachen und Graden der Verwandtschaft, überlassen wurde, in andern Dingen, aber wurde sie ihnen von dem weltlichen Stande entzogen.

Da Hedvig 1570 die Königsrichterwürde erhielt: so habe ich auch in meinem Grafen der Sächsischen Nation mehreres von ihm gemeldet.

Simon Miles, oder Milles.

Von 1560 verwaltete Miles das Stadthannenamt zwei Jahre, worauf er 1562 Stuhlsrichter wurde, und als solcher 1566 Bürgermeister, welche Würde er bis in seinen

nen Tod, den 18. Nov. 1576 bekleidete. Im ersten Jahre seines Konsulats begleitete er von Seiten der Sächsischen Nation, den Fürsten Johann Sigismund, als dieser zu dem Türkischen Kaiser Solymann nach Belgrad reisete. Schesäus schreibet hiebei:

Milesiusque Simon Hermanni Consul
in urbe,
Inter Saxonicos non ultima gloria
patres. (*)

Im Jahr 1569 waren die Liebhaber des Weins so glüklich, daß sie drei Maaße vom besten, um einen Pfennig kauffen konnten, allein gegen den Herbst dieses Jahres, verdarb ein frühzeitiger Frost die gehoffte Weinlese gänzlich. Auch das Fleisch war so wohlfeil, daß anderthalb Pfund nur einen Pfennig kostete. Auf diese glückliche Zeiten erfolgten bald traurige genug, in dem die Pest, die 1482 in Burzenland gewüthet, das folgende Jahr auch in Hermannstadt ausbrach.

Bei der Sächsischen Geistlichkeit ist Miles Gedächtniß ziemlich unangenehm. Denn er war eine der Haupttriebfedern, daß sie den vierten Theil ihrer Zehenden, dem Fürsten Chri-

---

(*) In Bello Panon. Solym. L. I.

Christoph Bathori zur Pacht überlassen mußten, den sie niemals mehr wieder erhalten haben. Der Königsrichter Albert Huet, erklärte sich 1569 vor dem Hermanstädtischen Kapitel und dem Superintendenten, Lukas Ungleich, darüber also: Joachim Koch, Bürgermeister zn Medvisch, Blasius Rhau, Stadthann zu Hermannstadt, und der Bürgermeister Miles wären die Urheber davon. Sie hätten von der Sächsischen Geistlichkeit eine Quarte ihrer Zehenden, entweder zu ihrem eigenen Genus, oder zu Unterhaltung der Hermannstädtischen Schule, verlanget. Da sie nun ihren Endzwek nicht erreicht, hätten si selbige Quarte dem Fürsten angeboten. Als aber Miles die traurigen Folgen davon gesehen, und wie sehr der arme Landmannn mit Abführung der Zehenden nach Weissenburg beschweret werde, habe er auf dem Sterbbette Albert Hueten nebst andern Rathsherrn zu sich beruffen, und sie sehnlich gebetten: Für ihn doch Gott zu bitten, daß er ihn nur so lange noch leben liesse, bis er das geschehene mit den geistlichen Zehnden, wieder abändern könne. Er sei aber bald darauf gestorben. (*) Hermann Protocoll. S. 202.

Dieses

(*) Also muß die Ueberlassung der vierten Quarte an den Fürsten schon 1576 geschehen seyn, und nicht 1579 oder 80, wie gemeiniglich behauptet wird; oder aber ist Miles der 1576 starb, gar nicht Ursache davon gewesen.

Dieses verdiente Geschlecht ist mit den Matthias Miles, Verfasser des Siebenbürgischen Würgengels, 1686 den 1. Oktober ausgestorben.

Anmerkung. Nach Hermanns Annalen, ist Georgius Heistius, 1573 Bürgermeister gewesen. Es wird aber wohl Hechtius heissen sollen, da ich nirgendswo eines Heistius gedacht finde. Allein Georg Hecht, war damals nicht Bürgermeister, sondern Stuhlsrichter. Da auch Miles sicher den 18. November gestorben ist: so weis ich nicht, wie der verdiente Soterius in Transilv. celebr. schreiben kann: Nach Miles Tod hätte Petrus Lutsch, das Konsulat von Pfingsten bis Weihnachte verwaltet. Dieser lezte starb als Rathsherr den 4. May 1578, und war 1568 bis 70 Stuhlsrichter gewesen:

In eben dem Jahre, da Simon Miles starb, beschloß auch Scevatius Weidner den 19. September sein Leben. Er verwaltete in den Jahren 1570 und 71, das Stadthannenamt. Es sei mir erlaubt, das Gedächtnis dieses Mannes durch Bekantmachung seiner Grabschrift in der Kathedralkirche zu erneuern. Hier ist sie, eigentlich nur die Randschrift des Grabsteins, denn das übrige ist unlesbar:

PRV-

PRVDENTI ET CIRCVMSPECTO SERVATIO VEID-
NERO. SENATORI CIVITATIS CIBINIENSIS.
QVI IN DOMINO DEFVNCTVS EST A. 1576
d. 19. SEPTEMBR. LIBERI PIÆ RECORD.atio-
nis ERGO P.osuere.

Seine Gemahlin war Anna Wohlge-
muth, die das folgende Jahr den 3. August,
im 47sten Jahre ihres Alters, ihrem Gemahl
in die Ewigkeit nachfolgte. Auch auf ihrem
Grabmahl ist nur die Randschrift lesbar:

ANNÆ VOLGEMVTH. MATRONAE PVDICISS.imæ,
CONIVGI. D. SERVATII. VEIDNERI. OCCVM-
BEN ti ANNO. CHRISI. 1577. 3. AVG. ÆTATIS
SVÆ 47. HÆREDES MOESTI POSVERE.

Da dieses Wohlgemuthische Geschlecht
unsren Zeiten ganz unbekannt und längst vergessen ist: warum sollten wir nicht seine noch
übrige Leichensteine, als das einzige Zeugnis
seines ehemaligen Daseyns, gern hören? die
Schwester der Weidnerischen Gemahlin, Mar-
tha, Gemahlin des Georg Melas, Pfarrern
zu Heltau, starb noch vor ihr den 3. Heumond 1574. Die Randschrift ihres Grabmahls
ist diese:

PIÆ ET PVDICISSIMÆ FEMINÆ MARTHÆ VOL.
GEMVTH. VXORI R. GEORGII. MELÆ. PA-
STORIS HELTEN. MARITVS ET LIBERI PIE-
tatis ERGO P.osuere. OBIIT 3. IVLII. A. 1574.

Noch

Noch ein andres Denkmahl des Wohlgemuthischen Geschlechts, befindet sich in dasiger Kirche, mit der Randschrift:

EPITAPHIVM MAGDALENÆ ET IOHANNIS VOLGEMVIH. QVI OBIERVNT. ILLA QVIDEM A. 1571. d. 17. DECEMBR. ÆTATIS DIE III. HIC VERO A. 1578. DIE 24. APRIL. ÆTATIS ANNO 7.

Wären nicht die meisten Denkmähler unsrer Ahnen in dieser Kirche also bedekt, daß man sie nicht ohne grosse Weitläuftigkeit sehen kann; so würden auch viele, bei allen ihren Verdiensten, und allen Lobschriften ihrer Denkmähler, nicht so unbekannt seyn, als sie unsern Zeiten wirklich sind.

Georgius Hecht. (Csukas)

Dieser ist der dritte Bürgermeister aus dem alten und verdienten Geschlechte der Hechten. Seine Eltern waren Johann Hecht, und Magdalene, eine Tochter des Rathsherrn Johann Heltner. Sein Vater ist in der Kirchengeschichte von Hermaunstadt ein sehr bekannter Rathsherr. Er ist es, der 1525 in seinem Hause, iezt das Waidaische, eine Evangelische Schule errichtete. Sein Sohn Georgius, geboren im Jahre 1524 wurde seine Ehre. 1556 wurde er Stadthann, 1571
Stuhls=

Stuhlsrichter, welche Würde er bis auf das Jahr 1576 verwaltete, da Blasius Rhau sein Nachfolger wurde. Allein nach des Konsuls Miles Tode erhielte er 1577 den 19ten Januar, das Konsulat, welches er zwei Jahre bekleidete. Im erstern Jahre starb Stephan Bierkoch, der zuerst Tuchmacher zu Hermannstadt eingeführet. Dieses bezeugt sein Grabstein:

Per me pannifices patria tellus habet.

Diese neuen Zunftgenossen erhielten die Walkmühle, die bisher den Wollenwebern vor dem Sagthor zugehört hatte. Im folgenden 1578sten Jahre ließ Hecht das Heltauer Thor mit einer Bastei befestigen, welches ein steinernes Denkmal erweiset, das ich in den Königsrichtern bekannt gemacht. Nach seinem Konsulate lebte Hecht noch bis 1580 da er den 5ten Octob. im sechs und sechszigten Jahre seines Alters, ein Opfer der Sterblichkeit wurde. Sein ehernes Denkmal in der Kathsdralkirche enthält sein adeliches Wappen, einen Hecht nebst drei Rosen, und die Aufschrift:

Generos; & Nobili Viro D. Georgio Hechtio, Consuli quondam Reipubl. Cibinien. placide in Christo, d, 5. Oct.
Anno

Anno 1580 ætatis 66. obdormienti, Anna uxor & hæredes erexere.

Hechtius illuftri de patre Georgius natus,
  Hoc fuit eximii ftemmate clarus avi.
Confulis officium binis bene providus
          annis
  Magna animi gefsit dexteritate fui.
Quanta viri pietas fuerit, prudentia
          quanta,
  Verus & in Chriftum Relligionis amor;
Illius eft teftata fides, vox hæcque fu-
          prema:
  Vita mihi Chriftus, mors mihi fo-
          mnus erit.
Nunc ita nam vifum fuperis, obdor-
          miit, aftra
  Mens petiit, corpus nobile terra fovet.

Blafius Rhau. (Sz●örö●)

Im Jahr 1572 und 73 war er Stadthann, 1576 Stuhlbrichter, da er sich denn der Geistlichkeit als einen gleichen Freund, wie Miles erzeigte, worauf er 1579 Hechtes Nachfolger im Konsulat wurde, dieses bekleidete er bis 1581 da er in der Nacht gegen den 17ten Januar den Weg aller Welt gieng. Unter seinem Konsulat

sulat, beschloß die Sächsische Universität den 28ten Nov. 1580 zu Hermannstadt, in Absicht der Zinn=, oder Kannengießerzunft, folgende Verordnungen: 1. Kein Kaufmann sollte zinnerne Gefässe aus fremden Ländern hereinbringen. 2. Niemand als ein Zunftgenosse solle zinnerne Arbeit verfertigen. 3. Die Zinngießer sollten zu sechs Pfund Zinn nicht mehr als ein Pfund Blei zusetzen, und das Pfund gearbeitetes Zinn nicht höher als zu 24 Pfennigen verkauffen. Rhau hinterließ einen Sohn Matthias, der sehr jung den 1ten Febr. 1579. Catharinen Michael Birthalmers Tochter heurathete.

Johann Wayda.

Ob er gleich nur ein Mitglied des äussern Raths, oder ein Hundertmann war; so hatten die Bürger doch solche Achtung für ihn, daß er bei allem Widerspruch des Raths, und der bisherigen Gewohnheit, den 28 Januar, 1581 zum Bürgermeister erwählt wurde. Ein Fall, der sich noch nie ereignet, ob er gleich von den Bürgern mehrmals versucht worden. Diese Würde bekleidete Wayda bis 1586. Nach dem Tode des Johann Bayers erhielte er sie 1592 auf das neue, und verwaltete sie zwei Jahre. Zum drittenmahl wurde Wayda 1597 Konsul, und starb als solcher den 22. April 1599 im sechs und sechszigsten

zigsten Jahre seines Alters. Unter seiner Amts‑
fürung ertheilte König Stephan Batho‑
ri 1583 der Hermannstadt und dem dasigen
Judikat die Freiheit, sich bei ihren Siegeln
des rothen Wachses zu bedienen. Dieses Jahr
war auch, wegen seiner Fruchtbarkeit denkwür‑
dig. Ein Faß Wein war um 3 Gulden, und
ein Kübel Waizen um 10 Pfennige zu haben.
Allein das folgende Jahr war ganz das Ge‑
gentheil. Wegen anhaltender Dürre konnte
kein Saamen ausgestreuet werden, und der
ausgesäet wurde, verbrannte, dieses verur‑
sachte im Jahr 1585, eine grosse Theuerung.
In diesem ereignete sich auch den 17. Novem‑
ber ein trauriger Zufall in Hermannstadt.
Mittags um zwölf Uhr, stürzte der neu er‑
baute Rathsthurm, mit dem Mahler David,
der daran arbeitete, unvermuthet ein, und
verursachte an dem benachbarten Häusern kei‑
nen geringen Schaden. Vielleicht ist er aber
nicht ganz eingestürzt, da er den 25. April,
des folgenden Jahres schon hergestellet wor‑
den. Oder ist ein Fehler in der Aufschrift,
welche folgende ist:

HÆC TVRRIS ÆDIFICATA EST EX ÆRE HV‑
IVS VRBIS ANNO 1586. D. 25. APRIL.

Wayda mögte wohl ein Sohn des Jo‑
han Wayda gewesen seyn, der 1578 Stadt‑
hann und das folgende Jahr Stuhlsrichter war.

war. Er hinterließ auch einen Sohn gleiches Namens, der in einer Urkunde vom 22. November 1624 substitutus Sedis Judex, heißet.

Johann Bayer. (Bavarus)

Ein Sohn des Franz Bayers, der 1560. Stuhlrichter wurde. In den Jahren 1580. bis 82 verwaltete er das Stadthannenamt, hierauf wurde er 1583 Sthulsrichter, und nach einer dreijährigen Amtsverwaltung 1586 auf den Johann Wayda, Bürgermeister. 1590, feierte die Sächsische Nation das Weihnachtsfest zum erstenmal mit der Römischen Kirche, den 23. Dezember nach dem sie endlich den Gregorianischen Kalender angenommen hatte. Bayer starb im Konsulate den 3 Brachmond 1592 und hinterließ einen Sohn gleiches Namens, der das Stuhlrichteramt 1599 bis 1601 verwaltete. (*)

Lukas Enpeter (Enyedi.)

Dieser verdiente Mann führte unfehlbar diesen Namen von seinem Stammort, dem Marktflefen Grosenyed. Als Stadthann, welches

---

(*) Nach dem Soterius in Transf. celeb. wäre Nikolaus Aurifaber, 1591 Bürgermeister gewesen. Ich finde aber keine Beweise davon.

ches Amt er 1586 erhielt, wurde er 1588 Stuhlsrichter, welche Würde er bis 1594 verwaltete, und dann zum Bürgermeister erwählet wurde. Den 22. Junius dieses Jahres schlug ein Wetterstrahl in den Fleischerthurn des Heltauerthors, darinn vieles Pulver aufbewaret wurde, und zersprengte ihn. Acht Personen verloren dabei das Leben. 1597 folgte ihm Johann Wayda im Konsulate, als dieser aber 1599 starb, so erhielt er es wieder, und bekleidete es bis 1603 da er den 26. August, ein trauriges Opfer der damahls wüthenden Pest wurde. Diese Jahre seines zweiten Konsulats sind voller tragischen Merkwürdigkeiten vom Krieg, Hunger und Pest. War Enyeter gleich nur ein Schneider: so besaß er doch viele Klugheit, Muth uud Patriotismus, welches er in dieser kritischen Periode für Hermannstadt gnugsam zeigte.

Müde des eisernen Jochs, das der Walachische Waiwode Michael, dem Vaterlande auflegte, entschlossen sich die Stände 1600 diesen Wütrich durch Gewalt der Waffen aus dem Lande zu nöthigen. Zu diesen Absichten hielten sie den Beitritt der Sächsischen Nation nicht ohne Grund für nöthig. Sie thaten es durch Briefe an den Hermannstädtischen Rath. So bald Enyeter diese erhielt versammelte er den 8ten September Abends um acht Uhr den innern und äussern Rath

auf das Rathhaus, und eröfnete ihnen die Gesinnungen und das Verlangen des Adels. Die Sache wurde ihnen bis auf den Nachmittag des folgenden Tages zu reifer Ueberlegung anbefohlen. Sie kamen also den 9ten Septemb. um 3 Uhr wieder zusammen, da sie denn den Stadtpfarrer Christian Lupinus (*) befragten: ob sie mit gutem Gewissen vom Michael abfallen, und sich mit den Landesständen vereinigen könnten, besonders da sie des Eides, den sie Michaeln geschworen, nicht entlassen wären? — Lupinus bejahte es und zwar aus dem Grunde, weil es ja allen bekannt sei, daß Michael kein Fürst, sondern ein Tyrann, kein Statthalter, sondern ein Mameluk und Verleugner des Christenthums wäre. Ein ganzes Jahr hindurch habe das Land alles geduldig ertragen, was vorher niemals erhöret, vielweniger auferlegt worden, alles in der Hoffnung, Michael würde ihnen nach seiner Zusage, einen dauerhaften Frieden verschaffen. Allein sie sähen sich betrogen, und hätten nichts weniger als Frieden erlangt. Es sei also rathsam den Landesständen beizutreten, und sich mit ihnen wider den Tyrannen zu vereinigen, nur sollten sie dem Eid, den sie Kaiser Rudolphen geschworen, getreu verbleiben. Beides thaten sie
redlich,

(*) Er hat selbst diese Begebenheiten beschrieben und wir folgen seinen Nachrichten.

reblich, und nicht ohne Allerhöchsten Beifall. Den 1. Oktober erhielt der Rath von Kaiser Rudolphen Briefe. Der Kaiser dankte der Sächsischen Nation für die erwiesene Treue bei Verjagung des betrügerischen Waiwoden Michael, munterte sie zur fernern Beständigkeit auf, und versicherte sie seines Schuzes. Hierauf erfolgten unverhoffte Staatsveränderungen. Sigismund Bathori wurde auf dem Landtage zu Klausenburg vom 2. Januar, 1601 abermals von den Ständen zum Fürstenthum beruffen, muste aber noch in diesem Jahre nach verlohrner Schlacht mit dem Basta und Michael, das Land räumen. Hievon mehreres zu sagen ist hier meine Sache nicht. Wohl aber, wie vieles Hermannstadt bei den lezten Versuchen des Fürsten Sigismund sich des Landes zu bemächtigen, zu überwinden hatte. Auf erhaltene Erlaubnis, kam den 20ten August, Flaminio Just ni no, nach Hermannstadt, der im Namen des Generals Basta, folgendes Manifest mittheilte:

Georgius Basta, Herr zum Sult, Ritter, Röm. Kais. Maj. auch Königs in Hispanien Kriegsrath, und Generaloberster des Kriegsheeres in Siebenbürgen. Dieweil wir vernommen, daß viele wie Freybeuter als Soldaten, unterm Schein und Deckel, als ob sie der Kas. Maj. Kriegsleute wären,

wären, in dieser Provinz hin und wieder streifen, und mit Brennen und dergleichen, merklich Schaden im Land thun, wider unser Wissen und Meinung; und dem vorzukommen und zu remediren, haben wir hiemit abgefertigt den Edlen, gestrengen Herrn und Hauptmann Flaminio Justiniano, sammt etlichen Gesellschaften, damit, wo er dergleichen lose Leute finden würde, dieselbigen straks nach Verdienst, andern zum Exempel, strafen sollte lassen, und wenn Stadt, Schlösser und Märkte, oder Dörfer, es sei was Nation es wolle, Willen hätten durch ihre Abgesandten Gnade zu erlangen, zu uns zu schicken: so versprechen Wir ihnen im Namen der Kais. Majestät, daß sie Gnade und Clemenz erlangen werden, und wenn sie dieser Meinung wären: so können sie ihre Gesandten zu Uns mit einem Hauptmann schicken, mittlerweile aber die Porten ihre Städte keinem, es sei wer es wolle, aufmachen, oder öfnen, ohne Vorwissen unser. Denn wir anders nichts betrachten, als die Einigkeit dieses Königreich zu beschützen, und wollen nicht, daß andere unter diesem Schein, dasselbe verderben sollten. Im christlichen Feldlager bei Thorda, den 17ten August Anno 1601.

Basta.

Diese Nachricht war den Bürgern sehr angenehm, und sie hätten sogleich die an-
gebo-

gebotene Kaiserliche Gnade angenommen; allein der dahin geflüchtete Adel widersprach stark, aus Furcht und Hofnung, Fürst Sigismund würde bald mit einem mächtigen Heer von Türken und Tatarn erscheinen. Doch beschloß endlich der Rath den 21ten August, auf dem Rathshause, einmüthig mit dem Bastaischen Gesandten eines ihrer Mitglieder an den Feldherrn abzuschicken und ihm den Vorschlag zu thun: Wenn er die Räuber und Mordbrenner von dem Sächsischen Gebiete abhalten, allen und jeden ihre Privilegien ungekränkt lassen, keine Oerter mit Besatzungen belegen und das Vaterland gegen die Türkischen Einfälle beschützen wollte: so wären sie bereit sich Ihro Kaiserl. Majestät zu unterwerffen. Unterdessen kamen Briefe von Fürst Sigismunden und Stephan Csaki, aus Jaßi in der Moldau, vom 18ten August, an. In diesen wurden die Landesstände ernstlich vermahnt; sich durchaus nicht den Deutschen zu unterwerffen, indem er bis den fünften Tag mit einem zahlreichen Heer zugegen seyn würde. Hierauf berief der Bürgermeister Enyeter den Rath und die Bürgerschaft, ja auch den Adel zusammen, um bei diesen kritischen Umständen eine kluge Entschließung zu fassen. Es war Sigismunden nicht möglich, bis auf den 15ten Tag zu kommen, geschweige denn auf den fünften. Unterdessen konnten die Kaiserlichen Soldaten das ganze Land verheeren. Alles

dieses

dieses bewog sie, bei ihrem vorigen Entschluß
zu bleiben, und schickten also ihre Abgeordneten an den Kaiserlichen Feldherrn ab. Den
26ten August darauf liefen Briefe von dem
Bassa zu Temeswar ein, darinn er den Sachsen ernstlich befahl, den Deutschen den äussersten Widerstand zu thun, denn in kurzer Zeit
würde er ihnen mit einer starken Armee zu
Hülfe eilen. Die Sachsen sahen sich also in
einer traurigen Lage, und hatten bei jedem
Entschluß alles zu befürchten, doch blieben sie
sehr weißlich bei ihrem ersten.

Den 9ten Septemb. huldigten die Bürger sammt dem Adel in Hermannstadt dem
Michael Szekel, Kommendanten zu Zatmar,
im Namen ihrer Kaiserlichen Majestät, und
gelobten bei allen Gefahren und Drohungen
eine unverbrüchliche Treue an. Den 11ten Sept.
wurden aber die Bürger sehr bestürzt, als
Basta von Großau aus, die Stadtschlüssel von
ihnen verlangte. Sie befürchteten eine Besazung, und den Verlust ihrer alten Rechte und
Freiheiten. Da sie aber Michael Szekel des
Gegentheils heilig versicherte: so überschickten
sie ihm die Schlüssel, als er sich den folgenden
Tag der Stadt näherte. Dieser Beweis ihres Gehorsams war dem Feldherrn genug, er
gab sogleich dem Bürgermeister Enyeter die
Schlüssel zurück, und vermahnte sie nochmals
zur Treue gegen Kaiser Rudolphen. Hierauf
kam

kam er mit 700 Pferden in die Stadt, verließ sie aber nach dem Mittagmahl wieder und begab sich in sein Lager bei Schellenberg, woselbst er zwei Tage verblieb.

Den 16ten Sept. erhielt der Rath vom Grosvezier Briefe, darinn ihnen die äusserste Ungnade des Kaisers und Verwüstung ihrer Stadt gedrohet wurde, worauf sie aber ziemlich trozig antworteten. Bald hierauf empfiengen sie auch vom Beletesch Bascha und Georg Barbely Nachricht, daß schon eine grosse Menge von Türken und Tatarn bei Deva angekommen wären; allein, wie sehr befremdete es sie, daß Fürst Sigismund von ihnen 1000 Trabanten und 60000 Gulden in sein Lager verlangte. Dieses war ihnen ein Vorspiel, was sie bei seiner Parthei zu erwarten haben würden. Dieserwegen würdigten sie ihn nicht einmal einer Antwort.

Den 18ten September Morgens um vier Uhr marschirte Fürst Sigismund mit seinen Kriegsvölkern bei Hermannstadt vorbei, welchem Moses Szekel mit 4000 Mann folgte, bei Omlasch vereinigten sich die Türken mit ihm, worauf er sich bei Mühlenbach lagerte. Indessen begab sich Stephan Csaki abermals in die Moldau um Hülfsvölker von dem Waywoden Jeremias, zu erhalten. Allein dieser entschuldigte sich, daß er sie selbst zur Beschü-

zung seines Landes nöthig habe. Worauf sich
Csaki genöhigt sahe, allerlei Lumpenvolk zu
sammeln, mit welchen er sich bei Tartelau lagerte, und den Hermannstädtern ganz stolz
zuschrieb: Er habe den Bruder des Tatar
Chans mit einem grossen Heer bei sich; sie
sollten also nicht zaudern, sich zur Erhaltung
ihrer Stadt und Dörfer, Fürst Sigismunden
zu ergeben. Im gegenseitigen Falle würde
er alles mit Feuer und Schwerd verheren,
und ihre Stadt den Barbaren zur Beute
überlassen. — Als er hierauf keine Antwort
erhielt, schrieb er von Kronstadt den 3. October abermals: Sie sollten sich dem Fürsten ergeben, damit sie nicht den Untergang ihrer
Stadt, und die Wegführung ihrer Weiber
und Kinder mit Augen sehen möchten; denn
schon mehr als 60000 Türken, Tatarn und
andere Nationen, wären in das Land kommen, welcher Macht niemand widerstehen könnte. Versprach auch den Hermanstädtern Schuz-
briefe und ruhigen Genus ihrer Freiheiten.

Es war also bei der Sächsischen Universität, die sich wie gewöhnlich zu Anfang des
Wintermonds zu Hermannstadt versammlete,
nicht die geringste Berathschlagung, wie sich
doch die Nation bei diesen gefährlichen Zeit-
läuften verhalten solle? besonders da die
Kronstädter die Sigismundische Parthei hielten. Endlich beschlossen sie ihrem einmal ge-
leiste-

leisteten Eid treu zu verbleiben. Da nun abermals Briefe ankamen, worinn Csaki von dem Hermannstädtischen Rath, eine entscheidende Antwort verlangte: ob sie Sigismunden huldigen wollten, oder nicht? Er wäre schon bereitet, die benachbarten Dörfer mit Feuer und Schwerd zu verwüsten: so antwortete ihm der Rath: solches könnten sie mit gutem Gewissen nicht thun, er möchte machen, was er wolle. — Auch diese Antwort befriedigte ihn so wenig, daß er sie durch den Medwischer Bürgermeister, Georg Eseh, zu andern Gesinnungen zu bewegen suchte. Dieser wollte sie mit einer fürchterlichen Menge von Tatarn an der Moldauischen Gränze schreken; allein die Hermannstädter blieben unbeweglich, weil sie wohl wusten, daß Csaki viel zu schwach sei, einen Ort, wie Hermannstadt, zu belagern. Selbst Fürst Sigismund war bei seinen Forderungen an die Hermannstädter sehr unglücklich. Als er Klausenburg belagerte, verlangte er durch Johann Szentpali, von den Bürgern 2 grosse Kanonen, 60 Tonnen Pulver, Geld, und Proviant, allein vergebens, sie hielten den Szentpali auf, und bewirtheten ihn so gut, daß er selbst nicht mehr zurück zu kehren verlangte.

Endlich kam Csaki selbst nach Hammersdorf bei Hermannstadt, und lies den Rath zu sich beruffen, um wegen des Friedens mit ihnen

ihnen zu handeln, damit sie nicht allein von
der ganzen Nation ausgeschlossen blieben. Denn
Sigismund war schon im Besitz von Mediasch,
Schäßburg und den übrigen Sächsischen Stühlen. Man beschloß hierauf den Csaki selbst
nach Hermannstadt einzuladen, um sich mündlich mit ihm unterreden zu können. Er aber
voller Mistrauen, schlug es aus, und berief den
Rath auf den Abend um sieben Uhr, vor das
Elisabeththor heraus. Da unterredete er sich
mit ihnen von Erhaltung des bedrängten Vaterlandes, und meinte, wann nur die Hermannstädter die Oesterreichische Partei verlies-
sen, so würde alles gut werden. Allein er pre-
digte tauben Ohren, deswegen verließ er sie
mit größtem Unwillen, und begab sich nach Salzburg. Von da schrieb er den 10ten Decemb.
dem Rath in sehr harten Ausdrücken, drohte
ihnen das äusserste Verderben, schrieb ihnen
allein den Untergang des Vaterlandes zu, vermahnte sie nochmals Sigismunden als ihren
natürlichen Fürsten anzunehmen, und erklärte
sich feierlich, wofern sich die Hermannstädter
einigem Ungemach ausgesetzet sähen, sollte es
nicht ihm zu geschrieben werden, als der ihr
Bestes von Herzen suche. —

Die abgeschickten Bürgermeister von
Schäßburg und Medwisch thaten auch alles, die
Hermannstädter dazu zu bewegen. Sie er-
jählten ihnen die schrecklichen Drohworte der
Ungarn,

Ungarn, daß sie die Widerspänstigkeit der Hermannstädter noch ärger züchtigen wollten, als die unglücklichen Schäsburger und Mediaischer, und baten sie also, nicht durch fernern Widerstand die ganze Sächsische Nation ins Verderben zu stürzen. Hierauf ertheilte ihnen der Rath den 17. Dezember im Namen der Hundertmannschaft und daselbst befindlichen Geistlichkeit die merkwürdige Antwort: „Wann wir durch unsern Abfall von den Deut„schen die ganze Sächsische Nation von dem „Joch der Dienstbarkeit und Grausamkeit der „Kriegsleute befreien könnten; so wollten „wir es von Herzen gern thun: allein, da „uns der geleistete Eidschwur, und die be„trüglichen Ränke des Adels, mit welchen sie „uns zu berüken suchen, im Wege stehen; so „können wir um andrer Willen unsere Ge„wissen nicht beschwern, sondern wollen viel„mehr unsern den Deutschen geleisteten Eid, „bis auf den lezten Hauch unsres Lebens un„verlezt halten. Doch wollen wir Fleis anwen„den, den unterdrükten Sachsen zu helfen, und „Fürst Sigismunden durch Bitten und Briefe „zu bewegen suchen, doch nicht den gänzlichen „Untergang der Sächsischen Nation zu zu lassen." — Sie erfüllten auch ihre Zusage, und schrieben den 24ten Dec. an den Fürsten nach Deva, der den 30sten darauf ihren Boten mit Schreiben zurück sandte, doch unter der Bedingung zu erst mit dem Csaki zu reden. Dieser ker aber behielt Brief und Bothen bis den 8ten Januar 1702 bei sich, weil der Fürst befohlen, daß niemand die Hermannstädter verhindern sollte, so oft sie zu ihm kommen wollten. Diese Freiheit aber wollte ihnen Csaki nicht eher erlauben, ehe sie nicht Sigismunden gehuldigt hätten.

Unterdessen schickte er den Stephan Ovari und Johann Coloschwari, nach Hermannstadt, welche den 1sten Januar 1602 ankamen, sich aber fürchteten, in die Stadt zu reiten, weil sie einige benachbarte Dörfer abgebrennt gefunden. Sie liessen also durch einen Stadtdiener dem Rath melden: daß sie kommen wären, mit ihnen im Namen des Fürsten Sigismund zu handeln. Der Rath, der die erhizten Gemüther der Bürger und des gemeinen Volks wohl wuste, schickte sogleich einen Rathsherrn ab, sie sicher in die Stadt zu bringen. Diese überreichten dem Rath ein Schreiben, worinn Csaki mit einem Eid betheurte, daß er gar nicht willens sei, den Hermannstädtern zu schaden, sondern ganz Siebenbürgen zur Ruhe zu bringen, damit jede Nation künftighin ihrer Freiheiten geniessen könne. — Der Rath antwortete: Auch ihnen würde nichts lieber und angenehmer seyn, als wenn ihr bedrängtes Vaterland in seinen vorigen Stand gesezt würde. Die Landesherrn möchten nur ihre Pflicht erfüllen und ein Mittel

tel zu diesem heilsamen Zweke erfinden. Damit aber niemand meine, als schlief hiebei allein die Sächsische Nation, so hätten sie von ihrer Seite einen Plan entworfen, wann solcher Beifall fände, könnte ganz Siebenbürgen geholfen werden. — Erfreut über diesen Entschluß der Hermannstädter, sandten die Abgeordneten sogleich einen Boten zum Esaki nach Medwisch: er möchte eilends nach Hermannstadt kommen, die Gemüther der Bürger wären zur Uebergabe geneigt. Demetrius Nagy, der mit einigen Truppen zu Stolzenburg lag, glaubte diese Bereitwilligkeit mit ernstlichern Gründen unterstützen zu müssen, und ließ seine Völker in die benachbarten Dörfer streifen, welche den unglücklichen Bauern viele Pferde, Ochsen, Kühe und Schweine wegtreiben. Welches aber auf die Herzen der Hermannstädter eine ganz entgegengesezte Wirkung hatte.

Den zweiten Jänner, war Esaki schon zu Stolzenburg, und verlangte durch Briefe von den Hermannstädtern; auf den folgenden Tag zwölf Rathsgeschworne mit hinlänglicher Vollmacht, nach Hamersdorf abzuschiken. — Man rathschlagt darüber auf dem Rathshause, und wird beschlossen, Esaki sollte selbst nebst Zehn Personen in die Stadt kommen, und seine Vorschläge bekannt machen; denn es sei niemals, so gar in Friedenszeiten, gebräuchlich

lich gewesen, den ganzen Rath aus der Stadt zu lassen, vielweniger in Kriegesläuften, wo alles verdächtig wäre, und leicht ein Betrug mit unterlauffen könne. Allein Esaki dachte auch so, er befürchtete, wenn er in die Stadt käme, würde er gefangen, und den Deutschen ausgeliefert werden. Er entschuldigte sich also mit vieler Höflichkeit: er wäre Persona regia und es würde seinem Charakter entgegen seyn, wenn er selbst hin käme. Zugleich überschikte er ihnen einen Versicherungsbrief, daß ihre Abgeordneten von seinen Soldaten nichts zu befürchten haben sollten, und er würde alle Sorge tragen, daß sie unbeleidigt wieder zurück kehrten.

(Die Fortsetzung folgt künftig.)

IV.

IV.

Etwas über das Schwefelbad bei Baassen, unweit Medi‑asch, oder das sogenannte brennende Wasser.

Dieses merkwürdige mineralische Wasser, dessen selbst ausländische berühmte Schriftsteller, z. B. Graf Marsigli im 3. Band der Geschichte der Donau und Sulkov in seiner Naturlehre gedenken, ist, wenigstens seiner brennbaren Eigenschaft nach, erst in der letzten Hälfte des vorigen Jahrhunderts entdeckt worden, durch Viehhirten, die in der Nähe dieser Quellen Feuer machten, wodurch das Wasser entzündet wurde. Seivert rückt in seinen Nachrichten von Siebenbürgischen Gelehrten Seite 100 ein teutsches Gedicht des ehmaligen berühmten Comes der Sächsischen Nation Valentin von Frankenstein über gedachtes Bad ein, in welchem dieser behauptet: es sei im Jahr 1672 entdeckt worden.

Die nachstehende Beschreibung verdanken wir dem verstorbenen sächsischen Pfarrer in dem genannten Dorfe Baaſſen, Herrn **Andreas Caspari**, einem Manne der freilich in der Chemie, als in einem ihm fremden Fache, keine gelehrten Kenntniſſe beſaß, folglich blos das berichten konnte, was er durch den Augenſchein und langjährige Beobachtungen erfuhr; Vielleicht veranlaßt indeſſen dieſe kurze aber treue Beſchreibung eines Laien in der Natur- und Heilkunde irgend einen unſrer gelehrten Aerzte, eine wiſſenſchaftliche Abhandlung über dieſes wichtige und berühmte Bad anzuſetzen. Zwar hat der unlängſt verſtorbene Kronſtädtiſche Arzt, D. **Wagner** in ſeiner Inaugural Diſſertation, *de aquis medicatis Transſilvaniæ* uns eine chemiſche Unterſuchung dieſes Waſſers geliefert; aber er ſtellte ſeine Verſuche noch als Jüngling und zwar in dem weit entlegenen Wien an, wohin ihm das Waſſer in Flaſchen zugeſchickt werden mußte. Möchte es doch dem, ganz in der Nähe, in Mediaſch wohnenden groſſen und gelehrten Arzte nicht an Zeit und Muſſe fehlen, an der Quelle ſelbſt Unterſuchungen anzuſtellen, und ſie zum Beſten der gelehrten Welt und des Vaterlandes in dieſer Quartalſchrift mitzutheilen! — Was unſer Verfaſſer davon ſagt, beſteht in Folgendem:

I. Natur

1. **Natur und Beschaffenheit der Quellen.** Es giebt deren hauptsächlich drei.

Die erste, das **Kirchenbad** genannt, quillt zu oberst in einem Thale, am Fuß der gegen Morgen liegenden alten Weinberge. Das Wasser ist sehr trübe und dicklicht; kocht und sprudelt beständig; ist aber übrigens so kalt, als anderes ordentliches Quellwasser. Der Brunn läuft niemals über, fließt auch sonst nirgends ab; ob das Wasser gleich beständig quillt und kocht. Hält man brennendes Stroh hinzu, so lodert er sogleich in hellen, blauen Flammen auf, wie z. B. angezündeter Brandwein. Oft hat das Wasser über 4 Stunden in einem weg gebrannt. Die neben dem Brunnen befindliche Lette brennt eben so stark, wo nicht stärker, als das Wasser selbst. Doch dies Experiment kann man beides am Wasser und an der Lette nur bei ganz troknem und warmen Wetter machen; im Regen und Winter nicht. In einem Gefässe brennt dies Wasser durchaus nicht; sondern einzig in der Quelle. Uebrigens ist dies Kirchenbad stets für das wirksamste befunden worden.

Die zweite Hauptquelle, das **Bettlerbad** genannt, sprudelt in dem nämlichen Thale, etwas herunterwärts, dem Dorfe zu. Diese Quelle, die gleich der ersten, mit der Oberfläche des Bodens horizontal liegt, hat auch keinen Abfluß. Ihr Wasser ist viel klärer, als das erstbeschriebene. Es brennt, wenn es angezündet wird, ebenfalls und fast noch stärker als das vorige. — Noch ist anzumerken, daß neben dieser 2ten Hauptquelle, so wie auch neben der ersten, noch sehr viele kleine Quellchen herumsprudeln, die denn in ihren gemeinschaftlichen grossen Brunn zusammen fliessen. Ueberhaupt quillt in diesem ganzen Bezirk sogleich Wasser hervor, wenn man nur mit einem Stecken irgend ein Loch in die Erde macht.

Die dritte Hauptquelle, genannt der Sauerbrunnen liegt etwa 200 Schritte noch mehr abwärts, dem Dorfe zu. Ist eigentlich kein Brunn wie die beiden vorigen; sondern eine Quelle, die aus einem fast zirkelrunden, gespaltenen Felsen heraus und in einem kleinen Bächelchen fortfließt. Dieses Wasser brennet nicht; man pflegt sich auch desselben nicht in Krankheiten zu bedienen. Es ist übrigens sehr klar; aber nicht trinkbar; es soll erbrechen oder laxiren bewirken.

II. Der medizinische Nuzen dieses Wassers und besonders der sogenannten Hauptquelle oder des Kirchenbades. — Der Verfasser unternimmt es nicht, alle Krankheiten zu nennen, die durch den Gebrauch dieses Bades sind geheilet worden; sondern bleibt blos bei

denen

denen stehen, wovon er Augenzeuge ist, daß
sie gehoben worden sind, und erbietet sich so=
gar alle Personen mit Namen zu nennen, die
dem Gebrauch dieses Bades ihre Herstel=
lung zu danken haben. — demzufolge hat denn
dieses mineralische Wasser, als Bad gebraucht
(denn zu trinken pflegt man es nicht), fol=
gende Krankheiten glücklich geheilet:

1. Dikgeschwollene, verhärtet und inflamiete
Füsse, ohne Wunden.

2. Ebendergleichen Füsse mit Wunden. Be=
sonders erinnert sich der Verfasser eines Pa=
tienten, der binnen 6 Wochen, eine alte,
vieljährige, schon brandigte Wunde durch
dieses Bad heilte.

3. Rheumatische Schmerzen in Gliedern, auch
wohl gar im Leibe. — Die kalte Gicht
hingegen hat gar nicht nachgegeben; son=
dern ist noch übler geworden.

4. Der allzustarke und zu anhaltende Fluxus
fem. menstrualis.

5. Zusammengezogene Flächsen an Beinen sind
erweicht worden; so daß der lahme Pati=
ent vollkommen grade und bequem hat ge=
hen können.

6. Eine

6. Eine vom Schlag gelähmte Hand und ein dergleichen Fuß ist etwas besser worden.

7. Die Kräze ist an sehr vielen Personen vollkommen geheilet worden.

8. Ein grosses Geschwür am Haupte ist durch baden und aufschmieren der Lette kurirt worden.

9. Zahnschmerzen. Ferner

10. Soll dieses Bad, wie der Verf. aber nur gehört, und nicht selbst erfahren hat, gute Wirkung gethan haben in kalten Fiebern, wenn sich der Patient vor und in dem Paroxismus ins Bad gesezt habe. So auch bei Augenflüssen, Ohrensausen, ꝛc.

Ueberhaupt wird bemerkt, daß dies Bad Personen von unreinem und storbutischen Geblüt sehr nüzlich gewesen. Und wenn auch gleich die vollkommene Heilung währender Badezeit nicht erfolget sei, so habe sich doch bei vielen, nach 3 bis 6 Monaten die gute Wirkung geäussert. — Hagern und dürren Personen aber sei dieses Wasser nicht zuträglich; weil es eine austrocknende Kraft habe. Endlich

III. Gedenket der Verf. zum Behuf derer, die sich des Bades bedienen wollen, der

Art

Art, wie man es am füglichsten brauchen könne; da, leider, weder hier, noch sonst irgendswo im Lande, so viel der Herausgeber weiß, solche Badhäuser befindlich sind, als im Auslande.

Gewöhnlich wird also dieses Bad in grossen Wannen, nahe bei den Quellen gebraucht; wo sich die Patienten in diesem höchstangenehmen und reizenden Thale, nahe an einem Eichen- und Buchenwald, Zelten aufgeschlagen, oder hölzerne Baraquen und Laubhütten verfertigen lassen. Manche lassen sich das Wasser in zugespündeten Fässern in das, nur eine viertel Stunde weit abgelegene Dorf Baassen bringen und brauchen es auch da mit Nutzen und zwar so, daß ein Theil dieses Wassers heiß gemacht und zu dem grössern Theile kalten Wassers in die Badwanne geschüttet wird, um es milchwarm zu machen. Zu warm indessen verursacht es Kopfweh und andre schädliche Folgen. Das Bad wird, nach nach Bedürfniß, zwei bis dreimal des Tages gebraucht. Unmittelbar nach dem Bade, welches eine halbe, bis ganze Stunde gedauert, legt sich der Patient zu Bette, um den, im Bade angefangenen Schweiß gehörig abzuwarten. Dann aber zieht er sich beim Aufstehn, was sich wohl von selbst versteht, warm an; um sich vor schädlichen Erkältungen zu verwahren. — Auch pflegen einige nur den beschädigschädigten Theil des Leibes mit gutem Erfolge zu baden.

Für ärmere Patienten werden auch nur, nahe bei der Quelle, Gruben in die Erde gemacht, mit Waſſer gefüllt und dann, um das Bad etwas zu erwärmen, glühendgemachte Steine hineingeworfen.

Endlich wird noch vom Verf. angemerkt, daß auf beschädigte Glieder oder Wunden die Lette des Kirchenbades, oder auch die ſchwarze, ſchweflichte Erde unterhalb dem Felſen bei dem vorgedachten Sauerbrunnen aufgelegt werde. Und wenn dann dieſer Umſchlag auf dem beſchädigten Theile bald troknet: ſo ſei es eine glückliche Vorbedeutung, von bald zu erfolgender Beſſerung.

V.

V.

Vaterländische Anzeigen.

1. Literatur.

a Recensionen.

Imago inclytæ in Transsilvania Nationis Siculicæ historico-politica, auctore Iosepho Benkö. 8. Cibinii & Claudiopoli, typis Martini Hochmeister 1791. S. 88. 24 kr.

Ehe noch die jüngst versprochene Schrift Politica Trinitas Transsilvanica (Quartalschrift Jahrg. 2. Heft 1. S. 91.) erschienen ist, liefert der fleißige Herr Benkö gegenwärtige historisch-politische Schilderung der Sekler, eigentlich einen bloßen Auszug von dem, was er bereits in seiner Transsilvania und Milkovia von dieser Nation weitläuftiger gesagt hat. Dieser Umstand machte, daß wir uns bei dieser wiederholten Bearbeitung des nämlichen Gegenstandes etwas Vollendetes versprachen.

Folgende Erinnerungen mögen beweisen, wie weit unsere Erwartung sei befriediget worden.

§. 1. Tres sunt Nationes, quæ jure Civitatis gaudent, nempe Hungarica & Siculica *Originaria œ bareditaria*, nec non Saxonica ab antiquo *legetenus* inter Status recepta. Wir müssen bekennen, daß uns diese Stelle ausserordentlich befremdet hat. Eine so gesuchte Unterscheidung unter den drei Nationen mußte in dem Munde des Verfassers, der sich sonst über den nämlichen Gegenstand ganz anders ausgedrücket hatte, außerordentlich fremd klingen, und wir mußten dabei auf besondere Vermuthungen verfallen. Die Stelle mag indessen entweder vom Verfasser selbst so geschrieben worden, oder ein **fremdes Einschiebsel** seyn, so wünschten wir zur Erläuterung folgende Fragen beantwortet zu wissen. 1. Wer bürgt dafür, daß die Nationen der Hungarn und Sekler in Siebenbürgen entsprungen und daher originariæ nationes Siebenbürgens sind? Unseres Wissens sind sie es nicht mehr und nicht weniger als die Spanier von Amerika. 2. Wie es zu verstehen sei, daß eine Nation vom Ursprunge an im Besitze eines Landes gewesen sei, und doch dasselbe auch ererbert habe? (hæreditariæ) 3. Was das Wort legetenus für einen Sinn habe? Im Noltenius oder einem andern lexico antibarbaro wird man dieses Wort kaum finden, und ein Römer würde

würde nach der Analogie der Sprache verstehen: **bis an das Geſetz** ſo wie Collotenus **bis an den Hals.** Daß man ſich bei dieſer Stelle geplaget habe, ſie recht zu verſchrauben, iſt dies wohl ein hinreichender Beweis, daß man ſeine Zuflucht zu einem neugemachten oder wenigſtens nur bei derlei Leuten üblichen Worte nehmen mußte, von denen Schriftſteller ihre Latinität nicht zu holen pflegen. Es ſoll alſo vermuthlich heiſſen; Die Sächſiſche Nation ſei durch ein Geſetz zu einem Landesſtand angenommen worden. Wir könnten wohl fragen, wenn es auch nur um Aufklärung der Geſchichte wäre, durch welches? In der älteſten Unionsurkunde ſtehet das nicht, da heißt es: prædictos Nobiles ac Saxones & Siculos talem fraternam diſpoſuimus Unionem, (1437) und eben ſo in der Unionsurkunde vom nächſt folgenden Jahre. Ferner im 6ten Landtagsartikel von 1744. heißen alle drei Nationen receptæ. Welchen Geiſt verrathen alſo dieſe neuen Schwänke?

§. 2. Die Unterſcheidung der Worte: Advena und Inquilinus iſt ſehr kleinlich, und ſelbſt nach Iſidors Definition ließ ſichs noch behaupten, daß man die Walachen Inquilinos und nicht Advenas heiſſen müſſe.

§. 6 lit. a Recenſent erinnert ſich ſelbſt einmal die lächerliche Caprize gehabt zu haben, eine Aehnlichkeit zwischen der hungarischen und hebräischen Sprache zu finden: aber in einer kleinen Schrift über die Sekler hätt' er die hebräische Etymologie des Wortes Hunnus nie gesucht.

S. 6. lit. b. In einer Schrift von sechsthalb Bogen müssen Ausschweifungen, wie diese von dem Namen der Avaren, und dann eine andere durch zwölf Seiten, folglich fast den siebenten Theil der ganzen Schrift ausgedehnte Ausschweifung von den Augen, den Haaren, der Nase, der Gesichtsfarbe, der Wohnung, Kost, Kleidung, dem Nasenbluten des Königs Attila und von den eilf tausend Jungfrauen einen Leser von Geschmack sehr befremden; besonders wenn er sieht, daß der Verfasser dort, wo es eigentlich um seinen vorgefaßten Gegenstand zu thun war, sich äusserst kurz faßt, und zur Entschuldigung angustas opusculi paginas (S. 55.) und Mangel an Platz und Zeit (S. 64) anführt.

S. 14 15 Glaubet man dem Jornandes, daß Attila einen **stolzen unstäten Blick** gehabt habe, so ist es nicht abzusehen, weswegen man ihn für einen Lügner halten müsse, wenn er erzählet: dieser König habe **kleine Augen** gehabt.

S. 26.

S. 26 Hanc Siculorum originem codex quoque legum, quem Reges jurata fide obſervare obligantur, manifeſtiſſime probat. Was ſoll denn dieſer Eid der Könige dabei? Soll er ein Beweis der eingeſchallteten Erzählungen ſeyn? Das Tripartitum iſt doch kein ſymboliſches Buch, deſſen Dogmen man beſchwörte.

S. 26 u. f. Wider das, was der Verfaſſer vom Urſprunge der Sekler ſagt, ließ ſich ſo manche Erinnerung anbringen: aber wer dürfte ſich wohl noch vermeſſen, auch nur den geringſten Zweifel zu äußern, da der Verfaſſer ſeinen Widerſacher im Tone eines Generalinquiſitors mit unvermeidlicher Fiſkalaktion bedrohet: Turbator ergo Legis, Regis & Regni, atque contemtor Privilegiorum regiorum (ein Privilegium über den Urſprung!!) ſit oportet, qui poſthabitis eorum *oraculis* ſincerisque Hiſtoricorum Domeſticorum (wenn ſie gleich um tauſend Jahre ſpäter gelebt hatten, wie Thuroz und Olahus) teſtimoniis Spuria (z. B. wenn man ſie mit Pray von den Petſchänegen abſtammen läßt) Siculis incunabula fabricaverit.

S. 38. Was der Verfaſſer hier von den Walachen und von Swentibald in einem ſo entſcheidenden Tone ſpricht, gehört wohl nicht unter die hiſtoriſchen Dogmen, die Recenſent auf das Anſehen des ungenannten Schreibers von Bela blindlings zu beſchwören Luſt
hätte:

hätte: (S. Pray Differt. VII.) allein das, sind hier nur Nebendinge.

S. 50. Die Beibehaltung der fehlerhaften Schreibart in einer solchen Urkunde ist doch nur eine gelehrte Kaprize. Welcher streitige Punkt der Geschichte soll wohl dadurch aufgeklärt werden, daß der Schreiber eines Königs preterea statt praeterea. geschrieben hat.

S. 53. Natio Siculorum terra quam incolis, *effuso largo sanguine* adquisitam &c. Der Verfasser hat von seiner Nation den Vorwurf nicht zu befürchten, daß er es bei seiner Erzählung von derselben an Bestreben nach Magnifizenz habe fehlen lassen. Aus der Geschichte des Magister Thuroz, seiner Hauptquelle, welcher erzählt, daß drei tausend Hunnen, die Stammväter der Sekler, aus Furcht vor andern Nationen sich unter einem fremden Namen an der Gränze Pannoniens unbemerkt niedergelassen haben, (Vergl. S. 27) konnte man eine so prachtvolle Behauptung wirklich nur mit Mühe heraus bringen.

Und nun sollten noch einige Erinnerungen über den Ausdruck folgen. Auch hatten wir, ohne eben darauf ausgegangen zu seyn, ein paar Dutzend Stellen gefunden, die ein rüst'ger Orbilius nicht ungestraft würde gelassen haben, z. B. Bellum committunt statt
proeli-

pralium, (S. 3) *Horendiſſimi* Hunni (S. 15.) *Fiebant* und *Gaudebant* ſtatt *facto fuerunt*, und *gaviſi ſint* (S. 50.) *Tributi* obnoxios (S. 77.) u. ſ. w. Allein dies ſind Kleinigkeiten, und vielleicht Druckfehler.

Ubrigens muß man dem Herrn Verfaſſer für die Bekantmachnng einiger noch nicht gedruckten Urkunden, meiſtens Landtagsſchlüſſe Dank wiſſen. Obgleich Recenſent auch in dieſer Rückſicht eine der Sekler Nation ſehr glorreiche Urkunde vom König Ladislaus 1289 vermißt, welche zur Berichtigung eines gewöhnlichen hiſtoriſchen Irthums in der Geſchichte der Sekler würde gedienet haben. Die Mittheilung dieſer Urkunde würde mehr wahren Glanz über die Nation der Sekler verbreiten, als ſo manche hyperboliſche Phraſe.

* * *

Offenbach, bei Weiß und Brede. Hier iſt neulich heraus gekommen: *Martini Lange*, Medic. Doct. Comitatus Háromſzékienſis Phyſici, Acad. Naturæ Curioſorum Leopoldinæ membri-Rudimenta doctrinæ de Peſte, quibus additæ ſunt obſervationes peſtis Transſilvaniæ 1786. Edito altera, priori auctior & emendat. 1791. — Hauptſächlich hat ſich der berühmte Herr Verf. aus überzeugenden Gründen in dieser Schrift bemüht, freimüthig zu zeigen, daß die Kontumaz an den Gränzen gegen das türkische Gebiet nicht immer das Mittel sei, die Pest von den oesterreichischen Erblanden abzuhalten, als man bisher geglaubt habe und daß diese Sanitäts=Anstalt meistentheils zu einem bösen Kunstgrif geldgieriger Kaufleute und bestechlicher Kontumaz=Direktoren gemißbraucht werde. Uebrigens wird angemerkt, daß, obgleich die Pest wirklich anstekend ist, sie doch nicht zu allen Zeiten so anstekend sei, wie z. B. die Kräze und daß dabei sehr vieles auf die Disposition der Luft ankomme; ohne sie stecke der Pestzunder nie an, ohne sie werde sie nie epidemisch. Aber deswegen könne man die Pest nicht als eine bloß epidemische Krankheit, wie die faule Fieber ansehen, wie einige neuere Schriftsteller dafür halten.

Beigefügt sind noch die vorzüglichsten Wahrnehmungen der Pest von 1786. Vier an der Pest gestorbene Menschen wurden damals geöfnet und was an ihnen widernatürliches gefunden worden, ist sorgfältig angeführt. Ausserdem ist in dem Werkchen die Pest in ihre verschiedene Klassen eingetheilt und darnach die wahre Kurart bestimmt worden. Neuangestellte glückliche Versuche des Herrn Verfassers bestättigen es, daß die Blätter der belladonna eins der kräftigsten Mittel wider
dieses

dieses grosse Uebel sei. Zuletzt wird durch Wahrnehmungen erwiesen, daß das Vieh von Menschen keine Pest bekomme. Ueberhaupt ist in dieser interessanten Schrift, in der Kürze alles gesagt, was von diesem wichtigen Gegenstande zur Zeit bekannt ist. — Wir wissen übrigens von guter Hand, daß der Herr Verf. eine ausführliche Geschichte der Siebenbürgischen Pest vom J. 1786 aufgesetzt habe. Möchte es ihm doch gefallen, dieselbe durch den Druk dem Publikum baldigst mitzutheilen! (*)

Siebenbürgens Fürsten, eine statistische Zeitschrift von Michael Lebrecht. Erster Theil 8. Hermannstadt bei Martin Hochmeister. 1791.

Der Verfasser, der sich bereits durch einen Versuch der Erdbeschreibung Siebenbürgens

Siebenb. Quart. II. Jahrg. 2.   P   dem

(*) Der gelehrte und als praktische Arzt rühmlichst bekannte Protomedikus Hr. Dr. Neustädter zu Hermannstadt dessen Obsorge alle jene Pestkranke im Jahr 1786 anvertraut waren, arbeitet gleichfals an einer ausführlichen Geschichtserzählung jener Siebenbürgischen Pestepoche. Es würde also wahrer Gewinn für die clinische Literatur, sein, die Meinungen zweier verdienter Gelehrten über einen so wichtigen Gegenstand mit einander vergleichen zu können.

                        A. D. H.

dem literärischen Publikum bekannt gemacht, tritt hier aufs neue als Geschichtschreiber seines Vaterlandes auf, ohne jedoch andern verdienten Männern, und vorzüglich dem gelehrten Herrn von Windisch den Rang ablaufen zu wollen. Er gesteht es selbst daß sein Unternehmen, die ältere Geschichte seines Vaterlandes historisch zu entwickeln nicht nur äusserst mühsam, sondern auch bei der Unsicherheit der wenigen historischen Fragmente der Vorzeit etwas gewagt sei, indeß rechnet er auch auf die Nachsicht seiner Leser, denen er in dieser Schrift kein vollendetes Werk sondern nur Skizzen (künftigen Schriftstellern zur Verbesserung und Vollendung überlassen) zu liefern gesonnen war.

Aus diesem Gesichtspunkte betrachtet haben diese Biographien in den Augen der gnugsamen Leser immer ihren entschiedenen Werth wenn sie gleich die Prätensionen des Forschers nicht gänzlich befriedigen, der hier oft historische Unrichtigkeiten, dem Siebenbürgischen Würgengel treulich nachgeschrieben antrifft, auch in gewissen Geschichtsdarstellungen auf Stellen stößt wo sich der Cicero pro domo sua nur zu merklich auszeichnet; doch aller dieser gerechten Einwendungen ohngeachtet, verdient der Verfasser nicht allein den Dank seiner Zeitgenossen, sondern auch Aufmunterung und Unterstützung, um auf einer Laufbahn fortzufahren

ren wo sich ihm zwar Tadler, aber bis jetzt noch keine Verbesserer entgegen stellten. Um indessen für die Zukunft wenigstens, jeden Stein des Anstoßes aus dem Wege zu räumen wünschten wir daß der Verfasser seiner Sprache mehr Präcission, seinem Periodenbau mehr Rundung und überhaupt seinem ganzen Vortrage mehr Leben und Wärme mitzutheilen suchte, denn wenn sich gleich der Geschichtschreiber nie in die aethärischen Regionen des Dichters und Redners versteigen darf, so muß er sich doch auch gegentheils bemühen den gar zu trivialen Erzählungston zu vermeiden.

Nach dieser vorausgeschickten Bemerkung sey es uns noch erlaubt zur bessern Uebersicht des Ganzen, den Inhalt dieser Schrift die eigentlich Heftweise erschien, aber nur Theilweise in auswärtige Buchhandlungen kommt näher anzuzeigen. Es enthält dieser erste Theil **Das Leben und die Thaten Johanns des I. der Königin Isabella und Johann Sigmund, die Fürstenfamilie Bathori von Schomlyo und die Geschichte des Moses Szekely v. Szamyenfalwa**, welche letztere nur ein Auszug aus dem bei Martin Hochmeister erschienenen großen Wolffgang Bethlenschen Wercke ist. —

b. Literarische Mißzellen.

Wien, bei Mößle: Das Recht des Eigenthums der sächsischen Nation in Siebenbürgen auf dem (den) ihr vor mehr als 600 Jahren von ungrischen Königen verliehenen Grund und Boden, in so weit selbiges, unbeschadet der oberherrschaftlichen Rechte des Landesfürsten, der Nation zusteht, aus diplomatischen Urkunden und Landesgesetzen erwiesen; und denen auf dem Landtag in Klausenburg versammelten Landesständen vorgelegt von den Repräsentanten der Nation, im Jahr 1791. kl. 8. S. 114. Nebst einem Kupfer, auf welchem emblematisch die Verdienste der Sächsischen Nation, um die Kultur Siebenbürgens vorgestellt werden. Kostet geheftet 36 kr.

Wir begnügen uns für diesmal dem wißbegierigen Publikum nur das Daseyn dieser wichtigen und gründlich abgefaßten Staatsschrift, wovon auch eine ungrische Uebersetzung bei Mühlsteffen allhier unter der Presse ist, bekannt zu machen, und behalten es uns vor, im nächsten Hefte, bis wohin auch ein Pendant zu dieser Schrift in Wien gedruckt werden wird, über beide Stücke unsre Bemerkungen mitzutheilen.

Die

Die Namen der studirenden Jünglinge auf dem Hermannstädter evangelischen Gymnasium, welche von Zeit zu Zeit bis jetzt, die für die besten lateinischen Abhandlungen festgesetzten Preise erhalten haben, (siehe 2ten Jahrg. 1stes Heft, S. 94) sind folgende:

Daniel Haier, aus Reps.
Friedrich Schech, aus Schäßburg.
Joseph Filtsch, aus Herrmannstadt.
Johann Arz, aus Hermannstadt.
Daniel Henrich, aus Bistriz.

e. Todesfälle.

Unser Vaterland hat vor wenig Wochen zwei sowohl dem Staate als der gelehrten Welt gleich nützliche Mitglieder verlohren, wovon der erstere ein Siebenbürger von Geburt, ausserhalb unsern Grenzen, der letzte aber ein Ausländer, in Siebenbürgen seine Tage verlebte. —

Ignatz Anton von Born Sr. k. k. Maj. wirkl. Hofrath bei der Hofkammer im Münz und Bergwesen, und Mitglied verschiedener gelehrten Gesellschaften, starb den 24. Julius d. J. zu Wien an den Folgen einer langwirigen Gicht im 49. Jahr seines Alters. Mit ihm verlieren die Wissenschaften überhaupt einen der aufrichtigsten Verehrer und Beförderer, die Naturkunde aber, und besonders die Metallurgie einen scharfsinnigen Beobachter der das Gebiet derselben durch wichtige Entdekungen erweitert hat. — Eine auswärtige Zeitschrift macht bei Gelegenheit der Anzeige seines Todes noch folgende Charakterzeichnung.

Sein Leben war eine Kette von Krankheiten, und sein Geist war bei alle dem so heiter, so thätig, so wohlwollend, als er selten in dem gesundesten Körper seyn mag. Er war ein Philosoph in Worten und Thaten; blieb sich immerhin gleich in Freude und Leid, fand alles nichtig und lächerlich, was er nicht, wie seine Metalle zergliedern konnte, wollte daher nichts glauben, was er sich nicht vordemonstriren konnte, und riß gerne jedes Lehrgebäude ein, ohne ein anderes aufbauen zu können.

Sein Feldzug gegen die Ordensgeistlichen, sein Streit mit dem Cardinal Migazzy, seine Scharmützel gegen den Pater Fast, haben uns manchmal belustigt, aber nicht erbauet, und es war mehr eine Zerstreuung, die er seinem Geist machen wollte, als die Folge eines bösen Herzens, das er nicht besaß. Er kämpfte mit Jesuiten, und Jesuiten waren seine innigsten Freunde; Er verwarf Alchimie, und widmete sich doch lebenslang derselben, warnte vor allen geheimen Wissenschaften, und lehrte die-

dieselben, hielt wenig auf Glauben- und Wunderkuren, und ließ sich doch bald von diesem bald von jenem Quacksalber verschreiben, und glaubte fest daran. Er hinterläßt einen grossen Ruhm in allen vier Welttheilen, wo er überall Freunde hatte, und unendliche Schulden, die aber alle getilgt werden können, weil der Contract mit dem Kaiserl. Hofe wegen der erfundenen Amalgamation noch besteht, und vom Kaiser Leopold getreu erfüllt werden wird. — —

Vielleicht sind wir im Stande in einem der nächsten Hefte von diesem unserm Landsmanne eine kleine biographische Skizze unsern Lesern mitzutheilen.

Im verfloßnen Augustmond starb nach einer kurzen Krankheit zu Pitest in der Walachei Franz Joseph Sulzer Rittmeister und Auditor des löbl. Savoischen Dragoner Regiments. Der Staat verliert an ihm einen thätigen und nützlichen Diener, und die gelehrte Welt in der er als Verfasser einer kritischen Geschichte des transalpinischen Daziens bekannt war ein schäzbares Mitglied. — Friede seiner Asche.

d. Nüq-

d. Nützliche Anstalt.

Das Evangelische Konsistorium zu Kronstadt, das sich durch so manche musterhafte Anstalten den Beifall der vernünftigen erwirbt, legt auf Veranlassung des weisen Verbots des verewigten Josephs, keine Leichen mehr in Kirchen zu beerdigen, als welches auch des jetztregierenden Kaisers Majestät bestätigt haben, vor der Stadt, am sogenannten Schloßberge, einen mit einer Ringmauer umgebenen, geschmakvollen Gottesaker an. — Nach gänzlicher Vollendung desselben, werden wir unsern Lesern denselben näher zu schildern, das Vergnügen haben.

2. Politik.

a. Friedensschluß.

Der weisen Mäßigung unsers grossen Leopolds haben wir es zu verdanken, daß am 4ten August dieses Jahres unter Vermittelung des Großbritanischen und Berliner Hofes wie auch der Generalstaaten, ein Separatfriede zwischen Oesterreich und der Ottomanischen Pforte zu Sistov geschlossen wurde, durch welchen die Pforte Alt Orsova, sammt dem Landesbezirk bis an die Czerna und einen Theil des Uunaer Distrikts mit Einbegriff von

von Zettin und Dreßnik dem k. k. Hofe abgetreten hat. Die Einwohner Siebenbürgens die drei Jahre hindurch des Krieges drückende Lasten fühlten, nehmen an dieser frohen Ereigniß den wärmsten Antheil und segnen ihren grossen Leopold der den bluttriefenden Lorber mit der friedlichen Palme vertauscht.

„Neu eroberte Länder sagte der berühmte Sülly zu seinem Könige, bringen gemeinhin die Frucht, daß sie die alten verschlingen„ sind die bezwungenen Provinzen sehr entvölkert, durch den Krieg erschöpft, oder von einem Volke bewohnt, welches ganz andre Sitten andre Gebräuche und Gesetze hat, so ist die Folge deren Sülly erwähnt, um so mehr zu befürchten. Anstatt für die alten Länder zu sorgen, in denen ebenfalls noch so manches zu verbessern, und noch so manche heilsame Anstalt zu treffen wäre, muß man einen grossen Theil ihrer Einkünfte und fast die meiste Sorgfalt auf die neuen Besitzungen verwenden. Oestreich ist ohnedieß durch seine dermalige Stärke mächtig und groß, und hat dieses in den neuern Zeiten nur zu deutlich und bis zur Eifersucht anderer Mächte beweisen. Genug der Krieg ist nun zu Ende, das heist, eine der grösten Plagen des menschlichen Geschlechts ist verschwunden. Der Krieg hat eine erzwungene Theurung in unsre Länder gebracht, welche leider so stark Wurzeln satzte, daß es schwer halten wird ihr so bald, als man wünscht zu steuern. Der Krieg hat die Herzen vieler Menschen verhärtet und Wucherer sind während dieser Zeit zu tausenden unter allen Classen von Menschen entstanden, weil Wuchertreiben die leichteste Beschäftigung ist. Alle diese drückende Uebel die der Krieg erzeugte, fühlte der grosse Menschenfreund Leopold, und es war ihm dahero kein Opfer zu theuer um seinen weitläuftigen Staaten den Frieden wieder zu geben.

b. Siebenbürgischer Landtag.

Am 9ten August d. J. wurde der seit dem 23ten Decemb. v. J. zu Klausenburg eröfnete Landtag unter den gewöhnlichen Feierlichkeiten geschlossen, nachdem die versammelten Stände noch kurz zuvor, durch den ordentlichen Weg der Candidation die Würde eines Siebenbürgischen Hofkanzlers, auf den inzwischen von Sr. Majestät dazu bestellten Hr. Grafen von Teleki durch die Mehrheit der Stimmen übertrüzen, worauf derselbe von Sr. Majestät durch ein Cabinetsschreiben vom 20ten desselben Monats in den gnädigsten Ausdrücken zum wirklichen Siebenbürgischen Hofkanzler ernannt wurde. — Sobald der Druck der Landtagsverhandlungen beendigt seyn wird, sollen die wichtigsten Gegenstände derselben Unsern Lesern mitgetheilt werden.

c. Ehren-

c. **Ehrenbezeugung.**

Sr. kaif. königl. Majestät haben allergnä-
digst geruhet dem bei dem königl. Siehen-
bürgischen Gubernio als Rath angestellten Hr.
Michael Soterius in Rückficht seiner
dem Vaterlande geleisteten Dienste das Prä-
dikat von Sachsenheim zu ertheilen.

---

3. Oekonomie.

Die diesjährige dem Ackerbau ausserordentlich günstige Witterung hat unsre Felder
so reichlich gesegnet, und unsre Fruchterndten
so glücklich vollenden lassen, daß wie uns seit
einer geraumen Zeit her nicht eines so ergiebigen Vorrathes entsinnen können. Gleiche Hofnung giebt das reifende türkische Korn (Kukuruz) und des Weinstocks traubenvolles Ge-
wächs. Wir können nicht umhin diese nicht
nur dem ärmern Theil unsrer Mitbrüder, sondern auch alle Einwohnern Siebenbürgens, so
willkommene Nachricht mit der frohen Bemerkung zu begleiten, daß nun endlich allen jenen,
denen unser grosse Leopold die Sorge für
das Wohl seiner Unterthanen in diesem Großfürstenthum anvertraute, die Mittel an die Hand
gegeben werden, der bisher fortdauernden Theurung und dem übertriebenen Kornwu-
cher

cher der Privatleute einhalt zu thun, und durch Einführung einer billigen Schäzung der Lebensbedürfniße, sowohl den gesunkenen Muth der einzelnen Glieder des Staats wieder zu beleben, als auch sich selbst den ehrenvollen Namen Väter des Vaterlandes zu erwerben.

Verbesserungen.

Im 1sten Heft, dieses zweiten Jahsganges ist
S. 100, Z. 5 statt Universität zu lesen Gymnasium.
— Z. 11 statt Geburtshülfe — Augen-Krankheiten.

Siebenbürgische Quartalschrift.

Zweiter Jahrgang
Drittes Quartal.

I.

Fortsezung der Provinzial Burgermeister zu Hermannstadt (S. II. Heft S. 206.)

Den 4ten Januar, beschloß also der versammelte Rath: den Grafen der Nation und Königsrichter zu Hermannstadt, Albert Huet, nebst zween Rathsherrn, Georg Enyeter und Daniel Mälmer, und den Hundertmännern, Vincentius Feiertag, Michael Medwischer und Andreas Jüngling, nach Hammersdorf abzuordnen. Sie überbrachten dem Csaki zugleich ihre im Namen der ganzen Nation abgefaßte Artikel, welche Csaki annahm, und mit seinen Rathsleuten untersuchte und prüfte.

te. Etliche billigten ſie, andere veränderten und erklärten ſie nach ihrem Gutdünken. Hierauf wurden ſie nach Hermannſtadt mit beigefügter ernſtlichen Bitte, geſchickt; die Bürger möchten doch Sigmunden für ihren natürlichen Fürſten erkennen, und ihm den Eid der Treue ablegen; beſonders da ſie wohl ſähen, daß die Deutſchen einer ſolchen Menge von Türken und Tatarn nicht widerſtehen, vielweniger die Hermannſtädter beſchützen könnten.

Unterdeſſen dieſe Artikel hin und her getragen wurden, ereignete ſich ein Zufall, der der ganzen Sache auf einmal eine andere Geſtalt gab, und die Hermannſtädter am Rande ihres Verderbens noch rettete. Ein berauſchter Ungar lies ſich verlauten: Ihr Hermannſtädter! werdet hinfort einen Grafen der Nation, aus dem ungriſchen Adel haben, ihr werdet gleich den Robben und Leibeigenen ſeyn, die dem Dienſtjoche unterworfen ſind. — Auch Stephan Ovari hatte aus Fülle des Herzens zu einem gewiſſen Hundertmann Matthias Birthälmer geſagt: Viele Türkiſche Kaiſer habe ich mit meinen ſchmeichelhaften Worten betrogen, es müſte ein Wunder ſeyn, daß ich izt einen Schneider (den Bürgermeiſter Enyeter) nicht betrügen könnte.

So

So kamen auch der Türkische Gesandte, der Anführer der Polaken, und die übrigen Hauptleute, und verlangten den Sold ihrer Knechte und Soldaten aus der Hermannstädtischen Rentkammer, wie ihnen Csaki versprochen, so bald sich die Bürger ergeben würden. — Als die Abgeordneten sahen, wie betrüglich man mit ihnen handele, widerriefen sie alles, was sie bewilligt hatten, und erklärten sich: lieber zu sterben, als die Stadt zu übergeben.

So wenig nun diese Anschläge Csaki gelungen; so wenig geschahe es mit einem andern. Die Hermannstädter hatten einen gewissen Martin Salzburger von Stolzenburg, zu dem kaiserlichen Feldherrn Basta, geschickt, um denselben um schleunige Hülfe zu ersuchen. Dieser wurde auf seiner Rückreise gefangen und dem Csaki ausgeliefert, der ihm endlich auf Bürgschaft frei ließ, aber zugleich beschwor, den Hermannstädtern folgende Nachricht zu überbringen: Basta habe den Klausenburgern, nachdem er die Bürger beraubt, die Stadtschlüssel zurück geschickt, und sei halb tod nach Wardein in die warme Bäder abgereißt. Ja ein Deutscher General sei tod nach Szatmar geführt worden, und viele meinten es wäre Basta selbst. Die Hermannstädter warteten also vergeblich auf seinen Beistand. — Wie Salzburger auf das Rathshaus kam, wollte er so lange von seinen Verrichtungen

nichts

nichts erzählen, bis ihm nicht der Rath ange=
lobe, ihn nicht wieder dem Esaki auszuliefern,
welches auch die Hundertmänner durchaus ha=
ben wollten, weil er sein Leben wegen der Bür=
ger in Gefahr gesetzt habe, es möchte gehen
wie es wolle.

Hierauf wurde er vom Stadtpfarrer
Christian Lupinus, verhört und be=
schworen, die reine Wahrheit zu sagen und
nichts zu verschweigen. Er sagte also: „Ich
„bin von euch zu Herrn Basta gesandt
„worden, wohin ich auch den dritten Tag an=
„langte, da er bei Dees mit 2000 Mann lag.
„Ich habe ihn in euren Namen sehr gegrüsset,
„und den Zustand der Stadt eröffnet, daß
„die Bürger in grosser Gefahr wären, und
„sie begehrten, Basta möchte ihnen Hülfe
„leisten. Herr Basta fragte mich; ob sie noch
„beständig seien? Ich sagte: Ja! sie sind noch
„beständig, aber sie werden von den Sigis=
„mundischen Völkern sehr geängstet, indem
„diese in den Sächsischen Märkten und Dör=
„fern liegen und alles verwüsten. Ferner
„fragte Herr Basta: was machen dann die
„Medwischer und Schäßburger? sind sie auch
„noch beständig? Ich antwortete: weil die
„Medwischer solcher Menge nicht haben wider=
„stehen können, so haben sie sich ergeben. Die
„Schäßburger sind bisher beständig gewesen;
„allein auf dem Wege habe ich vernommen,
„daß

„daß die Burg von den Ungarn eingenommen
„worden; kann es aber nicht mit Gewisheit
„sagen. Hierauf habe Michael Szekely,
„Szatmarer Kapitain gesagt: Die Hermann=
„städter werden ein gutes Werk thun und be=
„ständig verbleiben, denn sie haben eine veste
„Stadt. Herr Basta der itzt Kolik hatte,
„saß auf einem Stuhl beim Feuer. Nach lan=
„gen Bedenken sagte er: Morgen will ich mit
„dir fünfhundert Reuter nach Hermannstadt
„zu einer Besazung schicken. Den andern Tag
„zog er mit allen Kanonen nach Klausenburg
„um Gyalo einzunehmen, und befahl mir,
„Euren Wohlweißheiten zu sagen; Sie soll=
„ten sich vor Herrn Sigismunden nicht fürch=
„ten, denn er könnte mit seinem Volk nicht
„die geringste Vestung einnehmen, geschwei=
„ge dann eine so veste Stadt. Er wollte auch
„bald mit dem ganzen Heer kommen, und
„den bedrängten helfen. Ja er hat E. W. W.
„auch befohlen, daß sie in alle Städte und
„Stühle ausschreiben, und die Sachsen
„vermahnen sollten, Ihro Kaiserlichen Maje=
„stät getreu zu verbleiben, und wären sie
„gleich von Sigismundischen Volkern gewalt=
„samer Weise unterdruckt worden; sollten sie
„doch wieder Gnade erlangen, wann sie nur
„in der Zeit den Kaiserlichen zufallen wür=
„den. — Wegen der Edelleute, Weiber und
„Güter befragte ich ihn: was damit zu thun
„wäre? Lasset sie zufrieden, erwiederte er,
„und

„und behaltet sie im Arrest, bis ich hinein
„komme. Also wurde ich frey gesprochen, und
„kam bis nach Enyet, würde auch den folgen=
„den Tag nach Hauſe gekommen ſeyn, allein
„ich wurde vom daſigen Richter gefangen ge=
„nommen, und nach Medwiſch dem Cſaki aus=
„geliefert. Hier ſchleppte man mich vor Ge=
„richt, und wurde als ein Verräther des Va=
„terlandes, der die Deutſchen den Hermann=
„ſtädtern zu Hülfe geruffen, zum Tode ver=
„urtheilt. Doch auf Fürbitte Johann Klau=
„ſenburgers (Colosvári) wurde mir unter
„der Bedingung das Leben geſchenket: ich ſoll=
„te wieder zu Herrn Basta, und ſo reden,
„wie mich Cſaki lehren werde. Ich ſahe
„die Todesgefahr, und in der Angſt dachte
„ich nichts ſei ſüſſer als das Leben; verſprach
„alſo alles, und ſo zu ſagen, wie mir befoh=
„len wurde. Gehe hin zum Basta, ſprach
„Cſaki: und ſage, du wäreſt zum zweitenmal
„von dem Hermannſtädtiſchen Rath zu ihm
„geſchickt worden, der ihm vermelden ließ:
„In Burzelland lägen 12000 Türken und Ta=
„tarn, welche Sigismunden zu Hülfe gekom=
„men, bei Lugoſch wären 4000 Janitſcharen,
„welche viele Kanonen aus Temeswar, und
„andere Munition mit ſich führten. Die
„Schäsburger Burg ſei von den Ungarn mit
„Gewalt erobert worden, und Hermannſtadt
„würde auch übergehen, weil ſie ſolcher Men=
„ge nicht widerſtehen könnte. — Als dieſes
„Herr

„Herr Basta hörte, sagte er mit Zorn:
„das ist alles erlogen, denn ich weiß wohl,
„wie vieles Volk Sigismund hat, und wie
„viele Baschaken mit ihren Völkern nach Hau-
„se gezogen. Sie werden mir kein Schreken
„einjagen, und wann er noch so vieles Volk
„aufbringen sollte. — Mit diesem Bericht
„kam ich zum Esaki zurück, und sagte ihm:
„Basta habe in ganz Siebenbürgen seine Kund-
„schafter, und wisse wohl, was vorgienge."

Dieser Bericht stärkte die Gemüther der Hermannstädter noch mehr in ihrer Abneigung sich dem Fürsten Sigismund zu unterwerfen. Sie erklärten sich zum leztenmale: Wann Esa- ki es redlich meyne, sollte er ihnen Sigis- munds Brief und Boten überschicken; denn sie wollten nicht mit dem Feldherrn, mit Hint- ansezung des Fürsten, in Unterhandlungen treten, daß sie nicht betrogen würden, und in Zukunft nur Verdrieslichkeiten hätten. — Da nun Esaki alle seine Bemühungen vergeb- lich und verloren sahe, verlies er den 7ten. Januar Hamersdorf, welches er zur Dankbar- keit für die gute Bewirthung, anstekten ließ Als die Hermannstädter seinen Abzug bemerk- ten, begleiteten sie ihn mit ihren Kanonen, dabei Mursan, ein Tatarischer Hauptmann er- schossen wurde, er gab auch den Tatarn im Reußmärker Stuhl, den Befehl die Hermann- städtischen Dörfer mit Feuer und Schwerdt zu

ver-

verwüsten. Ein gewünschter Befehl für diese
alles verwüstende Heuschrecken. Den 27ten
Jänner, brennte schon Nependorf, und auf
zweihundert Personen wurden in die traurigste
Sklaverei weggeführet.

Den 8ten Jänner, überschickte Esaki
endlich den Sigismundischen Brief vom 28ten
Decemb. Gunesch, (*) dessen Nachrichten
ich hiebei gefolgt habe, giebt uns von dessen
Inhalt folgende Nachricht: „Die Hermann-
„städter wären weder kalt, noch warm. Mit
„dem Munde bekennten sie zwar, daß sie ih-
„ren natürlichen Fürsten liebten, aber mit
„dem Herzen hasseten sie ihn. — Nennet die
„Hermannstädter Hummeln, (Fucos) die
„zwar keinen Honig einführten, aber dessen mit
„Lust genössen. Als wann er sagen wolle: Ihr
„Hermannstädter wollet eure Privilegien unge-
„kränkt erhalten, aber ihr wollt die Hand nicht
„anlegen, damit der ausgejagt werde, der sie
„euch durchlöchern will. — Ihr bekennet selbst,
„der Feind sei ausgezogen, und dennoch lie-
„bet ihr ihn abwesend mehr, als gegenwär-
„tig. Ihr seid dem Knecht gleich, welchem
„ein Talent gegeben war, daß er damit meh-
„rere

(*) In seinem Handschriftlichen Werkgen: Fides Saxonum
Er beruffet sich dabei auf die schriftliche Nachrichten des
Christian Lupinus, eines Augenzeugen, dieser traurigen
Vorfälle.

„rere gewinne; er vergrub es aber in die Er„de, daß er es zu seiner Zeit wieder geben
„könne: also vergrabet auch ihr euer anver„trautes Talent in die Erde, daß es keinen
„Nuzen schaffet. Ihr versaget mir den Ner„vum belli, Geld, Stücke, Pulver, Tra„banten, Proviant, da ihr doch fertig seid,
„den Feinden des Vaterlandes zu geben, was
„sie verlangen, derowegen könnet ihr der Stra„fe nicht entgehen. Ihr begehret Frieden,
„und verlanget von mir einen Rath, wie ihr
„dazu gelangen möget. Ihr habt Rath, ihr
„habt Weisheit, ihr habt Macht, auf wel„che ihr euch verlasset. Schmiedet euch selber
„einen Frieden, denn unsre Rathschläge stin„ken euch. Wir haben unsern General, S t e„p h a n E s a k i gesandt, daß er unsern gu„ten Willen gegen euch eröffne, allein ihr ha„bet seiner gespottet, und ohne Antwort ab„ziehen lassen. Es stehet also bei euch, ent„weder Leben, oder Tod, Friede oder Krieg
„zu erwählen. In Zukunft dürft ihr euer Ur„theil nicht uns zuschreiben. Wir sind bereit
„euch Gnade zu ertheilen, Gott aber wird
„euch strafen.

Wie wünschte ich, der Geschichtschreiber
hätte das Original dieses Briefs seinen Nachrichten eingerückt, oder doch eine vollständige
Uebersezung! Die Antwort der Hermannstädter

ter hat er vollständiger, doch auch nicht ganz.
Sie verdient hier eingerückt zu werden:

Durlauchtigster Fürst, gnädiger Herr!

Wir haben Euer Durchlaucht Brief, empfangen, in welchem Euer Durchlaucht unsrer Hoheit spottet und beschuldigt, als wann wir für uns allein klug wären, und durch eigene Macht und Gewalt dem ganzen Lande zu widerstehen uns stark genug zu seyn vermeinten, den natürlichen Fürsten verachteten, und einer fremden Nation anhiengen, welche Kalumnie uns fälschlich beigelegt wird. Denn wir Sachsen haben von vierhundert Jahren her, als Geisa der König, durch die Sachsen in Ungarn eingeführet wurde, unsre Treue den Königen, Waiwoden und Fürsten überflüßig erwiesen; daher wir den Namen der Treuen und Beständigen bis auf diesen Tag erhalten. Wir nehmen Eure Durchlaucht auch selbst zum Zeugen, daß E. D. Zeit ihrer Regierung keine treuere Unterthanen gehabt, als die Sachsen. Diese Treue wollten wir E, D. auch jetzt gern leisten, wann uns nicht wichtige Ursachen hinderten; nehmlich, der geleistete Eid, mit den wir uns drei bis viermal auf E. D. Befehl, dem Kaiser verbunden haben, und die schändliche Verlassung, in dem E. D. von dem Kaiser überwunden, aus dem Lande gewichen, und uns im Rachen der Feinde gelassen. welche

che uns das Leben geschenkt, unsere Stadt unbeschädigt gelassen, und Schutz wider alle anfallende Feinde, oder Gefahr, versprochen haben, derowegen werden wir unverdienter Weise der Untreue beschuldigt, demselben die gebührende Ehre zu leisten, welcher Eure Durchl. der höchsten Ehre gewürdiget hat. E. Durchl. haben von Ihro Kaiserl. Majestät den Titel eines Reichsfürsten empfangen, dessen Sie sich noch gebrauchen. Sie haben das goldne Vlies, und viele andere Ehrenzeichen empfangen, welche eigentlich zeigen, daß E. D. die Deutsche Nation nicht ganz und gar hassen; sondern vielmehr noch zur Zeit sich in den Schoos Ihro Römisch Kais. Majestät begeben werden. E. D. vergleichen uns den Hummeln, die zu keinem Werke nützlich wären; sondern das, von den arbeitsamen Bienen gesammelte süsse Honig verzehren. Wir sagen das Wiederspiel. Die Sächsische Nation sind fleisige Bienen gewesen, die alle Stöcke mit süssem Honig angefüllet hatten. Allein Waiwode Michael, hat den Honigseim ausgeschüttet, daß wenig übergeblieben ist. Ihm sind andere Bienen nachgefolget welche das Honig mit den Bienenstöcken weggenommen. Also, daß die Sachsen in die äusserste Armuth gerathen, welches keinen andern zuzuschreiben, als denen, die uns verlassen, und den Raub ausgelegt haben. Vorhin wurden die Sachsen mit der Aesopischen Henne verglichen, die ihrem Herrn täglich ein gold=

goldnes Ei legte. Mit diesem sind die geizigen Soldaten nicht vergnügt gewesen, haben die Henne sammt dem Ei aufgefressen, und nun müssen sie beides entbehren. Denken also E. Durchl. darauf, wie Siebenbürgen in vorigen Stand zu setzen, die Unterthanen zu Kräften kommen, und die ausgeleerten Vorrathskammern wieder angefüllet werden: sonst werden Sie nicht den Fustapfen dero Vorfahren folgen, welche die Grenzen des Reichs erweitert, und daher den Namen August erhalten. Wir wollen dem anhangen, der uns für äusserlichen Feinden beschützen wird. Wird uns aber E. D. mit Waffen angreiffen und verderben wollen: so wollen wir im Namen des Herrn streiten, wie David wider Goliath stritte, und der Philister Heer zerstreute. —

Doch alles dieses waren bald übergehende Ungewitter. Sigismundus sahe sich abermals genöthigt, Siebenbürgen Kaiser Rudolphen abzutreten und dasselbe auf ewig zu verlassen. So sahen sich denn die Hermanustädter von dem Schrecken des Krieges befreiet, aber gar bald von andern Feinden überfallen, gegen die sie keine Mauren und Kanonen beschützen konnten. Die grosse Menge der hingeflüchteten Landleute, die ohne ordentliche Wohnungen, und nöthige Lebensmittel sich befanden, verursachten allerhand tödliche Krankheiten, und zuletzt die Pest, die zwar im

Sommer

Sommer etwas nachließ, aber im September wieder anfieng, und mit solcher Wuth fortdauerte, daß im folgenden Jahr, 1603, ein neuer Friedhoff vor dem Sagthor muste angelegt werden, der den 16ten März, mit einer Predigt eingeweihet wurde. Hiezu kam noch die schreckliche Hungersnoth, in dem die Bastaischen Kriegsvölker 1602, alle Feldfrüchte im Lande verbrennt, und den Landleuten das Getraide weggenommen hatten. Im März 1603 war die Theurung zu Hermannstadt so groß, daß der kleine Kübel 10 bis 12 und zuletzt gar 16 Gulden kostete. Die Leute assen Eicheln, schlachteten Pferde, Hunde und Kazen. Ja sie konnten sich nicht einmal vom Menschenfleisch enthalten, wie dann eine Walachin eingezogen und geviertheilt wurde, die vier Kinder auf der Gassen aufgefangen, und heimlich geschlachtet und gegessen hatte. Durch diese schreckliche Strafgerichte wurde Hermannstadt so entvölkert, daß kaum der vierte Theil von Menschen überblieb. Selbst Enyeter, wie ich oben gemeldet, wurde von der allgemeinen Seuche weggerissen. Vielleicht ist sein Leichnam aus dieser Ursache nicht in die Kathedral Kirche beigesetzt worden. Denn daselbst finde ich sein Grabmal nicht, wohl aber das seiner Gemahlin Barbara, die ihm 1595 in ihrem 38sten Jahre gestorben. Doch ist nur die Randschrift lesbar: SEPVLTVRA SPECTABILIS ET VIRTVTIS BARBARÆ MATR. onæ CONIVG. CIRCVMSP. AC PRVDENTISS. VIRI LVCÆ ENYEDI.
CON-

CONSVLIS REIP. CIB. INCLITI IN CHRISTO PIE
DEFVNCT. æ. ANNO 1595 AETATIS. 32.

Johann Rhener. (Regenius)

Ein Mann von unbändigem Ehrgeitz, der zuletzt gar auf das Fürstenthum Absichten hatte. Ob er gleich nur ein Schneider war, wuste er doch seine Rolle so gut zu spielen, daß ihn Kaiser Rudolph auf der Versammlung der Sächsischen Nation zu Klausenburg 1604, nebst dem Königsrichter Albert Huet, zu Siebenbürgischen Kammerräthen erklärte. Glauben wir dem Soterius, so ist Rhener in den Jahren 1604 und 5, Bürgermeister gewesen, da er denn seine Treue gegen das Hauß Oesterreich durch eine sehr unedle That zu erweisen suchte. Im letztern Jahre war er Brautführer bei der Vermählung des Stadtpfarrers Christian Lupinus, welche den 20ten Heumond geschahe. Diese Tage der Freude und Sicherheit hatte er zu einem Blutbade bestimmt. Georg Ratz der berichtigte Anführer der im Walachischen Sold stehenden Heiduken sollte heimlich in die Stadt gelassen werden, und die Stadtwache und alle verdächtige Hochzeitsgäste niederhauen. Zum Glücke für Hermannstadt wurde dieses blutige Geheimniß entdekt, ehe es sich entwikeln konnte. Rhener sahe sich dadurch genöthigt in der Walachei Sicherheit zu suchen, woselbst er von dem Hospodaren Radul, ein Landgut erhielte, und mit dessen

sen Gemahlin **Florida** in sehr vertrautem Umgange lebte.

Wann er in sein Vaterland zurücke gekommen ist mir unbekannt. So viel ist gewiß, daß ihm 1610 Fürst Gabriel Bathori, seine Waaren die er von Prag brachte, auffangen lies, und ihn selbst zu Klausenburg aufhielte. Dieses geschahe unter dem Vorwand, als habe Rhener von dem Könige von Ungarn, und den ausgewichenen Edelleuten, heimliche Befehle wider den Fürsten an den Walachischen Waiwoden. Die wahre Ursache aber war keine andere, als der Reichthum seiner Waaren, welche **Michael Weis**, der Rehnern selbst in Klausenburg sprach, auf 75000 Gulden schäzet. Keine Fürbitten konnten ihn retten, der Fürst zog seine Güter ein, und verbannte ihn aus dem Lande. Doch aber unter dem großmüthigen Fürsten **Gabriel Bethlen**, erhielt er auf Fürbitte der Hermannstädter, den 11ten Nov. 1613 abermal Gnade. Darauf er den 21ten Febr. des folgenden Jahres, die Witwe des Stadtpfarrers Christian Lupinus heurathete.

1615 hatte er nach dem Tode des Bürgermeisters, **Gallus Lutsch** abermahls die Ehre das Konsulat zu erhalten, da er dann vom Fürsten in wichtigen Staatsangelegenheiten an den Kaiserlichen Hoff geschickt wurde,

dahin

dahin Rhener den 19ten März von Hermannstadt abreisete. Den 7ten May, unterschrieb er den Tyrnauischen Friedensvergleich zwischen K. Matthias dem zweiten, und dem Fürsten Gabriel Bethlen. Allein dieses Vertrauens seines Fürstens, machte sich sein unedles Herz bald durch die schändliche Undankbarkeit unwürdig. Er lies sich mit Johann Benknern, Richtern zu Kronstadt, Martin Orendi, Bürgermeister zu Schäsburg, und Franz Koch, Bistrizer Richtern, in eine Verschwörung wider Gabriel Bethlen ein, die sich mit dem Fürstenhut für Rhenern entwickeln sollte. Sie wurde aber 1616 entdekt, und das glücklichste für Rhenern war, daß er sich in Wien befand. Benkner wurde nach Weissenburg gefänglich geführt, und seiner Würde entsetzt; zwar erhielt er endlich seine Freiheit wieder, nicht aber seine Ehrenstellen. Koch, wich dem drohenden Ungewitter durch seine Flucht nach Pohlen aus, Orendi aber verlohr gleichfalls den Verstand, Er starb in Unsinnigkeit.

Rhener wurde zwar auch auf Fürstliche Vorstellungen zu Wien gefangen gesetzt, doch erhielt er bald seine Freiheit, heurathete darauf eine Hofdame, und lebte daselbst in grossem Ansehen. Als er aber einmal von einem Kaiserlichen Minister über Einpackung Kaufmännischer Waaren angetroffen wurde, fiel seine ne Hochachtung sehr, und man hielt ihn nachhero, wie Soterius sich ausdrückt nur für einen Pfeffersack. Auch hatte er 1617 abermal das Unglück, daß seine Waaren, 8000 Gulden an Werth, auf Bethlens Befehl aufgefangen wurden. Dieser Verlust demüthigte Rhenern so sehr, daß er nun nichts als seines Fürsten Gnade suchte. Er fand sie unter gewissen Bedingungen worauf er 1625 (*) mit seiner Gemahlin nach Klausenburg kam, aber bald an empfangenem Gift sein unruhiges Leben beschloß.

Gallus Lutsch.

Petrus Lutsch, gewesener Stuhlsrichter, und Waldburgis Kärsten waren seine Eltern. Das Jahr seiner Geburt ist mir unbekannt. Im Jahr 1584 finde ich ihn unter den Hermannstädtischen Rathsgeschwornen. 1590 folgte er Daniel Weissen im Stadthannen Amte

---

(*) Hermanns Annal. Polit. Soterius aber in Transsilv. Celebr. setzet das Jahr 1620 So auch Johann Brath, Notarius zu Medwisch, der um diese Zeiten lebte, in seiner Chronik. Er schreibt: „1620 den 28. „Jun. stirbt Herr Johann Rhener, Consul Cibiniensis. „im Exilio zu Klausenburg. Sein Verbrechen weis man „nicht, das aber, daß er nicht nach Hermannstadt hat „kommen dürfen. Er hat so ein unruhiges Gewissen ge„habt, daß er weder Tag noch Nacht, hat schlafen kön„nen. Vielweniger hat man ihn allein lassen dürfen."

Amte, welches er bis 1593 verwaltete. Das folgende Jahr darauf erhielt er die Stuhlsrichterwürde, die er zum zweitenmal von 1601 bis 1604 bekleidete. 1606 wurde er zum Bürgermeister erwählt, welches Amt er neun Jahre bis in seinen Tod verwaltete, und darinn das Unglück hatte, ein Augenzeuge von dem Verderben zu seyn, das Bathori über seine Vaterstadt ausbreitete. Vielleicht ist es manchen Freunden der vaterländischen Geschichte nicht unangenehm, hier ein altes handschriftliches Tagebuch dieser tragischen Begebenheiten, eingerückt zu finden.

Sonnabends, vierzehn Tage vor Weihnachten, 1610, kommet Fürst Gabriel Bathori mit großer Heereskraft zu Hermannstadt an, (*) und besetzet sie also, daß kein Haus ohne Gäste blieb. Vom Sonnabend bis Freitag konnte der Rath keine Audienz bei dem Fürsten erhalten. Am Freitag erhielt er zwar eine gnädige Antwort, aber ohne Glauben zu halten. Denn den zweiten und dritten Tag darauf vernahmen die Bürger das schreckliche Urtheil, so über sie beschlossen war; daß sie alle ermordet werden sollten. Bald hierauf forderte

---

(*) Bathori kam mit 20,000 Mann. Den 19ten musten die Bürger alles Kriegsgewehr ausliefern, Worauf der Fürst das Rathhaus und die Stadtthore besetzte.

derte er aus dem ganzen Haufen 146 Män=
ner, die dafür ihr Leben laſſen ſollten. End=
lich kam es dahin, daß der Fürſt dafür 100,000
Gulden forderte, welche Summe aber auf
50,000 herab kam.

In währender Zeit ließ Bathori einen
Landtag nach Hermannſtadt beruffen, wo aber
niemand etwas widerſprechen durfte; ſondern
was zwei oder drei beſchloſſen, muſte Stand
haben; wobei alſo auch kein Privilegium an=
geſehen wurde. (*)

Freitags den 21. Dec. zog Bathori in
die Walachei, machte ſehr viele Beute, beſon=
ders in Klöſtern, deren er viele zerſtreute.
Nach ſeinem Abzug, kehrte Waiwode Radul
wieder aus der Moldau zurücke, jagte den neu=
eingeſetzten Waiwoden aus, und ſetzte ſich wie=
der in ſein Regiment.

S 2   1611

(*) Auf dieſem Landtage ließ Bathori die Hermannſtädter
verſchiedner Verbrechen, durch ſeine Freunde anklagen.
Man beſchuldigte ſie: 1. des Abfalls, weil der Rath be=
rathſchlagt hätte: ob der Fürſt in die Stadt ſollte gelaſ=
ſen werden. 2. Der Verrätherei, ſie hätten Stephan Ken=
di, 30,000 Gulden gegeben, den Fürſten zu ermorden,
und 3. haben ſie den Walachiſchen Hoſpodaren, M i ch a=
e l, wider ſeinen Vetter, A n d r e a s B a t h o r i in das
Land beruffen, und dadurch ſeinen unglücklichen Tod ver=
urſachet. Leicht zu widerlegende Beſchuldigungen, aber
niemand durfte antworten. Zugleich wurde Hermannſtadt
zur Fürſtlichen Reſidenz auf die Zukunft erkläret.

1611 acht Tage vor Ostern kam Bathori wieder nach Hermannstadt, und da man hörte Radul nähere sich auch Siebenbürgen; so wurde beschlossen, daß man ihm entgegen ziehen sollte, und zwar wollte der Fürst, auch die Bürger sollten mit ziehen, welches aber mit Geld gut gemacht wurde.

Den 24ten Juny zog Bathori mit einer großen Macht und schöner Rüstung auf den Waiwoden Radul zu, der durch die Gebürge bei Kronstadt, eingedrungen war. Als es aber bald zu einem Treffen kommen sollte, beredeten die Kronstädter den Andreas Nagy, einen Ungerländer, dem sie eine große Summe Geldes gaben, vom Fürsten abzufallen, und mit seinen Heiduken nach Ungarn zurück zu kehren.

Den 15. Jul. kam im Lager Feuer aus, und da sich zugleich ein heftiger Wind erhub, brannte fast das ganze Lager ab.

Den 16ten Jul. verlor Bathori die Schlacht mit Rabuln bei Kronstadt.

Den 17ten Jul. kamen die geschlagenen Ungarn nach Hermannstadt zurück, und keiner wußte, ob der Fürst lebte, oder tod sei.

Den

Den 19ten Jul. kam Fürst Bathori ganz unvermuthet zu Hermannstadt an.

Den 21. Jul. forderte Bathori abermals 100,000 Gulden, welche bis den dritten Tag erlegt werden sollten, oder wollte er sie alle für die Hunde niederhauen lassen. Es war aber in so kurzer Zeit nicht möglich, solche Summe zu erlegen, besonders da die Bürger von dem Fürsten und seinem Volk auf das Blut ausgesogen waren. Als nun Bathori merkte, daß sie von den Bürgern nicht zu erzwingen wäre, lies er den ganzen Rath, nebst der Hundertmannschaft in das Rathshaus gefangen setzen, und mit Trabanten bewachen. Doch lies er die vornehmsten Herrn wieder los, um das verlangte Geld herbei zu schaffen. Da es aber unmöglich war, lies er sie in den unterirdischen Kerker, die stinkende Kammer genannt, setzen, und etliche Tage und Nächte jämmerlich darinn liegen. Nach ihrer Loslassung wurden sie abermals, wie vorher, in die Rathsstube eingesperrt.

Unter dieser Zeit der Trübsale kam Sigismund Forgatsch, und Waiwode Radul Scherban, mit ihren Kriegsvölkern, den 1ten August vor Hermannstadt, darauf aus der Stadt heftig auf sie kanonirt wurde. Unter dem kam Andreas Nagy aus dem Forgatschischen Lager heimlich in die Stadt, und schmeichelte sich bei dem Fürsten wieder so ein, daß er ihn nicht nur wohl aufnahm; sondern ihm auch große Summen Geldes anvertraute, damit Kriegsvölker in Ungarn für ihn anzuwerben.

Den 20ten August verlassen Forgatsch und Scherban Hermannstadt, ziehen auf Medwisch woselbst sie 10,000 Gulden erpressen, und darauf nach Burzelland.

Den 21ten August kommet Nachricht, daß Nagy mit etlichen tausend Mann Hülfsvölkern im Anzug wäre, worüber man für Freude alle Kanonen auf den Basteien lösete.

Den 23ten August greifen die Bathorischen die Medwischer, welche dem Forgatsch Lebensmittel zuführten, an, und machen gute Beute.

Den 25ten August stellete Bathori ein schreckliches Schauspiel an. Vier Heiduken, die er mit einigen Scherbanischen Kriegsvölkern gefangen bekommen, ließ er hinrichten. Einen ließ er auf dem großen Ring, oder Marktplatze, mit vier Pferden zerreissen, den andern vom Rathsthurn herunter stürzen, und die andere zween an den Pranger stellen und von seinen Trabanten tod schiessen.

Den

Den 27ten August theilte Bathori sein Heer in drei Theile. Einen Theil schickte er nach Weissenbnrg, woselbst etliche von Adel gefangen genommen wurden, keiner aber, ausser dem Michael N. hingerichtet. Diesen Unglücklichen ließ der Fürst mit den Füssen an den Galgen henken, und mit Steken und Aexten zu tode prügeln. Als er endlich tod zu seyn schien, wurde er abgehauen. Er lag aber nicht gar lange auf der Erde; so richtete er sich auf, und verlangte in Hoffnung Gnade zu erlangen, vor den Fürsten geführt zu werden. Allein vergebens! Bathori ließ ihn aufs neue an den Galgen binden, und den Trabanten durch ihre Hauptleute zuruffen: Wessen Mutter keine Hure ist der haue zu? und so wurde der Elende in kleine Stücke zerhauen.

Den 1ten Sept. kamen die Zekler dem Fürsten vor Hermannstadt zu Hülfe. Nun ließ er den ganzen Rath, auch diejenigen, die er bisher verschonet, als den Bürgermeister und Königsrichter ins Gefängnis setzen. Der Königsrichter Malmer, und Kollmann Gozmeister, wurden Abends, zwischen 7 und 8 Uhr, an Stricken in die stinkende Kammer hinunter gelassen. Der Bürgermeister, Lutsch aber wurde in des Hoppners (Aufsehers des Rathshauses) Zimmer gethan, und von Trabanten darinn bewacht.

Den dritten Tag darauf, setzte er den Königsrichter, und Gozmeistern in Freiheit, doch unter der Bedingung, daß sie Geld auf die Stadt irgendswo aufnehmen, würden sie aber bis zur bestimmten Zeit das Geld nicht liefern, sollten sie alle sterben. Nach erlegter Summe hoften sie nun, daß Bathori seiner Zusage gemäß, ihnen die Stadt übergeben würde. Allein lauter Betrug! So bald der Fürst das Geld hatte, jagte er fast alle Burger aus der Stadt, ausgenommen etliche ihm unentbehrliche Handwerksleute. So hielte er auch den Rath und die Hundertmannschaft bei sich.

Den Tag vorher ritten die Ungarn sammt einem Rathsherrn die ganze Nacht in der Stadt herum, und bezeichneten diejenigen, die vertrieben werden sollten. Alsdenn wurden alle Einwohner vor den Bürgermeister gefordert, und daselbst verlesen, welche fort müsten. Die Weiber der Vertriebenen blieben eine Zeitlang mit ihren Kindern in ihren Häusern, musten aber zuletzt auch die Stadt räumen.

Den 13ten Sept. ließ Bathori Medwisch berauben, wobei nur die Kirche verschont bliebe, doch auch diese wurde bald darauf auf fürstlichen Befehl, von Gabriel Bethlen ausgeplündert. Medwisch muste damals für 12,000 Gulden Geschmeide hergeben, das Vieh wurde auf den Gassen niedergehauen,

und

und in den Kellern, was sie nicht trinken konnten, den Weinfässern der Boden ausgeschlagen. Die wenige Mannschaft, die Forgatsch zur Besatzung gelassen, ließ Bathori in Eisen schmieden, und nach Hermannstadt abführen.

Den 23ten Sept. ließ er die Fenstern auf dem Rathshause zu Hermannstadt zumauren, damit die gefangenen Hundertmänner keine Aussicht auf das Feld hätten.

Den 27. Sept. kommet er nach Großprobstdorf woselbst ihm sein Schatz gestohlen wurde, darauf er die dasige Burg rein ausplündern ließ. Von hier begab er sich nach Schäsburg, wo er aber mit Stücken und Doppelhaken empfangen wurde. Hierüber voller Zorn und Unmuth reisete er durch einen wüsten Weg auf Fogarasch. Hier hörte er, daß ihm viele Türkische Hülfsvölker bei Kronstadt angekommen wären. Er lies also alle Wägen zu Fogarasch, und eilte nach Burzelland, wo er schrecklich Haus hielte. Die Alten von dem Landvolke wurden niedergehauen, und die Jungen den Türken verkauft. Honigsberg ließ er verbrennen, und alles Volk in die Pfanne hauen; so daß nur etliche wenige Glück hatten zu entkommen.

Den 30ten Sept. wurden die Hundertmänner endlich aus dem Rathshause gelassen, woselbst sie bis in die fünfte Woche gefangen gewesen.

Den 4ten Oct. zog Bathori auf den Landtag nach Weissenburg, und darauf nach Großwardein, wo er den Winter über Hoff hielte.

Den 4. Nov. brachte Andreas Gerzi alle Gefangenen aus Medwisch nach Hermannstadt, um sie auf fürstlichen Befehl an die Türken zu verkauffen. Ihre Anzahl war 75 Personen.

1612 den 3ten Januar wurden die Bürger zum Zweitenmal ausgetrieben.

Den 9ten Jan. muste der Hermannstädter Jahrmarckt am geschwornen Montag zu Hamersdorf gehalten werden, weil er nicht in der Stadt erlaubt wurde.

Den 12ten Hornung, kam Bathori wieder aus Ungarn zu Hermannstadt an.

Den 15ten Febr. lies er in der Stadt Wein schenken, und kein Bürger durfte hinfort sich dieser ihrer alten Freiheit bedienen.

Den 17ten Febr. lies Bathori zwo Personen hinrichten, die eine mit einer großen Kanone in die Luft schiessen, und die andere vom Rathsthurn herunter stürzen.

Den

Den 6ten März wurden die Bürger zum drittenmal ausgejagt. Bathori aber zog mit großem Zorn nach Kronstadt, drohend keinen Stein auf dem andern zu laßen. Er konnte aber nichts ausrichten; sondern kehrte zurück, bemächtigte sich der Burg zu Zeiden mit List, und ließ etliche 80 Mann, die Kronstadt dahin zur Besatzung geschickt hatte, lebendig in Spieße ziehen. Hierauf gieng er nach Rosenau, allein die Kronstädter fielen ihm durch einen verborgenen Weg in das Lager, schlugen ihn in die Flucht und vernagelten alle Stücke, darauf sie glücklich zurück kehrten.

Den 18ten März wird auf dem Landtage zu Hermannstadt, den Kronstädtern bis den 16ten Jul. Frist gegeben, sich zur Unterwerfung zu entschließen, wo aber nicht, sollte das ganze Land wider sie zu Felde ziehen. Bald darauf kam Andreas Nagy, mit einer großen Menge Heiduken aus Ungarn.

Den 24ten May wurden die Bürger wieder ausgetrieben, und viel erbärmlicher, als vorher. In diesen Wirbeln ihres gänzlichen Verderbens nahmen die hülflosen Bürger ihre Zuflucht zu beiden kaiserlichen Höfen. Endlich erschien 1613 Türkische Hülfe, wodurch Bathori genöthigt wurde den 1ten Oct. Hermannstadt zu verlaßen, die er niemals wieder sah.

sah. Den 4ten Nov. übergaben sie die Bathorischen Befehlshaber dem Gabriel Bethlen, der sogleich dahin kam, und ihre Zurückgabe den Bürgern versicherte, doch aber wegen der späten Jahrszeit und sehr verwüsteten Fürstlichen Residenz zu Weissenburg, wollte er den Winter über daselbst verbleiben. Allein, da ihm den 28ten Jänner 1614 die Fürstliche Fahne von der Pforte überbracht wurde, wollte die Sächsische Universität dem Fürsten nicht huldigen, bis er nicht die Hermannstadt in ihren alten Stand setzte, welches sie endlich nach vielen Vorstellungen den 18ten Febr. erhielten. Der Fürst begab sich nebst dem Königsrichter Gozmeister, nach Medwisch auf den Landtag, und kaum war die Hofstatt zur Stadt hinaus, so verschlossen die Bürger die Thore, wachten die ganze Nacht durch, als wenn noch alles voller Feinde wäre, und beriefen den folgenden Tag alle vertriebene Bürger zurück. Eine nicht unnöthige Vorsichtigkeit! Denn als die Schäsburger dem Fürsten die Thore verschlossen: so war es ihm leid, was er gethan hatte.

Lutsch erlebte also noch das Glück, seine Vaterstadt auf das neue im Besitz ihrer alten Vorrechte und Freiheiten zu sehen. Er lebte aber nur bis zum Anfang des folgenden Jahres, da er den 18ten Januar, 1615 in
die

die Ewigkeit überging. Johann Rhener folgte ihm im Konsulat. (*)

Johann Roth.

Bodendorf im Schäßburger Stuhl, war der Geburtsort dieses Mannes, dessen ich, als Provinzialnotarius, in den Jahren 1598 und 1660 gedacht finde. Das folgende Jahr starb Daniel Trapoldner an der Pest, da dann Roth abermals den Dienst erhielte, und ihn bis 1615 verwaltete. Hierauf wurde er ein Mitglied des innern Raths, und nach dem unruhigen Rhener, 1616 Bürgermeister. Er genos aber dieser Ehre gar nicht lange, in dem er 1617 den 11. Oct. ein Opfer der Sterblichkeit wurde.

Michael Lutsch.

Ein würdiger Bruder des Bürgermeisters, Gallus Lutsch, gebohren im Jahr 1565. Er bekleidete das Stadthannenamt, als er den 24ten May 1618 zum Bürgermeister erwählet wurde, welche Würde er zwar nach

fünf

(*) Ich erinnere mich irgendswo gelesen zu haben, ein gewisser Hebjesch, dessen Wittwe ein kronstädtischer Rathsherr, Daniel Fronius 1615 heurathete, wäre nach Lutschen Bürgermeister gewesen, ich finde aber dessen Namen in den Rathsprotokollen nicht.

fünf Jahren 1623 dem **Paul Ludovici** überlies, allein nach zwei Jahren 1625 wieder erhielte, und sie bis in seinen Tod, der den 1ten August 1632 im 67ten Jahre seines Alters erfolgte, mit Ruhm verwaltete.

Unter seinem ersten Konsulat, ereignete sich den 8ten Nov. 1620 Nachmittags um zwei Uhr ein schreckliches Erdbeben. Es war Sonntags, da eben die Leute in den Kirchen versammelt waren, und nicht ohne Furcht der gänzlichen Einstürzung, den Ausgang mit Gebet und Flehen erwarteten. So ein starkes Gebäude die Hermannstädtische Kathedralkirche ist, so scheidete sich doch durch die heftige Erschütterung, das Obergewölbe derselben. Die Hauptkirche zu Kronstadt litte gleichfalls großen Schaden, ja auf einigen Dörfern, als zu Burgberg ꝛc. stürzten sogar die Thürme ein. Im Jahr 1622 wurde der Bau der Suldeschbastei angefangen, und unter seinem zweiten Konsulat 1627 vollendet. In diesem letzten Jahre stellte er auch zur Uebung der Bürger, den 4ten Brachmond, ein feierliches Hackenschießen an, welches bis den 12ten dauerte. Lutsch führte dabei den Ehrenkranz für den besten Schützen hinaus, brachte ihn aber auch wieder, als der beste Schütze, auf seinem Haupte nach Hause.

Von seiner Gemahlin **Anna Buda-ker**, einer Tochter des Bistrizischen Richters, Kaspar Budaker, hinterließ er, so viel mir bekannt: einen Sohn **Johann Lutsch** und eine Tochter **Anna**, Johann Armbrüsters Gemahlin, die den 20ten Sept. 1636 starb. Lutschens hinterlassene Wittwe folgte ihm 1638 den 16ten Febr. in ihrem 60ten Jahre, in die Ewigkeit nach, und wurde bei ihren Gemahl begraben.

Sein ehernes Denkmal in der Kathedralkirche führt die Umschrift: Memoria Generosi, dignitate Amplis. & Consultiss. Viri, Domini Michaelis Lutsch, in Patriam optime meriti, qui duodecimum Consul Designatus, fideliter officio functis, diem suum placide in Domino obiit. An. 1632. Aetatis 67. In der Mitte ist sein Geschlechtswappen: Ein geharnischter Mann mit einem Schwerdt umgürtet, der in der linken Hand einen Kommandostab, und in der rechten einen Zettel hält, worauf: Iustitia stehet. Vorn die Sonne, und hinter seinem Kopf der Mond mit sechs Sternen. Auf dem gekrönten Helm ist gleichfalls ein geharnischter Mann, allein auf dem Zettel stehet: Ex æquo & bono. Unter dem Wappen liest man den Lutschischen Wahlspruch: Dulce & decorum pro Patria mori, und folgende Aufschrift:

Stemmate Lutfchiadum generofo & fangvi-
    ne cretus
  Lutfchiades, nomen cui Michaelis erat.
Ille memor lethi monumenta hæc clara fuborta
  Confcia fint famæ fæcla futura fuæ.
Conful erat gravis, & nulli pietate fecundus,
  Atque Cibiniacæ recta columna domus.
Vt Marius Romæ feptennos tranfigit annos
  Conful. Is imperii fic quoque fceptra tulit.
Martia non horret patriæ compulfus amore,
  Caftra peregrino fub Iove adire, fuæ.
Pro patria fic dulce mori putat, atque
    decorum
  Hinc latus exornat ftricta machera viri.
Ex æquo atque bono laus vera afsurgit
    in altum
  Hinc fibi iuftitiæ mens ftudiofa fuit.
Ergo tuum nomen cedro dignum usque notari
  Inclite Luthfciades pofthuma turba leget.
Adde, quo et placidum vitæ traduxeris
    ævum,
  Vt focia *Anna* thori *Biftriciana* fuit.
Quæ tecum egregia *Budakeri* ftirpe creata
  Cafparis, vixit non fine honore dies.
Depofitis culta eft vobis concordia telis,
  Vos ita concordes hæc quoque tumba
    fovet.
Quod fupereft fidei vitæquæ æterna feretis
  Præmia, ftellifero tuta brabea Polo.

                                    𝔓𝔞𝔲·

Paulus Ludovici.

Ein Tuchmacher, daher er gemeiniglich Paulus Poßto=Csinalo, oder Pannifex heisset, wie er denn auch in seinem Siegel das Zunftzeichen der Tuchmacher führet. Von seinem Geschlechte weis ich nichts. 1616 wurde er nach dem Petrus Kammner Stadthann, und das folgende Jahr folgte er eben demselben in der Stuhlsrichterwürde, die er bis 1623 verwaltete, darauf er das Konsulat erhielt. Dieses bekleidete er bis 1625 da abermahls Michael Lutsch Bürgermeister wurde. Ludovici starb den 7ten Oct. 1626 als Prokonsul. Die schöne Steinin, deren Liebe zu dem jungen Sozmeister, nachgehens die Quelle zu großen Unruhen wurde, war seine Tochter.

Johann Schwarz Melas Fekete.

Nach dem Andreas Jüngling, verwaltete er das Stadthannenamt von 1620 zwei Jahre, darauf er 1623 Stuhlsrichter wurde. In dieser Würde blieb er bis 1632 da er nach dem Tode des Bürgermeisters Lutsch, das Konsulat erhielte, solches aber nicht lange verwaltete, indem er den 27ten April 1633 seine Laufbahn vollendete, worauf einer seiner Freunde das Chronostichon machte: VoX aMICI, VoX DeI.

Er hinterließ einen Sohn Michael Schwarz, der 1652 zwei Jahre Stadthann war, und den 24ten Nov. 1655 im 39ten Jahre starb. Er hatte eine Tochter des Stadthannens Andr. Jüngling, Anna, zur Ehe, die er 1636 den 30ten Januar geheurathet. Sein Grabstein in der Hauptkirche führt folgende Randschrift: Monumentum Viri Consultiſs. nec non Prudentiſs. Dn. *Michaelis Schwartzii*, quondam Senatoris Senioris hujus Vrbis Fideliſsimi, Meritiſsimi, qui obiit in Domino, An. 1655 d. 24. Nov. Aetatis: 39 und die Aufschrift:

Mannus in æstimio, fama & super æthera
notus
Schvarzius, hic tandem conditus ecce,
jacet.
Noverat hunc veluti Pulchram Natura
corollam,
Et fuit hæc quondam pulchra corolla, fuit.
Molliter hic igitur donec lux ultima functos
Vita, & surgentes evocat. ossa cubent.

Johann Reußner der ältere. (*)

Das Reußnerische Geschlecht, das noch blühet und den Beinamen von Reißenfels, füh=

(*) Vielleicht ist Johann Nyſſas, der von 1556 bis 62 Notarius war, sein Vater gewesen.

führet, hat dem Staate verschiedene verdiente Männer geschenkt. Es scheinet mir seinen Ursprung und Namen von dem Sächsischen Dorfe Reussen zu haben. Wann es aber nach Hermannstadt gekommen, ist mir unbekannt. Unser Reußner wurde im Jahr 1575 gebohren. 1624 erhielt er das Provinzialnotariat, welches er bis 1626 verwaltete, und darauf Stadthann wurde, in welchem Dienste ihm nach zwei Jahren Georg Frank folgte. 1632 wurde er Johann Schwarzens Nachfolger in der Stuhlsrichterswürde, und wie derselbe 1633 starb, auch den 16ten Heumond, im Konsulat, welches er aber im folgenden Jahr dem Valentin Seraphin überlassen mußte. Zwar erhielt er dasselbe 1637 wieder, starb aber den 8ten Dec. in einem Alter von 62 Jahren. Er hinterlies einen Sohn gleiches Namens, der in der Folgezeit gleiche Würde bekleidete.

Valentin Serraphin.

Zuerst war er Richter zu Reußmark, über welchen Dienst Hermannstadt das Patronatsrecht besitzt, nachgehends wurde er 1629 Notarius in Hermannstadt; wobei er sich die Gewogenheit der Bürger so sehr zu erwerben wuste, daß er bei allem Widerspruch des Raths, den 10ten März, 1634 zum Bürgermeister erwählet wurde. Ja bald darauf, den 9ten Heumond, erhielte er so gar die Königsrichterwürde.

Michael Lang, oder Agnethler, Szent Agothai.

Da ich von diesem Manne in den Grafen der Nation und Königsrichtern zu Hermannstadt schon Nachricht gegeben habe: so werde ich hier ganz kurz seyn können. Nachdem Seraphin die Königsrichterwürde erhalten, wurde er den 21ten Aug. 1634 zum Bürgermeister erwählt, und blieb es bis 1637. Im vorhergehenden Jahre hatte Hermannstadt abermals das Unglück, daß die Pest den 7ten August, darinn ausbrach, daran auch der Stuhlsrichter Paul Ruffinus, (*) den 27ten

---

(*) Ruffins Grabmal in der Hauptkirche führet die Randschrift.

Ruffinus cecidit nostri heu! spes longior ævi,
Ille tamen cecidit, nam transit gloria mundi.
Transierit quidquid sit terræ gloria, transit
Mortuus, & Iovæ nunc audit gloria coeli.
Und folgende Aufschrift:

D. O M. S.
Et immortali memoriæ Generosi & Amplisim Viri, Domini Pauli Ruffini, Iudicis Sedis Cibin. Dignis. Meritis.

Viri

27ten Sept. in einem Alter von 37 Jahren, 6 Monden und 13 Tagen sterben muſte. 1637 wurde zwar Johann Reußner zum Bürgermeiſter erwählt, da er aber noch in dieſem Jahre ſtarb: ſo erhielt Agnethler den 8ten März 1638 das Konſulat wieder. Den 28ten Auguſt dieſes Jahres ſchlug ein Wetterſtrahl bei der Nacht in den Ledererthurn, wodurch er gänzlich zerſprengt, und großer Schaden an Pulver, Rüſtung, Vorrath und Gebäuden

Viri
Prudentiæ ſingularis,
Legum doctrina Laudandi.
Veræ & ſinceræ Relig. culta Eximii.
Probitate vitæ multum Conſpicui.
Qui ſua per omnem vitam contentus pietate,
Suprema poteſtate abuti noluit;
De Patria nobisque civibus bene
Mereri non deſiſtens,
Lethali tandem morbo correptus,
Cum animam Deo conditori devote commendaſset,
Placide defunctus eſt, poſtquam
Vixiſset in terris,
Hac tandem corpore, ſpiritu ad
Aſtra migrante,
Moliter quieſcit.
Mortuus A. C. 1636 d· 27.
Sept, vixit annos 37. Menſes 6.
Dies 13.

den angerichtet wurde. 1639 folgte Agnethler dem verstorbenen Seraphin in der Königsrichterwürde.

Valentin Frank.

Vom Rektorat des Hermannstädtischen Gymnasiums, erhielt er 1626 den Beruf zum Provinzialnotarius, welchen Dienst er bis 1628 verwaltete. Von 1632 war er zwei Jahre Stadthann. Als Agnethler 1639 Königsrichter wurde, erhielte er den 29ten Dec. das Konsulat, welches er wahrscheinlich bis 1645 verwaltete, da er den 18ten Brachmond Agnethlern auch in der Königsrichterwürde folgte.

Johann Reußner, der jüngere.

Von 1636 bis 45 war Reußner Provinzialnotarius, und wurde alsdann nach Franken Bürgermeister, welches Amt ihm aber durch die innerliche Unruhen zu Hermannstadt eine sehr schwere Last wurde. Bei dem närrischen Aufruhr der Bürgerschaft wegen des jungen Kolomann Gozmeisters, rissen sie die Tannen von seinem Hause hinweg, entsetzten ihn seiner Würde, und erwählten sich neue Obrigkeiten. Doch hievon habe ich in den Königsrichtern mehreres angemerkt. Reußner blieb im Konsulat bis 1648 und unterschrieb

schrieb nach hergestellter Ruhe in Hermannstadt den 23ten März 1746 die wichtige Ver-
pflichtung der Hermannstädter gegen den Fürsten Georg Rakozi, zu Weissenburg. Den
27ten Apr. des folgenden 1647ten Jahres,
kam der Fürst mit vielem Volk nach Hermannstadt, und besetzte das Heltauer Thor.
Doch wurden die Bürger wieder beruhigt, da
er bei seiner Wegreise die Soldaten mit ab-
führte, und die Thorschlüssel der Stadt zurück gab. Als Tobias Sifft 1651 starb,
erhielt er das Konsulat den 3ten Apr. wieder, und verwaltete dasselbe bis in seinen Tod,
der den 13ten Apr. 1654 erfolgte. Worauf
es der Königsrichter Lutsch, den 27ten Apr.
übernahm.

Johann Lutsch.

Ein Sohn des Bürgermeisters Michael
Lutsch, geboren den 28ten April 1607 Seine Auferziehung geschahe mit großer Sorgfalt, und nicht ohne glückliche Folgen. 1643
erhielte er das Stadthannenamt, welches er
zwei Jahre verwaltete. Nach einigen Nachrichten ist er darauf 1645 Bürgermeister geworden, welches aber falsch ist. Wohl aber
möchte er 1648 diese Würde erhalten haben,
da sich itzt Reußner Prokonsul nennet. Er
bekleidete sie bis 1650, und wurde alsdann
Königsrichter.

Tobias Sifft.

In den Jahren 1639 und 40 verwaltete Sifft das Stadthannenamt, 1643 wurde er nach dem Valentin Laurenti, oder Paffen, Stuhlsrichter, und blieb es zwei Jahre. Als der Bürgermeister Lutsch 1650 Königsrichter geworden, erhielte er seine Würde, hatte aber nicht das Glück ihrer lange zu geniessen, denn da 1651 die Seuche der Pest in Hermannstadt wütete, wurde er den 10ten März, auch ein trauriges Schlachtopfer derselben. Johann Reußner war sein Nachfolger.

Laurentius Rosenauer.

Sein Vater Dominikus Rosenauer, ältester Rathsherr zu Hermannstadt, hieß sonst Hochteufel. Dieses Geschlecht scheint also von Rosenau in Burzelland, oder Oberungarn abzustammen, und den Namen zu führen. Laurentius war ein Kürschner, daher heisset er in Urkunden gemeiniglich Laurentius Szöcs 1646 wurde er nach dem Michael Theiler Stadthann. Hätte er bei der Verschwörung der aufrührischen Bürger wider den Rath, nicht einen guten Freund gehabt, der ihn warnte, den folgenden Tag auf dem Rathhause zu erscheinen, so wäre der ganze Rath ermordet worden. Allein, so gab Rosenauer alsbald dem ganzen Rath von seiner erhaltenen

nen Warnung Nachricht, und das Geheimniß
der Bosheit wurde vereitelt. Wie lange er
aber das Stadthannenamt verwaltet ist mir
unbekannt, vielleicht bis 1650 da es Jakob
Kapp erhielt. Das Konsulat, das der Königsrichter Lutsch nach Reußners Tod mit verwaltete, erlangte er 1655 und starb als Prokonsul den 11ten August 1657 in einem Alter
von 55 Jahren. Er hinterließ einen Sohn
Johann Rosenauer, der den 17ten May 1679
Rathsherr wurde. Seine Gemahlin, Katharina Lang, starb in ihrem 71ten Jahre 1681.
Das Wappen dieses Geschlechts, war ein Bä-
renkopf, mit einem Hirsch auf dem gekrönten
Helm.

Andreas Melzer oder Werder.

Dieses Geschlecht führet den Namen Werder, von seinem Stammorte, dem Dorf Werd,
im großschenker Stuhl. Georg Werder, der
Vater des Andreas, starb als Stuhlsrichter,
den 26ten Aug. 1638. Sein Grabmal in der
Kathedralkirche führt die Randschrift: Epita-
phium D. O. M. S. & Immortali Memoriæ Circumspecti & Prudentiss. Viri. D.
Georgii Verder, qui postquam multa nominis sui cum laude Sedis Iudicatum in
urbe Transsilv. Cibin. per triennium præ-
fuiss. placida morte defunctus & extinctus
est,

eſt, A. 1638 d. 26. Aug. ætatis 59 Menſ. 5 nebſt folgender Aufſchrift:

Hoic pia Verderi poſuerunt oſſa Georgi,
  Cui magnum pietas nomen habere dedit.
Conſiliis patriam iuvit hic & rexit avitis,
  Dum fluerent vitæ ſtamina grata ſuæ.
Gratus erat civis, decus inſigne urbis & uſque
  Sincerus, prudens, candidus atque bonus,
Sed pietas, candor quid? quid ſapientia
              prodeſt?
Cum ſubito pereat vita caduca nobis.
Ergo aliis misſis Chriſtum ſincere colamus,
  Qui & poſt hanc vitam vivere poſſe,
              dabit.
      Vidua & Liberi moeſtiſsimi poſuerunt.

Sein Sohn Andr. Werder wurde 1654 zum Stadthannen erwählt, nach zwei Jahren zum Stuhlsrichter, und 1657 den 13ten Apr. nach dem Roſenauer, zum Bürgermeiſter, in welcher Würde er 1661 den 16ten Heumond, ſein Leben vollendete. Er hinterlies einen Sohn Georgius, der 1693 Stadthann wurde, und eine Tochter, in Abſicht derer ſich der bekannte Lorenz Töppeltin, doch in vergeblicher Hofnung Werders Eidam nennet. Tobias Fleiſcher heurathete ſie.

Die Rakoziſche Belagerung der Hermannſtadt, und die darauf erfolgte Peſt machte
                    Wer-

Werders Amtsführung denkwürdig und traurig. Man machte aber einen sehr nachtheiligen Schluß für seinen Verstand, und seine Klugheit, daß er den Fürsten Achatius Bartschai, mit seinem Gefolge 1659 in Hermannstadt aufgenommen, dadurch solches alles veranlaßt worden. Bedenkt man aber daß die Hermannstädter dabei sehr übereilet wurden, und sich auch durch eine abschlägliche Antwort, leicht die schärfste Ahndung der mächtigen Pforte hätte zuziehen können: so wird sich Werders Verhalten wohl entschuldigen lassen. In den Königsrichtern, da ich von diesen Begebenheiten mehreres gemeldet, versprach ich eines gewissen Paul Preßings Tagebuch (*) von der Rakozischen Belagerung, hier einzurücken. Es ist folgendes:

1659 den 18ten Dec. kommet Fürst Achatius Bartschai mit einem Gefolge von 2000 Mann, darunter 1000 Janitscharen, und 500 Spahi waren, nach Hermannstadt.

Den

(*) Es führet die Aufschrift: Wahrhaftige Beschreibung, was sich in der Siebenbürgischen Hermannstadt, unter der Rakozianischen Belagerung zugetragen im Jahr Chr. 1659 und angehalten bis Anno 1660 in May.

Den 19ten (*) kommet der Rakozische General, Michael Mikesch mit 11 Fahnen Reiterei vor die Stadt, um den Bartschai abzuschneiden, allein zu spät, doch traf er auf seinem Rückzug viele Bartschaische Packwägen bei Salzburg, und sonst auf den Wegen an, welche er plünderte und verbrannte.

Den 20ten Dec. fanget man an, die Pferdemühle in der Stadt anzurichten.

Den 21ten wird das Haynal, oder Trompetenblasen Vormittags um zehn und Nachmittags um 5 Uhr auf dem Thurn der Kathedralkirche aufgehoben.

Den 22ten wird Peter Budai, ein Ungrischer Edelmann nach Konstantinopel um Hülfsvölker geschickt.

Den 23ten kommt der entsetzte Fürst Georg Rakozi, der Zweite mit seinen Kriegsvölkern an, und lagert sich hinter Königshof bei Neppendorf.

Den 24ten geschieht ein Ausfall auf eine feindliche Parthei, dabei ein Raiz, Marko erschossen wurde. Rakozi begiebt sich nach
Hel=

(*) Nach Pastors Ganesch Nachrichten, geschahe dieses den vorhergehenden Tag gegen Abend.

Heltau, bemächtigt sich des Rothenthurns, und befiehlt den Stuhlsleuten Sturmleitern zu verfertigen. Eben denselben Tag, wie auch den folgenden 25ten, ob es gleich Christtag war, verbrennten die Bürger ihre Mayerhöfe und Gärten, und hauten die Bäume ab.

Den 26ten Dec. reiset Rakozi auf Stolzenburg, unterweges aber beruffet er den Gabriel Haller aus der Stadt zu sich nach Neppendorf, woselbst er sich mit ihm eine Stunde lang von dem Zustand der Stadt unterredete, und drohete die Kathedralkirche nebst dem Thurn in Grund zu schiessen, und nach Eroberung der Stadt keines Menschen zu verschonen, wofern sie sich nicht ergeben würden.

Den 27ten werden die tausend Janitscharen auf die Bastei vertheilet, die übrigen 500 Reiter aber, nebst den Ungarn bleiben zur Nothwehr.

Den 28ten leiten die Feinde die Mühlenbach ab, daß nicht mehr konnte gemahlen werden. Die Bürger aber selbst, zerstören die Seuchenkirche vor dem Elisabeththor, von Grund aus.

Den 29ten kommt Rakozi von Stolzenburg zurück, und umreitet die Stadt mit ungefehr tausend Mann, um einen bequemen Ort zum Angriff auszusuchen. Dabei geschahe vor dem Burgerthor, bis zum Heltauerthor ein Scharmützel, doch bestund der Verlust der Belagerten nur in einem einzigen Mann. Diesen Tag benahm der Feind der Stadt auch das Scheweswasser.

Den 30ten wollten die Unsrigen das Schewes (Sebes) wieder in die Stadt leiten, wurden aber zurückgetrieben, dabei ein Schuster gefangen, und ein andrer Bürger schwer verwundet worden.

Den 31ten rücket Rakozi mit seinem ganzen Heer, ohngefehr 5000 Mann, vor die Stadt auf die Burgerwiesen, theilet es nach etlichen Stunden in drei Hauffen, welche darauf Hamersdorf, Schellenberg und Neppendorf besetzten.

1660 den 1ten Januar wurde das gewöhnliche Läuten um acht Uhr Abends eingestellt. (*)

Den 2ten ließ der Rath die Salzmühlen in der Stadt untersuchen, um sich derselben

im

(*) Das gewöhnliche Zeichen bei unsern Vätern, daß die Handwerker von ihren Arbeiten ruhen, kein Wein mehr geschenkt werden, alle Gesellschaften auseinander gehen, und sich niemand mehr auf den Gassen sollte sehen lassen. Das Läuten ist noch gebräuchlich, aber die Ursache und Absicht ganz unbekannt

im Nothfall zum Fruchtmahlen zu bedienen. Man fand 147. Doch wurden noch mehrere errichtet.

Den 3ten umritte Rakozi die Stadt mit seinem Artillerie Obristen, Andr. Gaude, und abermals den 5ten Januar. Doch gieng in diesen Tagen, ausser einigen Scharmüzeln, nichts Denkwürdiges vor.

Den 7ten errichtete Gaude eine Batterie gegen die Hallerbastei, worauf die Stadt beschossen wurde. Die Kanonen waren insonderheit auf die Kathedralkirche und ihrem Thurn gerichtet, doch ohne Wirkung, allein die Dächer auf dem großen Ringe litten nicht wenig. Diesen Tag geschahen 30 Kanonenschüsse Die Unsrigen erbeuteten zwei schöne Pferde. Des Nachts war ein blinder Lärm beim Sagthor.

Den 8ten geschahen abermals 30 Kanonenschüsse. Vor dem Elisabethenthor an der Ecke, wurde gegen die feindliche Schanze, eine Kaze errichtet, und mit einer Kanone bepflanzt, auch wird die Stadtmauer auf beiden Seiten mit Holz und Erden ausgefüllet.

Den 9ten geschahen 46 Kanonenschüsse, davon einer, einer Walachischen Dienstmagd in der Nonnengassen, die auf dem Herd saß und spann, den Kopf wegschlug.

Den 10ten geschahen 48 Schüsse, den folgenden Tag aber nur 4 dabei Rakozi die Stadt zur Uebergabe aufforderte, aber kein Gehör fand.

Den 12ten schickte Rakozi abermals Briefe in die Stadt, allein die Bürger wollten auf gar keine Weise der Pforte untreu werden. Bei Nacht, entstunden zween blinde Lärme vor dem Sagthor, und bei der untersten Mühle.

Den 13ten errichtete der Feind eine neue Schanze vor der erstern, führte aber keine Stüke darauf. Es geschahen 30 Kanonenschüsse, davon einer einem Kaufmannsdiener den Fuß im diken Fleische wegschlug.

Den 14ten in der Nacht 3 Kanonenschüsse, dieses munterte die Besazung zu einem Ausfall auf. Morgens um 5 Uhr überfallen die Bürger, Türken und einige Zekler, 3000 Mann stark, die Feinde mit gräßlichem Geschrei in ihren Verschanzungen, schlagen sie in die Flucht, und kehren mit reicher Beute, Kanonen und Munition nach der Stadt zurück. Allein die feindlichen Truppen zu Hamersdorf und Schellenberg, durch den Lärm aufgeweckt, eilten hauffenweise herzu. Dieses nöthigte die Unsrigen, die Kanonen, bis auf eine von 16 Zentner zu vernageln und zurück zu lassen, das erbeu=

erbeutete Pulver aber anzuzünden. Die Feinde verloren hiebei 40 Mann, wir aber niemanden.

Nachmittags, da die Unsrigen gut gespeiset und getrunken hatten, wagten sie 400 Mann stark, Fußvolk, und Reiterei, einen neuen Ausfall. Sie wurden mit vier Kanonenschüssen empfangen, und die Feinde wichen zurücke. Unsere die nichts argwöhnten, drangen ganz muthig auf sie los; allein da sie den Ort einer verborgnen Miene erreichten, wurden viele in die Luft gesprengt, besonders Türken. Von Bürgern fand man den andern Tag nur einen Messerschmied tod. Sie kehrten also ohne Vortheile, und sehr nüchtern zurück.

Den 15ten Jänner wurden die feindlichen Stücke nach Schellenberg abgeführt Unsere fallen abermals aus, erobern die Schanze, plündern alles, und verbrennen und verderben sie gänzlich, brachten aber nur einen Gefangenen in die Stadt.

Den 16ten brachen die Bürger die Lederer Lohmühle vor der Stadt ab.

Den 17ten wurden auf Befehl des Raths alle Stadtuhren die ganze Nacht über aufgehalten. Auch wurde ein Grobschmied, nebst zweien Türken aus der Stadt, nach der Türkei abgeschickt, die aber durch Verrätherei den Feinden in die Hände fielen.

Den 18ten verbrennten die Feinde die Haidemühle vor der Stadt.

Den 19. und 20. errichten die Feinde eine neue Batterie bei Neppendorf. In der letzten Nacht stürmten sie die unterste Burgermühle, und hieben vier Personen nieder, musten sich aber dennoch wegen des starken Feuers aus der Stadt zurück ziehen.

Den 21ten wird die Stadt aufs neue beschossen, und geschehen 45 Kanonenschüsse, davon einer einem Kinde, das seiner Mutter im Schoose stand, das Hintertheil des Kopfs wegschlug. Um 9 Uhr Abends entstand ein blinder Lärm vor dem Sagthor, indessen stekten sie die Pulvermühle beim Suldesch in Brand, auch geschahen 4 Kanonenschüsse in die Stadt.

Den 22ten geschahen 27 Schüsse. Nachts zwei blinde Lärme bei der Haidenmühle, und der untersten Burgermühle, wie auch 3 Kanonenschüsse.

Den 23ten. 19 Kanonenschüsse. In der Nacht errichten die Feinde eine neue Schanze

gegen

gegen Kleinscheuren zu, machen abermals Lärm beim Sagthor, und bestürmen auch die unterste Burgermühle, müssen aber mit blutigen Köpfen zurück.

Den 24ten geschieht ein einziger Schuß aus der alten Schanze.

Den 25ten geschahen aus der neuen Schanze 18 Schüsse, ein sizender Türk in dem Zimmer, wird töblich getroffen. Auf diesen Tag hatte Rakozi einen Landtag nach Schellenberg ausgeschrieben, auf welchen der Adel durch die Nachricht betrogen, als hätte sich Hermannstadt ergeben, häuffig zusammen kam. Der Adel und Rath zu Hermannstadt wurde dazu beruffen, sie wollten aber nicht erscheinen, weil der Landtag von einem unrechtmäßigen Fürsten beruffen wäre. Doch schickte Fürst Bartschai seinen Bruder Andreas Bartschai mit etlichen Bedienten nach Schellenberg, mit Rakozi an einem Frieden und Vergleich zu arbeiten, er kam aber mit nichts als mit einem tüchtigen Rausch zurück.

Den 26ten geschehen 16 Kanonenschüsse, auch werden Abends 7 glühende Kugeln in die Stadt geworfen.

Den 27ten Morgens vor Tage kamen abermals 7 glühende Kugeln, davon eine bei dem Sagthor einen Kürschner nebst einem Stücke Mauer herunter schlug, so daß er nach etlichen Tagen sterben muste. Nachmittags wagen die Unsrigen einen glücklichen Ausfall bei dem Sagthor, doch mit Verlust eines Tuchmachers und zweier Janitscharen, welche sie tod, einen andern Bürger aber stark verwundet mit sich zurück brachten.

Den 28ten geschahen 8 Kanonenschüsse, auch wurden 5 glühende Kugeln herein geworfen. In der folgenden Nacht errichteten die Feinde die dritte Schanze vor dem Sagthor, an das Ufer des Zibins, darinn das ungeheure Stück, der Wolf (*) genannt, nachgehends gepflanzet wurde. Ein Walach, vor der Stadt aufgefangen, wurde von dem Bascha selbst niedergehauen.

Den 29ten und 30ten war Stillstand, welcher Ruhe sich die Bürger bedienten, eine Schanze vom Sagthor an, bis zum Suldesch aufzuwerfen.

Den 31ten wurden abermals Abgeordnete nach Schellenberg auf den Landtag geschickt:
Andre=

────────────
(*) Von dieser Maschine, die Fürst Sigismund Bathor 1593 zu Weißenburg giessen ließ, siehe Wolfg. Bethlens Geschichte S. 412 diese sollte Hermannstadt in einen Steinhauffen verwandeln, allein Rakozi betrog sich in seiner Hofnung, und das Stück gieng endlich ganz verloren.

Andreas Ugron, und von Hermannstädtischen Rathsherrn: Andreas Fleischer, (*) und Andr. Löchelsdörfer. Doch wurde nichts ausgerichtet. Endlich that Rakozi den Hermannstädtern den Vorschlag: da sie ja die Ottomanische Pforte so sehr fürchteten, wollten sie ihn für ihren rechtmässigen Fürsten erkennen, wann die Pforte versöhnt werden könnte? und in diesem Falle wäre der beste Rath, daß die Landesstände drei Gesandten, einen Rakozischen, Bartschaischen und Hermannstädtischen an den Türkischen Kaiser abschickten, ihn zu bitten, den Rakozi im Besitz des Fürstenthums zu dulden. Wollte aber derselbe gar nicht einwilligen: so sollte Rakozi gänzlich abstehen, und das Land nicht mehr beunruhigen. — Die Antwort der Bürger aber war gar keine günstige. Unterdessen verschütteten die Bürger die Stadtmauer gegen der Schanze zu, mit Erde.

Hornung. Den 1ten kommet ein kaiserlicher Gesandter zu Hermannstadt an, der ein Schreiben in einem hohlen Stocke mitbrachte.

Den 2ten wurde die zweite Pferdemühle in der Stadt angerichtet.

(*) Nachmaliger Königsrichter.

Den 3ten geschah vor dem Sagthor ein Scharmüzel, dabei etliche von den Feinden geblieben. Auch erfolgten 5 Kanonenschüsse aus der neuen Schanze.

Den 4ten fallen etliche Janitscharen und Spahi aus, und treffen bei der Kuhfurth einen Wagen des Colonels Gaude an, darauf sich desselben Sekretair mit vielem Gelde befand. Sie erschlugen diesen nebst dem Fuhrmann, und machen gute Beute, 310 Stücke Türkischer Dukaten, Gaudes Degen, Petschaft, und andere Dinge sammt vielen geheimen Schriften. Alles dieses brachten sie nebst drei Pferden glücklich in die Stadt. Das übrige Geld aber musten sie zurück lassen, in dem der Lärm die feindlichen Houssaren zu Neppendorf hauffenweis herbei zog, und ein heftiges Scharmüzel vorfiel. Aus der Schanze geschahen diesen Tag 9 Kanonenschüsse. Eine Kugel flog durch das Fenster eines Hauses, und schlug einem Bauern den Kopf weg. Bei der Nacht errichteten die Feinde noch eine nähere Schanze an den Zibin.

Den 5ten geschahen aus dieser neuen Schanze 42 Kanonenschüsse.

Den 6ten darauf 28.

Den

Den 7ten aber nur 18 doch zwei hizige Scharmützel, eines vor dem Burgerthor, darinn drei Bürger blieben, das andere vor dem Heltauerthor, da die Rakozischen sehr zu kurz kamen, indem sie von den Janitscharen unvermuthet überfallen wurden. Von Bürgern wurden zwei schwer verwundet.

Den 8ten Nachts ein blinder Lärm vor der Hallerbastei.

Den 9ten geschahen 24 Kanonenschüsse.
— 10ten   —   30.
— 11ten   —   25.
— 12ten   —   28.
— 13ten   —   16.
— 14ten   —   15 und
— 15ten   —   18 Kanonenschüsse.

Den 17ten und 18ten errichteten die Belagerten abermals eine Kaze beim Elisabeththor, zur rechten Hand im Winkel.

Den 19ten verlangt Gaude einen Rathsherrn zu sprechen, und schickte deswegen einen Kapitain zur Geisel in die Stadt, worauf Georg Theil, ein Rathsgeschworner, zu ihm hinaus kam. Gaude verlangte seine geraubte Schriften zurück, und erbot sich für diese Gefälligkeit die Belagerung aufzuheben. Da ihm aber dieses versagt wurde, drohte er in 3 Tagen sich der Stadt zu bemächtigen, und schwor, daß ihn 100,000 Teufel hohlen sollten, wann er es nicht thäte. (*) Beides aber geschahe nicht.

Den 20ten hierauf erfolgten 4 Kanonenschüsse, und Abends, wie die Unsrigen hinausgefallen einen blinden Lärm zu machen, noch 9 Kanonenschüsse.

Den 21ten wurde das Feuer lebhafter. Es geschahen 36 Schüsse.

Den 22ten aber 32 darunter ein Wolfsschuß durch die Mauer, des Küsters Kind tödlich verletzte. Denn diese große Kanone war endlich mit großer Beschwerlichkeit von Weißenburg angekommen. Die Kathedralkirche, nebst ihrem Thurn, wurde etlichmal durch dieselbe nicht wenig beschädigt. (**) Eben diesen Tag

---

(*) Nach dem Gunesch, geschahe dieses den 16. Febr.

(**) An dem sogenannten kleinen Knechtsgeländer, hanget noch eine kleine Tafel, worauf ehemals folgende Verse zum Andenken dieser traurigen Scenen stunden:
Sedecimo Seclo. dum Quinquagesimus atque
 Nonus, Christieolis additus annus adhuc,
Rakoczius vehemens de Principe, truxque tyrannus,
 Imperio suo, quem moverat ambitio.
Semestri tua Cibinium, mox moenia cingens
 Obsi-

Tag kam auch eine Feuerkugel mit Schlägen, doch wie alle vorige, ohne alle gehofte Wirkung.

Den 23ten wurde die Stadt mit 19 Kanonenschüssen, und den folgenden 24ten mit 5 begrüsset; ohne Schaden.

Den 25ten wieder 19 Schüsse, dadurch ein Türke auf der Sagbastei getödtet wurde. Bei Nacht wurde auch eine Granate hereingeworfen, die aber noch in der Luft zersprang.

Den 16ten geschahen 9 Kanonenschüsse, und zwei Scharmützel vor dem Heltauerthor, darinn ein feindlicher Hauptmann erschossen wurde, und vor dem Burgerthor, wobei zwei Knechte des Gabriel Hallers zu den Feinden überrannten, ja einer davon noch einen Türken erschoß. Joseph Nagy kam zwar wieder zurück, der andere aber wurde von den Türken

---

Obsidione, dedit quæ monumenta tibi.
Extima non urbis, non propugnacula tantum
   Portatæ, impetiit fulmine terrisono.
Quantum templa Dei vel Turcus & ipse stupebat,
   Impia sic hominum pectora δειϱιαχειυ.

Diese Verse wurden den 26ten Brachmond 1677 aus Staatsursachen ausgelöschen. Man sieht noch Denkmäler dieser Kanonenschüsse an derselben Kirche, und nach der Erinnerung meiner jüngern Jahre, an den Häusern auf dem Johannesberg (Hundsrucken.)

ten in der feindlichen Schanze gefangen, und aus Furcht, er möchte Gnade erlangen, von ihnen auf der Burgerbrücke des Zibins, in kleine Stücke zerhauen. Die Feinde bekamen viele schwer Verwundete, und nicht wenige Todte.

Den 27ten 7 Kanonenschüsse. In der Nacht warfen die Feinde eine neue Schanze bei den Ziegelscheuren auf (*)

Den 28ten ein glückliches Scharmützel vor dem Heltauerthor, vier feindliche Köpfe wurden in die Stadt gebracht, darauf erfolgten 16 Kanonenschüsse.

Den 29ten abermal ein Ausfall die feindliche Schanze zu erobern. Unsere drangen auch in dieselbe ein, und hätten ihre Absicht erreicht, wann sie besser angeführt, oder es nicht Nacht geworden. Zwar wurden sie von der Stadtmauer unterstützt, vielleicht aber mehr zu ihrem Schaden, als Vortheil, denn man wuste nicht, ob sie ihre Todten und Verwundeten durch das Feuer der Feinde, oder durch diese Unterstützung hatten. Weil verschiedene Janitscharen geblieben, gab der Rath ernstlichen Befehl, es sollte niemand mehr wider die Feinde hinaus gelassen werden. Auf diese Blutige

---

(*) Nach Gunesch eigenhändiger Nachricht geschahe dieses den 11ten Februar.

tige Szene folgten 10 Kanonenschüsse, davon einer auf der Holzbastei einem Jungen den Fuß wegschlug.

März. Den 1sten geschahe 1 Kanonenschuß, den folgenden auch nicht mehr als 3.

Den 3ten 2 Kanonenschüsse, auch wird ein Onoder Katonak von den Unsrigen eingebracht,

Den 4ten wieder 6 vergebliche Kanonenschüsse.

Den 5ten geschahen 20 gleichfalls ohne Schaden, so auch 3 glühende Kugeln, die bei der Nacht in die Stadt geworfen wurden. Ein feindlicher Soldat kam in seinem Rausch freiwillig in die Stadt.

Den 6ten 6 Kanonenschüsse. Fürst Bartschai erhielte von Rakozi die Freiheit den Stadtphysikus, Paul Wolfgang zu seiner kranken Gemahlin nach Deva zu schicken.

Den 7ten nur 2 Kanonenschüsse. Eine feindliche Schildwache wird aufgehoben und hereingebracht.

Den 8ten thaten die Feinde 12 Kanonenschüsse, und den 9ten gleichfalls 12.

Den

Den 10ten aber nur 7. Da die Belagerten keine Ausfälle thun durften, nützten die Rakozischen diese Gelegenheit, und liessen das Wasser aus dem Fleischhacker und andern Teichen ab, und genossen fröhlich der vielen Fische, raubten auch das Vieh bei der Stadt, und erschlugen die Hirten. Dieses versuchten sie auch diesen Tag, wodurch aber die Türken so ergrimmt wurden, daß sie die Eröffnung der kleinen Thür bei dem Elisabethenthor zu einem Ausfall verlangten. Da es ihnen aber nicht bewilligt wurde, thaten sie es selbst mit Gewalt, darauf ein Scharmützel folgte, das mit nicht geringem feindlichen Verlust bis in die Nacht dauerte.

Den 11ten geschahen 12 Kanonenschüsse.

Den 12ten abermals ein blutiges Scharmützel, zuerst bei dem Hamersdorfer Steg, dann bei dem Sagthor. Die Feinde hatten 225 Mann blessirte und zwei Todte. Von den Unsrigen waren fünf verwundet. Hierauf thaten die Feinde 3 Kanonenschüsse.

Den 13ten war das feindliche Kanonenfeuer nicht viel lebhafter, es geschahen nur 9 Schüsse. Der verstorbnen Gemahlin des Fürsten Bartschai wurde zum erstenmal geläutet, welches vierzehn Tage täglich dreimal geschahe.

Den

Den 14ten gar nur ein Kanonenschuß. Ein feindlicher Soldat wird gefänglich herein gebracht. Abends zünden die Feinde das Predigerhäusgen auf dem Sagfriedhof an.

Den 15ten geschahen 6 Kanonenschüsse auf die Stadt.

Den 16ten geschahen 7.
— 17ten — 13.
— 18ten — 7, und
— 19ten — 8.

Den 20ten brachen die Feinde eine Thüre in den Galgen, und setzten eine Wache hin.

Den 21ten thaten sie einen Versuch auf die Sagbastei, kamen hauffenweise unter heftigem Feuer auf dieselbe zugelauffen, wurden aber so empfangen, daß sie keinen Versuch mehr thun wollten.

Den 22ten geschahen 5 Kanonenschüsse, doch ohne Schaden. Auch hatten wir den schrecklichen Wolf nicht mehr zu fürchten, denn weil er die gehofte Wirkung nicht that, wurde er nach Mühlenbach abgeführt.

Den 23ten zwölf Kanonenschüsse. Eine Türkische Parthei zu Pferde und Fuß fallen aus, und schlagen eine feindliche Trup bei der
Kuh=

Kuhfurt in die Flucht, und erbeuten auſſer andern Sachen 12 ſchöne Flinten. Die Feinde lieſſen ſieben Todte auf der Wahlſtatt, darunter zwei Hauptleute.

Den 24ten zehn Kanonenſchüſſe. Der beſte Konſtabler, Namens Handſchuhmacher, verlor dadurch auf dem Suldeſch den Kopf, und ein junger Student, Michael Mallendörfer, den rechten Arm. Auch wurde einer Walachin bei einem Kürſchner der Arm weggeſchoſſen. Dieſes bewegte die Unſrigen zu einem Ausfall, wobei ſie einen Fähnrich mit etlichen Katonaken erlegten.

Den 25ten Sechs Kanonenſchüſſe ohne Wirkungen.

Den 26ten ein ſcharfes Scharmützel, dabei die Feinde ſtark litten, aber auch von den Unſrigen zwei Bürger erſchoſſen, und 16 zum Theil tödlich verwundet wurden. Die Feinde rächten ſich mit 39 Kanonenſchüſſen auf die Stadt.

Den 27ten bezeichnete ein einziger Kanonenſchuß.

Den 28ten war Oſterfeſt, damit ſich aber die Bürger auch izt als Belagerte fühlen möchten, geſchahe Nachmittags ein Kanonenſchuß,

schuß, ein sehr heimtükischer! er war auf die Kathedralkirche gerichtet, und sollte die Bürger beim Gottesdienste finden. Allein er kam zu spät, die Leute waren schon aus der Vesper gekommen, doch wurde ein Bürger von einem springenden Steinstücke so getroffen, daß er alsbald starb.

Den 29ten und 30ten war alles stille.

Den 31ten wurden von dem Rath 120 Bürger, nebst 500 Türken beordert, sich auf den Fall eines Sturms bereit zu halten, der General davon hielte sich auf der Schusterzunftlaube auf.

April Zu Anfang dieses Monats gieng es ganz schläffrig zu.

Den 1ten geschahe nur ein Kanonenschuß, und den folgenden Tag gar keiner.

Den 3ten, 5, und den 4ten 3 Kanonenschüsse.

Den 5ten thun die Belagerten bei dem Burgerthor einen Ausfall, dabei die Feinde 30 Mann verlieren, von den Unsrigen waren 10 Janitscharen, und ein Schustergesell verwundet. Darauf geschahen 34 Kanonenschüsse.

Den 6ten 7 Kanonenschüsse.

Den

Den 7ten nur zwei, aber ein andres Unglück geschahe. Die Unsrigen wurden auf der Fütterung von den Feinden überfallen, und verloren an Janitscharen, Bauern und Ungarn 28 Mann, davon nur zwei lebendig weggeführt, den übrigen aber die Köpfe abgeschlagen worden. Man fand nachgehens diese Köpfe zu Schellenberg. Dieser unglückliche Vorfall dämpfte die kriegerische Hize der Türken sehr, doch geschahe noch diesen Abend abermals ein Ausfall, dabei ein feindlicher Katonak gefangen wurde.

Den 8ten thaten die Feinde sechs Kanonenschüsse.

Den 9ten 7. Die Feinde fingen zwei Walachen, die Briefe an die Belagerten, aus der Walachei brachten, auf, davon einer gespießet, der andere aber mit abgeschnittener Nase und Ohren, in die Stadt geschickt wurde. Gegen Abend eroberten Unsere einen Wagen mit sechs Ochsen und Futter.

Den 10ten nur ein Schuß; den folgenden Tag alles stille.

Den 12ten sechs Schüsse. Vier Janitscharen und zwei Sächsische Bauern werden von den Feinden niedergehauen, zwei Bürger aber gefangen.

Den

Den 13ten thaten sie 4 Kanonenschüsse.

Den 14ten zwei und zwanzig Schüsse, auch versuchten die Feinde etliche 100 Mann stark die Viehherde vor dem Heltauerthor zu rauben, wurden aber leer und mit Hohn und Spott zurück gewiesen.

Den 15ten nur ein Schuß. Eine feindliche Schildwache wurde erschossen.

Den 16ten wurden zwei unsrer Briefträger von den Feinden gefangen, der eine gespießt und der andere enthauptet.

Den 17ten abermals nur ein Kanonenschuß.

Den 18ten thaten die Feinde 7 Schüsse. Die Unsrigen bringen zwei Kriegsgefangene herein.

Den 19ten ein glückliches Scharmützel vor dem Heltauerthor, dabei von unsrer Seite nur ein Janitschar erschossen, und einer verwundet wurde.

Den 20ten geschahen zwei Schüsse.

Den 21ten zehn. Abermals ein Scharmützel auf dem Viehmarckte vor dem Heltauer erthor, dabei ein Janitschar erschossen wurde, die Unsrigen kamen mit einem Kriegsgefangenen und drei Köpfen zurück.

Den 22ten geschahen 8 Schüsse.

Den 24ten 14, auch thaten die Unsern bei dem Heltauerthor einen heimlichen Ausfall, und trieben die Bedekung der feindlichen Fouragierer auf der Neppendörfer Ebene zurück. Der Lärm verursachte, daß die feindliche Reiterei zu Neppendorf, Hamersdorf und Schellenberg herzu eilte, auch aus den Verschanzungen auf 200 Mann. Allein die Hermannstädter stellten auf dem Suldesch einen Hinterhalt von Reuterei und Fußvolk, da nun die Unsrigen mit den Feinden beim Scheves fochten, umringte der Hinterhalt das feindliche Fußvolk, fiel es mit gräßlichem Geschrei an, und schlug es in die Flucht. Der Feind verlor außer den Gefangenen 105 Mann, von den Unsrigen aber war ein Türk tod, und vier schwer verwundet, wie dann auch einer, und ein Ungar in die Gefangenschaft gerathen. (*)

Den 26sten Abends nach 9 Uhr, zündeten die Feinde unsern Wall vor dem Sagthor an, das Feuer aber wurde bald gelöschen.

Den

(*) Nach Hrn Sunisch geschahe dieses den 22ten.

Den 27ten thaten sie sechs Kanonenschüsse.

Den 29ten streiften die Feinde zweimal auf unsre Viehherde, führten auch fünf Stück Rindvieh, sammt einem Pferde weg. Darauf geschahen 6 Kononenschüsse.

Den 30ten nur zwei.

May. Den 1ten fielen die Feinde vier Fahnen stark von Hamersdorf, und 3 Fahnen von Schellenberg auf unsere weidende Viehherden, musten aber nach einigem Verlust leer zurück. Darauf schickte Rakozi drei Briefe in die Stadt. Nach dem Gunesch geschahe dieses den 7ten May, welcher auch dabei berichtet: Rakozi habe darinn die Hermannstädter zur Uebergabe vermahnet, und im Gegenfalle gedrohet, die ganze Macht des Landes wider die Stadt zu bringen, und diese nach ihrer Eroberung der Erde gleich zu machen. Er lies auch zu Schellenberg einen Galgen aufrichten, und die Köpfe der neulich erschlagenen daran nageln.

Den 2ten schickte Rakozi abermals einen Brief in die Stadt.

Den 3ten und 4ten wurden die Sturmleitern haufenweise in die Verschanzungen gebracht. Sie waren von solcher Größe und

Schwere, daß kaum zwanzig Mann eine aufrichten konnten.

Den 5ten thaten sie 5 Kanonenschüsse, raubten auch vor dem Elisabeththor zwanzig Stück Rindvieh, nebst einen Knaben. Ein Bauer wurde niedergehauen, und ein Leinwebergeselle schwer verwundet. Von den Feinden blieben drei, und drei wurden gefangen. Gegen Abend wurde abermals ein feindlicher Soldat bei dem Kreuz vor dem Elisabethenthor niedergemacht. Vor dem Heltauerthor gieng es nicht minder unruhig zu. Ein bürgerlicher Schmied wurde erschossen, hingegen auch des Rakozi Czatlos, von **Johann Haupt**, (*) der auf der Hallerbastei beseligte, gefangen, und in die Stadt gebracht.

Den 6ten geschahen 5 Kanonenschüsse, einem Türken auf dem Suldesch wird der Kopf weggeschossen.

Den 7ten zwei Kanonenschüsse. Die Feinde streiffen wieder auf unsre Viehherde, wurden aber zurückgeschlagen.

Den 7ten. Etliche Jungens fielen den Feinden in die Hände. Diese errichteten in der
Nacht

(*) Nachmaliger Bürgermeister und Königsrichter.

Nacht die siebente Schanze, kaum einen Schuß weit von der Sagbastei. Schrecken und Verzweifelung breiten sich in der Stadt aus.

Den 9. geschahen zwei Schüsse. In der Nacht rissen die Feinde den gemaurten Kranz oberhalb dem Burgerthor ein.

Den 10ten Neun Kanonenschüsse.

Den 11ten 24 Schüsse. Vor dem Heltauerthor ein hiziges Scharmützel zum Nachtheil der Feinde. Unterdessen fielen die Unsrigen auch zum Sagthor hinaus! schlugen die Feinde aus den zwei nächsten Schanzen, plünderten und rissen sie zum Theil nieder. und kehrten mit drei eroberten Fahnen und vieler Beute an Pferden, Kleidern und andern Sachen glücklich zurück. Hätten sie Feuer bei sich gehabt; so hätten sie auch die Zelter in Brand gesezt. Der feindliche Verlust war beträchtlich, die Unsrigen aber hatten nur 6 Verwundete, drei Sachsen und drei Türken, davon ein Leinweber, der einen Schuß in' den Rücken bekommen, und ein Leinwebergeselle, der in die Brust geschossen worden, an ihren Wunden starben,

Den 12ten Nachts um 10 Uhr, entstand ein heftiges Feuer in der großen feindlichen Schanze, darinn die Kanonen und das meiste Volk sich befanden, und brennte die Hälfte ab.

Den

Den 13ten geschahen 8 Kanonenschüsse. Die Unsrigen versammeln sich auf die 2300 Mann, um einen entscheidenden Ausfall auf die Schanze zu thun. Sie hätten auch wahrscheinlich ihre Absicht erreicht, indem der gröste Theil der Feinde den anrückenden Türken entgegen gezogen. Allein Gabriel Haller, der es mit dem Fürsten Bartschai nie treulich gemeinet, wuste ihren Vorsatz zu verhindern, als es aber die Bürger erfuhren überliefen sie den Bürgermeister Werder, bis sie endlich Nachmittags die verlangte Freiheit erhielten. Sie verwunderten sich, daß die Feinde nicht so häufig wie bisher, weder aus den Schanzen noch von den benachbarten Dörfern zusammen liefen. Nachdem sie etliche niedergehauen, kehrten sie mit einem Kriegsgefangenen, etlichen Pferden und anderer Beute ohne den geringsten Verlust zurück.

Den 15ten verlassen die Feinde bei der Nacht alles, und ziehen ab. Morgens um 8 Uhr fanden die Belagerten die Schanzen bis auf einige Kranken, Hausrath und Stuckkugeln gänzlich leer, welches sie dann sehr erbitterte, daß sie den vorigen Tag am vorgesetzten Ausfall verhindert worden. Nun lief alles Volk hinaus, zerstörte die Schanzen, und machte Beute, zu Neppendorf fand man die Lavetten vom Wolf, zu Hamersdorf ausser andern Sachen, viel Honig und Butter, zu Schellenberg wo das Hauptquartier gewesen,

etli=

etliche 1000 Karpien, Stuckkugeln, die Lavetten von einer Kanone, einiges Rindvieh, Pferde und 200 Schaafe mit Lämmern, welches alles in die Stadt gebracht wurde.

Den 15ten zogen die Unsrigen mit fliegenden Fahnen auf Heltau, Michelsberg, Reschinar, und die benachbarten Dörfer, um Kundschaft einzuziehen. Sie fanden aber nichts von den Feinden, aber viele Schaafe und Lämmer, die sie herein brachten. Bei dem Rothlöschen wurde diesen Tag ein Kleinscheurner Bauer von Feinden so gehauen, daß er den folgenden Tag sterben mußte.

Den 17ten bis 18ten wurden die Bäche und das Wasser wieder in die Stadt und auf die Mühlen gelassen, so auch das tägliche Trompetenblasen auf dem Thurn, und das Läuten um 8 Uhr Abends wieder angefangen.

Den 19ten starb der vornehmste Bascha in der Stadt, und wurde vor das Sagthor begraben.

Den 23ten sind die Bürger bis auf acht Zehntschaften bei jedem Thor von der Wache frei gesprochen worden.

Den 28ten verließ Fürst Bartschai nebst dem Adel und allen seinen Kriegsvölkern die Stadt, und begab sich in das Türkische Lager.

Den 30ten wurde eine schöne Kanone, welche von den Feinden im Nependorfer Grund zurück gelassen, hereingebracht. Nach etlichen Tagen kam auch der große Wolf von Mühlenbach an, welchen der Rath zersägen, und klei=

nere Kanonen daraus giessen ließ, damit er nicht einmal könnte zurück gefordert werden.

Den 31ten May überlieferte man die feindlichen Kriegsgefangene in das Türkische Lager. (*) —

Hätte nun gleich der Bürgermeister W e r der, etwas menschliches begangen, daß er durch die Aufnahme des Fürsten Bartschai, Hermannstadt so großen Gefahren aussetzte; so bezeigte er doch den lobenswürdigsten Muth und Treue, daß er sich durch keine Vorstellungen Drohungen und Gefahren bewegen ließ, die Stadt dem Fürsten Rakozi zu übergeben, denn hätte sie dieser in Besitz bekommen: so hätte er sich gewiß nur unter ihre Ruinen begraben lassen.

Werder hinterließ einen Sohn Georg Werder, der 1693 das Stadhannenamt erhielt.

Die Fortsetzung folgt künftig.

II.

(*) Weil ich eine sehr schlechte und verwirrte Abschrift von Preßings Beschreibung hatte, so habe ich bei diesem Tagebuch auch des Pastors Gunesch Nachrichten genützet.

II. Vaterländische Anzeigen.

a. Politik.

Seit dem mit der Ottomanischen Pforte geschlossenen Frieden genießt unser Vaterland einer glücklichen Ruhe. Den 24. Dec. sah Hermannstadt den Gesandten der Ottomannischen Pforte **Ebubekr Ratib Effendi Muhasebitschi**, der die Glückwünschungen Selims III. zur Thronsgelangung Leopolds II. nach Wien bringt, seinen Einzug halten, und das nehmliche Geschütz das noch jüngst Tod und Verderben in die Schaaren der Osmanen strömte, donnerte jetzt von Hermannstadts Basteien, dem seltnen Gastfreunde bewillkommend entgegen

Das Königliche Gubernium welches auf Allerhöchsten Befehl auch nach geschlossenem Landtage bis auf weitere Weisung in Klausenburg verbleiben soll, befindet sich noch daselbst und macht seine Rückkehr — oder wenigstens die Zeit derselben — sehr ungewiß. Das Personale des wieder aufgerichteten Thesaurariats ist gleichfalls noch nicht cathegorisch bestimmt. Indessen hoffen wir sowohl über diese, als auch noch manche andre politische Gegenstände unsern Lesern im künftigen Hefte dieser Quartalschrift befriedigende Nachrichten zu ertheilen.

b. Oekonomie.

Der reichliche Seegen unsrer Felder und die durch günstige Witterung glücklich beendigte Erndte, hat unsre Wünsche und Hofnungen, nicht nur befriedigt sondern weit übertroffen, nur in Ansehung des Weinstockes, sind unsre Aussichten durch den im Ausgange Septembers erfolgten frühzeitigen Nachtfrost getrübt worden, jedoch keinesweges so stark, daß etwa der Wucher einen verabscheuungswürdigen Gewinn davon erbeuten könne. — Aus dieser Ursache muste daher der Kornpreis etwas fallen, ob er gleich im Verhältniß mit dem Bannat, Gallizien, Ungarn und selbst Oestreich noch immer sehr hoch steht. Woher dieses kameralistische Phönomen in Siebenbürgen? Mangel an Magazinen, vermehrte Geldmaße unter dem Bauernstande (denn vor Ausbruch des Krieges war Siebenbürgen ein sehr geldarmes Land, daher Wohlfeilheit, während des Krieges kamen viele Summen herein, daher Uebermuth und Theurung) und noch so manche andre Ursache erhalten hier die Theurung, indes unsre Nachbarn wohlfeiler, mithin auch glücklicher leben. —

c. Partiale Mortalitätstabelle.

Obgleich wir unsern Lesern im vorigen Jahrgange 1790 eine vollständige (wiewohl mit vieler Mühe erlangte) Mortalitätsliste von

Hermannstadt geben konnten; so sehen wir uns doch genöthigt hier öffentlich zu bekennen, daß wir in diesem zweiten Jahrgange ein gleiches zu thun ausser Stand gesezt sind, indem der Hermannstädter Stadtchyrurgus, der das Amt eines Todtenbeschauers bekleidet, uns auf unabläßiges Ansuchen zwar immer vertröstet aber bis jezt noch keine Liste geliefert hat. Wir sind diese öffentliche Rüge dem Publikum und der Wahrheit schuldig. — In Ermangelung einer vollständigen Todtenliste führen wir daher nur an, daß in Hermannstadt vom 1ten Januar bis lezten Decemb. von evangelischen Glaubensgenossen 226 geboren und 487 gestorben sind. — Unter denen die ein hohes Alter erreicht, verdient ein Frauenzimmer von 91 Jahren und etlichen Monaten bemerkt zu werden.

d. Literarische Miscellen.

Schon zweifelten wir, daß der, im Nächstvorhergehenden Heft unsrer Quartalschrift S. 226 erwähnte Pendant zu der Staatsschrift über das Eigenthumsrecht der Sächsischen Nation in Siebenbürgen auf ihrem Grund und Boden je durch den Druk bekannt gemacht werden würde, da die Zensur in Wien Schwierigkeiten machte; nun aber wissen wir zuverläßig, daß diese, von einem würdigen Staatsmanne der Sächsischen Nation entworfene Schrift, welche die Con-

civi-

civilitæt zum Gegenstande hat, von unserm Allerdurchlauchtigsten Landesvater Leopold dem Weisen das Imprimatur erhalten hat.

Auch sehen wir einem andern, eben so diplomatisch gründlich, als schön geschriebenen lateinischen Werkchen De initiis Saxonicæ Nationis in Translilvania mit Sehnsucht entgegen, welches unlängst nach Wien unter die Presse gegangen ist.

Unter andern vortreflichen Aufsätze, in den, vom ganzen literarischen Europa gelesenen Staatsanzeigen des Herrn Hofraths und Professors Schlözers in Göttingen befinden sich besonders in den zwei letzten Heften, dem 63. und 64. drei Numern, nämlich 39 42 und 52 welche die Aufmerksamkeit jedes Siebenbürgers von Kopf und Herz, in hohem Grade verdienen. In Ansehung dieser interessanten Materien verweisen wir unsre Leser auf Schlözers Schrift selbst, indem diese Aufsätze ganz gelesen werden müßen.

In Großschenk, einem der schönsten und volkreichsten evangelischen Marktflecken in Siebenbürgen hat die Schule unter dem dasigen verdienstvollen neuen Pfarrer Balthes viele Verbesserungen erhalten, so daß nun die

männ=

männliche Schuljugend von meist auf ausländ=
dischen hohen Schulen gebildeten Lehrern Un=
terricht erhält. Durch die edle Verwendung
des nämlichen vortreflichen Mannes und des
sämtlichen Großschenker Konsistoriums, werden
auch die übrigen, sehr wohl dotirten Dorfs=
schulen dieses Stuhls künftighin mit besseren
Schullehrern besetzt werden, indem die An=
stalt getroffen wird, daß wenigstens jeder jun=
ge Mann, der um ein Dorfsrektorat wirbt,
sich zuerst beim Konsistorium muß prüfen las=
sen. — Hiedurch wird dem, leider noch in vie=
len Dörfern herrschenden Unwesen vorgebeugt,
daß nicht jeder unwissende und sittenlose Stu=
dent durch Bestechung der Dorfsältesten, oder
andre dergleichen böse Kunstgriffe eine einträg=
liche Schule erhält, wo er oft ganze künftige
Generationen verwahrloset, oder brutalisirt,
oder mit dem Gift seines heillosen Exempels
ansteckt.

---

*Supplex Libellus Valachorum Transsilvaniae,
jura tribus receptis Nationibus communia,
postliminio sibi adseri postulantium. cum no-
tis criticis I.C.E. Civis Transsilv.* 4. *Claudiopoli Typis Martini Hochmeister* 1791 S. 59.

Die walachische Nation in Siebenbürgen,
welche, wie bekannt, die Rechte und Freihei=
ten der 3 sogenannten in diesem Großfürstenthum
recli=

glückliche Fortschritte macht, und in dem Herzen jedes helldenkenden Mannes leichten Eingang findet — war die Hauptbeschäftigung des Verewigten, welche er bis zum letzten Augenblick seines Lebens mit rastloser Thätigkeit fortsetzte.

Nachschrift der Herausgeber.

Verschiedene vortrefliche Aufsätze sind zu spät eingegangen, als daß wir sie hier dem Publikum vorlegen kennen, wir werden aber in dem nachfolgenden Hefte davon Gebrauch machen, und sind daher diese kurze Nachricht den gütigen Einsendern bekannt zu machen verpflichtet.

Jerdru untului. Iarbe de kurke.   r Namer
                                  aris.
                                  ana.

Tousen
Ingfen
Stenki
Nägelw   s.
                                  m.   erö

Gangt re,   Selnike.

Moußu
Hoop.
Velsek   a,
Johan
Uolenk
Bloh ete.
Kruod ne.   n.   k,
Prome

Düdt arte.
Gichtw ri.
Gadlü
        okoschului.
Hartr ru,

       sk.
       lui.   m
Fexne
                                        l.

Pappe   l
                                  m,

Name.	Walachischer Name.
	Muschetzel.
	Iisme de muntje.
	Iisme api
	Polei.
	Iisme Selbátike
báromlev. Fü	Trifoi ámár.
	Brie.
	Ketuschnitze.
	Plumine álbe.
	Kuzielje popi.
	Sovurf.
	Mákrischor trifoios,
	Mák roschu.
	Posternák.
	Pappel.
	Petrenfei selbatik.
	Brad.
	Molid
	Plátádschine.
	Plátádschine engusta.
	Troskove.
	Kerligetze.
	Iárbe roschie.
	Spásu Drákului. Iarbe Scharpi.
les gyöker,	Feridschei.

Siebenbürgische Quartalschrift.

Zweiter Jahrgang
Viertes Quartal.

I.

Fortsezung der Provinzial Burgermeister zu Hermannstadt (S. III. Heft S. 306.)

Jacobus Kapp.

Stadthann in den Jahren 1650 und 51 Stuhlsrichter zum erstenmal von 1653 bis 1656 da ihm Andreas Werder darinn folgte, doch als dieser Bürgermeister geworden, erhielt er seine vorige Würde wieder, und als Werder 1661 starb, wurde er den 18ten Heumond dessen Nachfolger im Konsulat, welches er zwei Jahre verwaltete, und nach dem Simonius, 1666 wieder erwählet wurde. Nach einem Jahre lebte er als Prokonsul bis 1669 da er den 9ten Mai seine Tage beschlos.

Dieses ist alles, was ich jzt von diesem Manne weis.

Johann Simonius.

Ein Mann von großen Gaben, dessen ich auch unter den Siebenbürgischen Gelehrten gedenke. Nach Soterius Nachrichten, stammte sein Geschlecht von Keisd, im Schäsburger Stuhl ab, und M. Aegidius Simonius und Anna Besodner wären die Großeltern unsers Simonius gewesen. Allein, da Stephan dessen Vater, in den Rathsprotokollen ein Bistrizer genannt wird, so scheinet mir das lezte sicherer und gewisser zu seyn. Stephan Simonius starb als Provinzialnotarius zu Hermannstadt, den 28ten Dec. 1623 und hinterließ von seiner Gemahlin Barbara Reichhalmer, den Johann Simonius. So frühzeitig dieser seinen Vater verlor: so machte er doch von seinen Naturgaben einen so guten Gebrauch, daß er einer der größten Geister seiner Nation wurde. Nur Schade! daß er vielen Stolz, und gar zu viele Galle hatte. 1649 den 21ten Apr. heurathete er Agnethen, eine Tochter des Königsrichters Valentin Frank, die er aber den 5ten Oct. 1658 im 28ten Jahre ihres blühenden Alters, wieder verlor. Von 1650 bis 62 verwaltete er das Provinzialnotariat. 1664 erwarben ihm seine Verdienste die Bürgermeisterwürde, worinn ihm

zwar

zwar Jakob Kapp, 1666 folgte, allein das folgende Jahr erhielt er sie wieder. Nachgehends lebte er als Prokonsul.

Fürst Apafi würdigte ihn wegen seines Verstandes und Wizes vieler Vertraulichkeit; allein auf dem Landtage zu Fogarasch erwies er ihm schlechte Achtung. Den 19ten Nov. 1665 hatten die Sächsischen Abgeordneten zum Unglück gegen vier Uhr Nachmittags, öffentliche Audienz. Denn nach Tische war Apaß gemeiniglich zu keinen Regierungsgeschäften tauglich. Simonius bat ihn, in seiner Anrede unter andern, im Namen der Sächsischen Nation unterthänigst, Ihnen den S. Martins Zins, wie er bei seiner Erhebung zur Fürstlichen Würde sowohl mündlich als schriftlich zugesagt, auch fernerhin gnädigst zu erlassen. Dieser Zins war ehemals ein freiwilliges Geschenk, nachgehends sahen es die Fürsten für eine Schuldigkeit an. Als aber Apafi bei seiner Fürstenwahl 1661 wegen Geldmangel in großer Verlegenheit war: so unterstützte ihn die Sächsische Nation freiwillig, doch mit der Bitte, das gewöhnliche Martinsgeschenke auf ewig aufzuheben. Apafi sagte es feierlich zu, und bekräftigte es schriftlich. Allein 1665 verlangte er dasselbe wieder. — Der Fürst unterbrach den Simonius in seiner Anrede, und fragte hizig: ob sie den auferlegten Tribut mit gebracht hätten? Simonius antwortete, und wollte

wollte in seiner Rede fortfahren; allein wieder aller Vermuthen, ergrief Apafi seine eiserne Streitkolbe, und gab ihm etliche Hiebe über die Schultern. Stephan Nalazi, Vizemarschall wollte den Fürsten besänftigen, bekam aber dabei einen starken Hieb auf den Arm. Hierauf ließ Apafi alle Sächsische Landbothen gefangen setzen. (*) Sie blieben es bis auf den fünften Tag, unter steter Bedrohung das Todesurtheil zu hören. Doch erhielten sie ihre Freiheit wieder, und man befürchtete bei Hofe sehr, die Sächsische Nation würde sich wegen solcher Mishandlung ihrer Abgeordneten bei der Pforte beklagen, und Genugthuung fordern. Fürst Apafi wollte auch lange nicht nach Hermannstadt kommen; vielleicht aus Mistrauen. Doch die Sache blieb mit Stillschweigen bedekt, ja, nicht weniger war diese Demüthigung des Simonius eine Freude. Zwar wurde er mit dem Fürsten ausgesöhnt, aber das Angedenken war in seinem Herzen so unauslöschbar, daß ihn nichts mehr zur alten Vertraulichkeit mit dem Fürsten bewegen konnte. Simonius starb als Prokonsul, den 11ten May, 1669 im 47ten Jahre seines Alters, und hinterließ von seiner zweiten Gemahlin, Anna Maria Sutoris, deren Vater Pfarrer in Rad-

len

(*) M. s. Joh. Bethlens Fortsetzung seiner Geschichte beim Jahr 1665, und Ganesch in seiner gleichfalls handschriftlichen Fortsetzung des Joh. Bethlens.

len war, zwei Söhne und eine Tochter Maria. Diese heurathete Koloman Gozmeister und starb 1708. Sein Sohn Georg Simonius starb als Rathsherr. Simonius hinterlassene Witwe, wurde durch des Königsrichters Andreas Fleischers, Veranstaltung 1676 den 29ten April, die Gemahlin des Johann Lutsch, einzigen Sohnes des Königrichters Johann Lutsch, der noch fast nur ein Knabe war, welches großes Aufsehn und nachtheilige Urtheile für ihre Ehre verursahte.

Simonius Denkmal in der Kathebralkirche enthält die Aufschrift: Ioh. Simonius Consul, ob. A. 1669 d. 11. Maji Aet. S. 47. Ejus Conj. *Agnetha Franckin*, A. 1658 d. 5. Oct. Aet. 28. Wie auch sein Wappen, einen Mann auf einem Löwen, und den Wahlspruch:

Mors Christi vita nostra.

Sein männliches Geschlecht ist ausgestorben, und das weibliche hat sich unter dem gemeinen Volke verloren. Ein gewöhnliches Schicksal unsrer besten alten Geschlechter! Sie musten alle Handwerke lernen, und dann fehlte es ihnen bald an nöthigen Eigenschaften, bald an Gelegenheit ihr Glück zu machen, so blieben sie wie sie waren, und ihre Nachkommen fielen immer tiefer. Wären Beispiele nicht verhaßt: so könnte ich nicht wenige zum Beweise anführen.

Matthias Semriger.

Das Geschlecht dieses verdienten Mannes ist mir so wenig bekannt, als seine vorhergehende Ehrenämter. Das Konsulat verwaltete er zum erstenmal nach dem Simonius, von 1668 bis 1672. Im vorhergehenden 71ten Jahre ertheilte Fürst Apaffi auf dem Landtage zu Weissenburg, den Goldschmieden zu Hermannstadt, Kronstadt und Enyeten die seltsame Freiheit, Dukaten, Thaler und Zwölfer ausprägen zu können, doch nach dem gewöhnlichen Münzfusse, und mit dem Fürstlichen Bildnis; wodurch aber bald das Land mit schlechten Geldstücken überschwemmet, und manche Unruhe verursachet wurde. Nach dem Röhrig erhielt Semriger den 19ten May 1674. abermals das Konsulat, welches er bis 1676 bekleidete, darauf er nach dem Tode des Königsrichters Andreas Fleischer, dessen Würde erhielt und den 16ten Febr. darinn bestättiget wurde.

Valentinus Röhrig.

Ein Tuchmacher, wie er denn auch das Zunftzeichen derselben in seinem Siegel führte Er wuste sein Glück so gut zu machen, daß er nach dem Melchior Hermann, oder Stukart, 1667 das Stadthannenamt erlangte, welches er aber nur ein Jahr verwaltete. Nachgehends wurde er den 23ten März 1672 Semrigers

rigers Nachfolger im Konsulat, welches er
zwei Jahre bekleidete, und als Prokonsul den
23ten Dec. in einem Alter von 56 Jahren
starb. Das gemahlte Gewölbe des Chors in
der Kathedralkirche, ist ein Vermächtniß die=
ses Mannes.

Georg Armbrüster.

Im Konsulat folgte Armbrüster dem Sem=
riger 1676 den 30ten März, in welchem Jah=
re auch Bartholomäus Ruffinus
Stadthann wurde, und ein schönes Positiv in
die Klosterkirche verehrte, darauf den 23ten
August zum erstenmal gespielet wurde. Arm=
brüster erwies sich in seinem Amte, das er
zwei Jahre verwaltete, als einen großen Feind
der Kleiderpracht, und Freund der Ordnung.
Den 9ten Aug. 1676 gab er dem unverheu=
ratheten Frauenzimmer eine neue Kleiderord=
nung, und verboth die gar zu hohen Deutsche
Borten. (*) Da aber einige hierin zu gehor=
chen zauderten, lies er ihnen den 18ten Oct.
als Sonntags, die Borten öffentlich vor den
Kirchenthüren, durch Stadttrabanten wegneh=
men. Damit auch die Bürgerschaft nicht von

(*) Weil diese Art von Kopfputz den Ausländern ganz un=
bekannt ist, so habe ich mich dieses Sächsisch deutschen
Wortes bedienen müssen.

den Dienstbothen mit übermäßigen Löhnen beschweret würden, verordnete er, daß der Lohn einer Kindermagd nicht mehr als 4 Gulden, einer mitlern 7, und einer großen Magd 12 Gulden, nebst den Jahrschuhen, seyn sollte. Nichtweniger veranstalte er den 25ten März 1677 eine neue Kleiderordnung für Männer und Weiber. Himmel was wüde Armbrüster sagen, wenn er die verschwendrische Pracht unsrer Zeiten, sähe? — Kurze Zeit vorher nehmlich den 6ten März, entstund ein großer Tumult unter den Bürgern, Bauern und Walachen, wegen der Apafischen Geldstücke, die niemand wegen ihres **schlechten Gehalts**, annehmen wollte, deswegen sich endlich der Fürst genöthigt sahe, solche auf dem Landtage zu Weißenburg, den 5ten Brachmond, gänzlich zu widerruffen, dadurch aber nicht wenige großen Schaden erlitten. Den 4ten Febr. 1678 überließ Armbrüster das Konsulat dem **Johann Haupt**, welches er zwar 1680 wieder erhielte, aber bald darauf den 17ten Apr. zum Königsrichter erhoben wurde.

Johann Haupt, oder Scheurner.

Da ich von diesem verdienten Manne in den Königsrichtern das nöthigste gemeldet habe: so merke ich hier nur an, daß er unter der Rakozischen Belagerung der Hermannstadt als bürgerlicher Hauptmann die Hallerbastei

mit

mit vielem Muth vertheidigte. In der Folgezeit verwaltete er so wohl das Stadthannen, als Stuhlsrichtersamt, und wurde nach dem Armbrüster, 1678 den 11ten Febr. zum Bürgermeister erwählt, welches er zwei Jahre blieb, und in Absicht der Kleiderpracht den Fußtapfen seines Vorfahrens genau folgte, denn am Osterfeste 1679 ließ er Scheren an die Kirchthüren hangen, zu einem drohenden Zeichen, was das Frauenzimmer bei zu prächtigen Kleidern zu erwarten habe. Als Armbrüster 1680 die Königsrichterswürde erhalten, wurde er abermals Bürgermeister, und blieb es bis 1684 da Christian Reichhart sein Nachfolger wurde. Im vorhergehenden 1683ten Jahre, ließ er nach der Niederlage der Türken bei Wien, das steinerne Kreuz vor dem Elisabethenthor aus seinem vieljährigen Schutte aufrichten, und mit einem offenen Gewölbe bedeken. Daran folgende lateinische und deutsche Verse geschrieben wurden; zur rechten Seite:

Euge!
Vulnere pectus hiat, tremulum caput in
    cruce pendet,
Cum manibus clavus fidit utrumque pedem
Brachia tensa rigent, manat cruor undi-
    que membris,
Non hominum, verum vermibus assimilis.
Solveret ut pro te, qui nil debebat; iniquas
 O Homo mortalis! cur teris ergo vias?

Zur

Zur linken aber folgende:

Der wahre Gottes Sohn weit von der Sün-
 der Orden,
Ist um die Missethat der Welt ein Fluch geworden.
 Da hangt sein werther Leib, die Wangen
 sind erblaßt,
Der Gnaden Sonnenhaupt beschwert der
 Dornenlast.
Die vatermilde Brust steht Speerweit auf-
 geschlossen,
Woraus das Gnadenoel kommt hauffenweis
 geflossen.
Im Blut wird Wasserguß, die Füsse lei-
 den Noth,
Und ist zu unserm Heil ein grausam bit-
 trer Tod.

Nach vier Jahren aber nahmen die Mönche davon Besitz, und löschten diese Verse aus.
Haupt lebte von 1684 als Prokonsul, wurde
aber den 19ten Januar des folgenden Jahres
zum Königsrichter erwählt.

Christian Reichhart.

Wegen seines Schneiderhandwercks heisset er nicht selten Szabo. Dieser verdienstvolle
Mann wurde 1618 in der Christnacht gebohr-
ren, daher ihm der Name Christian beigelegt
ward. Im Jahr 1656 erhielt er eine Stelle
 im

äussern Rath, oder der Hundertmanschaft, und nach drei Jahren den Dienst eines Hopsners. 1663 wurde er Burggraf beim Rothenthurn, 1664 Rathsherr, 1674 den 19ten May, nach dem Armbrüster, Stadthann, welches Amt er zwei Jahre verwaltete. Nachgehends erhielt er den 11ten Februar, 1678 nach dem Melchior Hermann, die Stuhlsrichterwürde. Diese bekleidete er bis 1684 da er dem Haupt im Kosulat folgte. Gleich darauf wurde er Fürstlicher Geheimerrath, wie auch 1692 wirklicher Geheimerrath, des von Kaiser Leopolden eingesetzten Königlichen Siebenbürgischen Regierungsrathes. Das Konsulat verwaltete er bis in seinen Tod, und bei so kritischen Zeiten, doch mit großer Klugheit und allgemeinem Beifall. 1685 wurde es in Hermanstadt sehr unruhig, indem der Fürst Apaf den 30ten Nov. mit seiner ganzen Hofstatt und zehn Fahnen Soldaten hinein kam, auch der ganze Adel bald nachfolgte. Der Fürst verweilte hier bis den 27ten Aug. 1686. Was indessen vorgefallen, erzehlet uns ein gleichzeitiges Tagebuch also:

Den 7ten Dec. 1685 kam ein Gesandter vom Walachischen Hospodaren.

Den 18ten wurden auf Fürstlichen Befehl 3 Kanonen und ein Feuermörsel, nebst Munition von Weissenburg herein gebracht.

Den 10ten kam ein Türkischer Abgesandter.

1686 den 3ten Januar, muſte jedermann in der Stadt, wie auch im ganzen Lande den Kopfgulden erlegen.

Den 11ten kam abermals ein Legat von der Pforte.

Den 16ten, ein Tumult zwischen den Bürgern und Fürstlichen Soldaten in der Quergaſſe, wobei einem Soldaten der halbe Bart weggehauen, ein Bürger aber Namens Magyar, stark verwundet wurde.

Den 12ten April, kam ein Moldauiſcher Gesandter, und den folgenden Tag wieder ein Türkiſcher. Ihre Geschäfte blieben aber ein Geheimniß.

Den 18ten May, in der Nacht verbreitete ſich ein paniſches Schreken unter dem Adel, als dächten die Bürger ſie zu ermorden, worauf den folgenden Tag ſo wohl der Fürſt, als der Adel, den Bürgern den Eid der Treue ablegten. Gewiß, ein ſeltnes Beispiel!

Den 21ten Mai rückten noch 100 Tolpatſchen (Fußvölker) ein.

Den

Den 27ten kam ein Gesandter von den Kaiserlichen Kriegsvölkern an.

Den 2ten Brachmond, erschien abermals ein Türkischer Gesandter. — wie gleichen mit diese Zeiten dem Aprilmonat, da die Nordwinde ihre letzten Kräfte aufbieten, sich gegen den annähernden Frühling zu behaupten, und wir dadurch bald Kälte, bald warme Tage haben. An eben demselben Tag wurde Tököli, vom Gregorius Bethlen bei Jllie überfallen und geschlagen, die Gefangenen wurden den 9ten Juni nach Hermannstadt gebracht.

Den 6ten Juni, kam eine Gesandschaft von dem Kaiserlichen General, Karaffa an.

Den 9ten Juni wurde Graf Petri und Johann Doczi gefangen.

Den 29ten, ließ Graf Telek die Tökölischen Kriegsgefangenen mit Striken um den Hals zum Gerichte führen, doch erhielten sie das Leben mit Verlust ihrer Nasen.

Den 1ten Juli flüchteten die Landleute in großer Menge nach Hermannstadt, weil die Kaiserlichen Kriegesvölker bis nach Weißenburg vorgerückt waren.

Den

Den 2ten großer Aufruhr unter den Bürgern, weil ein unbekannter, in Gestalt eines Polnischen Gesandten mit 400 Mann in die Stadt kommen wollte, welches ihm aber gänzlich abgeschlagen wurde.

Den 6ten Juli besetzten die Bürger, nebst ihren Gesellen und den hingeflüchteten Bauern, die Basteien und Stadtmauern. Der Königsrichter, Bürgermeister, Stuhlsrichter und Orator der Hundertmannschaft, begaben sich auf die Basteien, so auch drei vom Adel, und verbanden sich abermals mit der Bürgerschaft durch einen Eid, der Pforte treu zu verbleiben. Ein gleiches geschahe noch den 18ten May.

Den 7ten lagerte sich Julaki mit etlich 100 Zeklern bei der Rothgerbermühle an dem Zibin.

Den 8ten, morgens zwischen 3 und 4 Uhr überfiel Graf Csaki die sichern Truppen des Julaki, und mezelte sie größtentheils nieder, darauf er bei den Stadtmauern vorbei zog, und sich bei Neppendorf, zu großem Nachtheil der Feldfrüchte lagerte. Alles dieses würde ihm nicht so leicht geworden seyn, wann nicht die Bürger den Befehl gehabt hätten, bei Leibs und Lebensstrafe nichts feindliches gegen ihn zu begehen. Die Ursache entdeckte sich bald.

Den

Den roten und 11ten Juli hielten die Ungarischen, und Sächsischen Herschaften, mit Graf Csaki, und den Gesandten aus dem Kaiserlichen Feldlager, auf dem Martin Stukartischen Mayerhof, eine Zusammenkunft. Da wurde den Kaiserlichen Kriegsvölkern auf 6 Monat Quartier im Lande bewilligt. Doch zog Csaki mit seinen Truppen den andern Tag von Neppendorf ab, und verlies Siebenbürgen.

Den 13ten Juli verlassen die Bürger die Basteien und Mauern.

Den 20ten kam ein Türkischer Gesandter an.

Den 31ten Jul. abermals einer.

Den 1ten August, hingegen ein Kaiserlicher Gesandter.

Den 27ten August verlies endlich Fürst Apasi Hermannstadt. Doch wünschte er bald, in eine Stadt wieder aufgenommen zu werden, welche aus allen Gesichtspunkten der sicherste Zufluchtsort der Fürsten in bedrängten Umständen, im ganzen Lande war.

Den 8ten Nov. trug der Rath der versammelten Bürgerschaft auf den Basteien, vor, ob man den Fürsten in die Stadt aufnehmen sollte? Eben dieser Sache wegen wurden auch den 18ten bis den 21ten Nov. und den 28ten und 29ten, sowohl auf dem Rathhause als den Bastelen viel berathschlagt, und man glaubte Ursache zu haben, die Aufnahme des Fürsten zu verweigern, worauf aber den 30ten, Abgeordnete vom Fürsten, und darunter der Richter von Kronstadt, und Medwischer Bürgermeister, nach Hermannstadt kamen, um die Ursache der versagten Aufnahme zu vernehmen.

1687 den 28ten Juli wurde das äussere Burgerthor abgebrochen und von Grund auf neu erbauet. Den 23ten Oct. kam Apaff sammt dem Adel in die Stadt, und nachdem endlich der Vergleich mit dem Allerdurchlauchtigsten Hause Oesterreich geschlossen worden, verlies er den 29ten, die Stadt, worauf sie den folgenden Tag der Kaiserl. General Schrefenberger besezte. Anfangs entstunden manche Zwistigkeiten zwischen den Bürgern, die einer fremden Besatzung nicht gewohnt waren, und den Soldaten die ihre Sprache nicht verstunden. Besonders war es den leztern ganz unerträglich, daß man sie Muoser wannte. Sie hielten es für einen Schimpfnamen, und rächeten sich nicht nur mit dem Namen Specktater, den sie den Sachsen beilsgten, sondern öfters auch durch Schläge

Schläge und Wunden. Deswegen wurde den 19ten Aug. 1688 unter Trommelschlag durch die Stadt bekannt gemacht, daß niemand bei schwerer Strafe die deutschen Soldaten Muoser nennen sollte.

Den 30ten Dec. langte der Kaiserl. General Graf Veterani zu Hermannstadt an, und als er sie den 5ten May 1689 verließ; so kam den 7ten darauf der General Häusler, doch verweilte sich dieser nur bis den 13ten May. In diesem Jahre hatten die Bürger auch das Glück, den berühmten Prinzen Ludvig von Baden, in ihren Mauern zu sehen. Er kam den 9ten Dec. bei der Nacht an, und reisete den folgenden Tag unter Lösung aller Kanonen von den Basteien, wieder ab.

1691 den 4ten und 5ten März, legte die ganze Bürgerschaft nebst ihren Gesellen und Lehrjungen auf dem Rathshause den Eid der Treue ab, worauf den 21ten Apr. der Provinzialnotarius, Mag. Johann Zabanius, zum Geisel nach Wien abreisete, ihm folgte den 12ten May, Georg Klokner, Rathsherr zu Hermannstadt, als Abgeordneter der Sächsischen Nation.

Unter so großen Staatsveränderungen vollendete Reichhard seine Laufbahn den 19ten März

März 1695 morgens zwischen 8 und 9 Uhr, in einem Alter von 76 Jahren, 2 Monat, und drei Wochen. **Barbara Hensel** und **Agnethe Helvig**, waren seine Gemahlinnen, davon die letztere ihn 1690 im Witwerstand setzte. War er gleich ein Vater von vier Söhnen und einer Tochter, so starb sein Name doch aus. Er hinterließ große Reichthümer, die er zum Theil auf eine besondere Art soll erhalten haben. Lorenz Töppelt berichtete ihn, daß er in Rom sehr genau um den itzigen Zustand des ehmaligen Dominikanerklosters sei befragt worden, unter andern: ob noch ein steinerner Löwe, mit einem Stock im Munde, dabei vorhanden wäre? welches er bejahet hätte. Diese Nachricht nützte Reichart, und seine Mühe soll reichlich seyn belohnt worden. — Sein Denkmal in der Kathedralkirche enthält einen kurzen Abriß seines Lebens:

Subsiste, qui Christiani nominis vis esse æmulus, Viator! Mirere, Prostat hic paucarum, quas superare potes, plurium, quas vix impetrari vales, idea virtutum & honorum. 1618 An. nocte Christi natali, sacra natus, quinquagesimo sexto inde An. Centumvir; quinquagesimo nono, Hopnarius: sexagesimo Tertio, Rubei Turris Porcolabius: sexagesimo quarto, Senator; septuagesimo quarto, Villicus; septuagesimo mo Octavo, Sedis Iudex: Octogesimo quarto, Capitis Daciæ Germanicæ Consul, mox simul Principis, ac inde Regii Gubernii Consiliarius Intimus, quem eo minus ab hasta ad fasces sublatum mirere, quo certius a cunis innocentia candidum, fervore candentem, moribus dulcem, ingenio liberalem, sacrorum studiosum, pavore vacuum, vitiis asperum, virtute maturum, votorum tenacem, animo generosum comperit nostra, noscique meretur abs te avita ætas, longævus ille, quia parentibus obediens, pater: Spectabilis, Generos. Ampliss. Prud. ac Circumsp. *Joh. Gasneri*, ingenui pronepotis, Venerandus Proavus, A. 43 *Barbaræ Henzelin* æt. 64 vero *Agnetæ Helvigiæ*, Nonagesimo hujus Sæculi defunctæ, Maritus: Liberorum: *Catharinæ* (*) *Christiani, Joannis, Christiani* vicissim & *Andreas* Pater, *Christianus Reichbart*, An. 1695 d. 19. Mart. tibi & mundo dixit Vale. Vixit annos 76 Mens. 2 Sept. 3. (**)

(*) Diese starb den 14 Apr. 1692.

(**) Johann Gaßner der letzte Erbe der Reichbartischen und Gafnerischen Reichthümer, bekannte sich in seiner Jugend zu Klausenburg, zur römischen Kirche und trat in den Jesuitenorden, der dann auch der Erbe aller seiner Güter wurde. 1721 kam er nach Hermannstadt, und hielt eine Predigt von Erfüllung des Gesetzes, dabei er zugleich sagte daß er 20 Jahr von seinem Vaterlande entfernet gewesen. Bald darauf starb er daselbst.

Johann Zabanius, der Fr. Künste Magister.

Ein Sohn des Stadtpfarrers Isaak Zabanius. Zu seinem Unglück verließ er den geistlichen Stand, dem er sich anfänglich weihte, und erhielte 1690 das Provinzialnotariat, welches er bis 1695 verwaltete, da er nach dem Tode des Stuhlsrichters Michael Spöckel, den 23ten Febr. dessen Nachfolger im Amte wurde. Wie aber bald darauf der Bürgermeister Reichart starb, erhielt er den 7ten April das Konsulat, Petrus Weber wurde Stuhlsrichter und Georg Weis (Szabo) Stadthann, dieser letztere ist es der die Orgel im Chor der Kathedralkirche im Jahr 1679 zu seinem Andenken verehrte, weil er keine Kinder hatte. Am Feste der heil. drei Könige wurde zum erstenmal darauf gespielt. (*) Zabanius befleckte seine Würde nicht wenig, daß er die Haupttriebfeder von dem unglücklichen Tode seines Konsularschreibers David Klausenburgers war, der 1696 den 18ten December bei dem Pranger zu Hermann=

(*) Weis starb den 12ten März 1697 und seine Gemahlin hinterließ bei ihrem Tode ihr Haus zu einer beständigen Wohnung der Archidiakonen. Der letzte der darinn gewohnet, war Simon Pinzel, der 1785 zur Reppendörfer Pfarre berufen wurde.

mannstadt grausam enthauptet wurde. (*) Doch bekleidete er sie bis 1700 da man ihn zum Königsrichter erwählte.

Petrus Weber.

Nach dem Zabanius, erhielt Weber den 13ten Apr. 1695 die Stuhlsrichterwürde, welche er wahrscheinlich bis 1700 bekleidete, und darauf eben demselben im Konsulate folgte. Die Kaiserliche Bestätigung erfolgte aber erst 1702 den 4ten Januar, da zugleich Zabanius und Johann Stenzel, als Königsrichter und Stuhlsrichter, bestätiget wurden, Georg Reußner, gewesener Notarius, und Georg Werder aber erhielten die Rathsherrnwürde. Im Heumond des folgenden Jahres 1703 verbreitete sich das unglückliche Gerüchte von den Kurutzen, worauf die Kanonen von Bistritz, Neumarck, Medwisch und Stolzenburg nach Hermannstadt gebracht warden, wie auch eine Schanze um die Mayerhöfe aufgeworfen. Da Weber ein gutes Herz obgleich keinen großen Geist hatte: so war er in die Sache des Königsrichters Zabanius gar nicht verwickelt. Deswegen blieb er nicht nur in seinem Amte; sondern erhielt auch

---

(*) Diese tragische Geschichte steht umständlicher in Seiverts Nachrichten von Siebenbürgischen Gelehrten unter dem Artikel: Klausenburger.

auch nach deſſen blutigen Tode, den 7ten Dec. die Verwaltung der Königsrichterswürde. Die kuruziſchen Unruhen vermehrten ſich immer mehr. Man befürchtete in Hermannſtadt eine große Theurung, wo nicht gar eine Belagerung. Aus dieſer Urſache wurde den 15ten Januar 1704 gerichtlich unterſucht, auf wie lange ſich jeder Bürger mit Lebensmitteln verſehen könnte, und den 28ten, wie vielen Waizen, Haber Gerſten, Hirſen und Erbſen jeder im Vorrath hätte. Im Maimond, wurde den Bürgern dreihundert Mark Silber zu liefern anbefohlen, und den 28ten Juni das Geld im Preiſe erhöhet: Der Dukaten auf 6 Gulden, der Thaler auf 2=80 der Siebenzehner auf 40 Pfennig, der Zwölfer auf 16 Pf. der Groſchen auf achte, und der Dreier (Poltrak) auf 4 Pfennige. Den 25ten Aug. dieſes Jahres erhielt er die Kaiſerliche Beſtätigung als Graf der Nation und Königsrichter zu Hermannſtadt.

Andreas Teutſch.

Der Arzneikunſt Doktor. Den 21ten Aug. 1704 wurde er als Bürgermeiſter beſtättigt, welche Würde er bis 1710 bekleidete, und darauf Konigsrichter wurde. Im Jahr 1705 nahm die Theurung in Hermannſtadt ſo überhand, daß hundert Kohlhäupter 15 Gulden, ein Maas Wein 32 Pf. und ein Faß Wein 90,

bis

bis 100 fl. kostete; doch an Brod war kein Mangel. Die Zufuhr war von den Misvergnügten gänzlich abgeschnitten, und um Hermannstadt auf vier Meilen weit alles verwüstet. Gegen den Winter aber wurden die Umstände etwas ruhiger; so, daß die Stuhlsbauern zu Ende des Nov. sich wieder in ihre Dörfer begaben. — Diese verderbliche Unruhen, vermehrten noch eine heftige Pest, die 1709 nicht nur in einigen Seklerstühlen, in der kokelburger, und thordenser Gespanschaft; sondern auch in Schäsburg und Medwisch wüthete, und das folgende Jahr in Hermannstadt ausbrach, worauf die Stadt den 10ten Aug. gesperret wurde. Bis zum Neuenjahre starben 451 Personen, nachgehends aber lies die Seuche immer mehr nach, so daß die Thore den 1ten Mai 1711 wieder geöfnet werden konnten. Dieses geschahe mit desto lebhaftern Freuden, da kurz vorher auch der längst gewünschte Frieden mit den Mißvergnügten erfolget war. — Verschiedene Beiträge zur Lebensgeschichte dieses denkwürdigen und gemeinnützigen Mannes stehen in dem obengenannten Buche; Seiverts Nachrichten von Sieb. Gelehrten, und in meinen, dem Ungr. Magazin stückweise eingerückten Grafen der Sächsischen Nation und Königsrichtern zu Hermannstadt.

Johann Hofmann von Rothenfels.

Sein Vater gleichen Namens war Pfarrer zu Reps, und Dechant des dasigen Kapitels. Im Jahr 1697 wurde er Provinzialnotarius zu Hermannstadt, lebte in der Folgezeit als Siebenbürgischer Hofrath in Wien, und folgte 1710 Teutschen im Konsulat. Zur Tilgung der großen Stadtschulden, ließ er ein Bierbräuhaus in Hermannstadt aufbauen, darüber Kaiser Karl den 2ten Apr. 1712, einen Freiheitsbrief ertheilte. Um das Jahr 1717, mag Rothenfels gestorben seyn. Von seiner Gemahlin, Anna Helena Murgatsch, hinterließ er einen einzigen Sohn, Daniel, der als Gelister Sekretair, 1771 den 23ten April, ohne männliche Erben starb.

Das Rothenfelsische Wappenschild führt einen Querbalken mit drei Sternen. Unter demselben zeiget sich ein Kastell mit drei Thürmen auf einem rothen Fels, im silbernen Felde; darunter aber ein Pelikan im rothen Felde, der seine Brut mit seinem Blute tränkt. Auf dem gekrönten Helm das vorgedachte Bergschloß zwischen zweien Adlersflügeln.

Georg Werder oder Melzer.

Ein Enkel des Bürgermeisters Andreas Werder, und ein Sohn des Georg Werders, des der in den Jahren 1693 und 94 Stadthann war. In seiner Jugend lebte er an dem Hofe des Fürstens Apafi, als Edelknabe, und berichtet, daß man die Merkmale seiner Fessel in der tartarischen Gefangenschaft, an seinen Füssen noch wohl gekannt habe. 1702 wurde er ein Mitglied des Innern Raths, im folgenden Jahre hatte er aber das Unglück, den 2ten Nov. nebst dem Provinzialnotarius, Jakob Zabanius, gefänglich eingezogen zu werden, doch erhielt er den 8ten Dec. seine Freiheit wieder; allein Zabanius verlohr bei aller Unschuld in der Sache seines unglücklichen Bruders des Königrichters Zabanius, seinen Dienst. Nachdem Thomas Schmidt von Scharfenbach, 1714 das Stuhlsrichteramt verlohr, erhielt es Melzer, und 1717 darauf das Konsulat, welches er bis 1730 verwaltete. Nachdem er viele Jahre hindurch durch das Podagra in den Füssen gelähmt war, starb er 1752 den 5ten Nov. im hohen Alter, ohne männliche Erben zu hinterlassen.

Seine Amtsführung wird durch mancherlei Vorfälle denkwürdig. 1717 herschte die Pestseuche zu Hermannstadt bis in den April des folgenden Jahres, und 1719 abermals vom Augustmond an bis in den folgenden Februar. 1720 schloß Werder im Namen der Nation, mit dem Hofkammerrath Ignaz von Hahn, einen Arendkontrakt wegen der Fißkal Zehenden

den in den Sächsischen Stühlen auf 4 Jahre. Die Nation erlegte jährlich dafür 4000 Gulden und 300 Kübel Frucht in die Kaiserliche Magazine im ersten und dritten Jahr, im zweiten und vierten aber 500 Kübel. Auf dem Landtage zu Klausenburg 1721 im Brachmond, wurden unter Vorsitz des neuen Kommandirenden Generals, Grafen von Virmont, unter andern folgende Schlüsse abgefaßt: Bei dem Fleischverkauf sollte das Wiener Pfund allgemein eingeführt werden; das Pfund Rindfleisch sollte $2\frac{1}{4}$ Pfen. gelten, Schaaf und Schöpfen Fleisch aber 2 Pfennige; die Maassen der Früchte und flüssiger Dinge sollten überall, nach dem Klausenburger Maas (Achtel) eingeführt werden, so daß acht Maas einen Eimer, zwei Eimer ein Viertel, oder Meze, und vier Viertel einen Kübel ausmachten; Türkischkorn (Mais oder Kukuruz) auf Winterfruchtfelder gar nicht gesäet werden, und jeder Bauer, der Mais säet, ist verbunden auch Waizen anzubauen. In den Mühlen soll von dem Mais doppelte Maut genommen werden. — Bei dem feierlichen Einzuge des Generals in Hermannstadt, den 18ten Juli wurden ihm die Schneiderlaube auf dem großen Marktplatze, nebst denen darunter befindlichen Kaufmannsläden, Eisen und Waghaus, und Stadtkellern, auf sein Verlangen überlassen. Er machte aber einen sehr unverhofften Gebrauch davon, indem er das ganze Gebäude den

Jesui=

Jesuiten schenkte, die solches 1726 den 7. Mai, niederreissen liessen, und eine Kirche erbauten.

Unterdessen wurde diesen Vätern 1727 die Goldschmiedlaube zum Gottesdienst eingeräumt. Im Aprilmond wird die Schusterlaube abgerissen, und neu aufgebauet, oben Lauben für die Schneider, Schuster und Esischmenmacher, unten Kaufmannsgewölber. 1728 den 10ten Mai, erhalten die Ursuliner Nonnen, auf Verlangen des kommandirenden Generals, Grafen von Tige, in dem Landtage zu Hermannstadt, die Klosterkirche, welche vor der Reformation den Dominikanermönchen zugehörte. Doch erst 1733 nahmen sie davon Besitz. Nach diesem Opfer wird die wüste Klosterkirche der heil. Elisabeth und die Goldschmiedslaube zum Gottesdienst eingerichtet.

Michael Czekeli von Rosenfeld.

Wircklicher geheimer Regierungsrath, und oberst Vicehofmeister im Großfürstenthum Siebenbürgen. Seine Vaterstadt war Medwisch, woselbst er 1680 geboren wurde. Nach andern gemeinen Diensten verwaltete er von 1710 bis 15 das Provinzialnotariat zu Hermannstadt. 1722 wurde er Stuhlsrichter, und erhielt den 22ten Jäner 1724 den Adel. Das Rosenfeldische Wappen ist ein sich bäumendes Pferd im Rosenfelde. Nachdem er die Stuhls=

richter,

richterswürde bis 1730 bekleidet hatte, erwarben ihm seine Verdienste den 1ten Febr. 1730 das Konsulat, welches er bis 1739 verwaltete. Im Jahr 1736 wurde er zum wirklichen Gubernialrath erklärt. Endlich vollendete er seine glänzende Laufbahn den 14ten Oct. 1770, in einem Alter von neunzig Jahren.

Von seinen drei Söhnen starb der älteste, Michael, als k. k. General Feldmarschallieutenant, der zweite, Andreas, als Stadthann in Hermannstadt und der jüngste Johannes, gelangte ebenfalls zur Bürgermeisterswürde. Das marmorne Ehrendenkmal dieses ehrwürdigen Greises in der Hauptkirche führt die Aufschrift:

D. O. M.
Cenothaphium
Michaelis Czekeli de Rofenfeld. Provinc. Sax. in Transfilvania Confularis, S. C. R. A. M. Gubernii Confiliar. Act. Int. Aulæ Vice Præf. Beneficio Sacris fua pietas, Reipublicæ Deliberatio, Temperamentum prudentia conftabat. Vixit annos 90. Sub aufp. fupremi Numinis fortunæ utriusque Victor, ætatis humanæ Superator, obiit Cibinii dieb. Oct. 1770. Dolor omnium & Defiderium. Poft fata fuperftes exempli & nominis immortalitate. F. F. (Filii) & Hæredes pofuerunt.

Johann.

Johann Linder von Friedenberg.

Ein Mann von großen Verdiensten um seine Nation, gelehrt und von aller geizigen Haabsucht weit entfernt. Er war 1672 den 16ten Dec. von bürgerlichen Eltern zu Hermannstadt geboren. 1693, begab er sich auf die hohe Schule zu Wittenberg, um sich zum Dienste der Kirche zuzubereiten; allein ein unglücklicher Zweikampf nöthigte ihn, die Rechtsgelartheit zu erwählen. Nach seiner Zurückkunft fand er an dem Bürgermeister Johann Zabanius einen großen Mäcen, aber fast zu seinem äussersten Unglück. Denn da dieser 1703, den 5ten Dec. wegen verschiedener Verbrechen öffentlich enthauptet wurde; sollte gleiches Urtheil auch an Lindern vollzogen werden. Er kniete auch schon auf dem Richtplatze, als er auf mächtige Fürbitte Gnade erhielte. Von 1717, bis 1720 verwaltete er das Stadtnotariat, wurde nachgehends ein Mitglied des Innern Raths, und 1726 den 11ten Juli sandte ihn die Nation wegen ihrer starken Bebürdung an den Allerhöchsten k. k. Hof, woselbst er alles mögliche zur Erleichterung ihrer übermässigen Steuern, und für ihre alte Vorrechte und Freiheiten that. 1733 kehrte er nach Hermannstadt zurück, nachdem er aber die Klosterkirche der Länge und Breite nach ausgemessen hatte, kehrte er auf Befehl den 12ten Nov. wieder nach Wien zurück.

zurück. Im folgenden Jahr sandte ihn der Allerhöchste Hof abermals nach Hermannstadt, wohin er aus dem Land ob der Ens, 162 Personen zur Ansiedelung mit brachte. Diesen folgten 1735 noch 93, und aus Kärnthen '45 Transmigranten. Sie baueten sich zu Nependorf und Grosau an.

Auch itzt verweilte sich Friedenberg nicht lange, indem er den 13ten Sept. wieder nach Wien abreisete; ob er gleich den 4ten Jäner die Stuhlsrichterwürde erhalten hatte. Endlich war er 1738 so glücklich, zur Ruhe zu kommen. Er kam nach Hermannstadt zurück, woselbst seine Verdienste den 12ten Oct. 1739 mit dem Konsulat belohnt wurden. Allein das Ende seines würdigen Lebens war nicht mehr weit, welches den 39sten Apr. 1740 erfolgte, nachdem er 67 Jahre, 4 Monate und 15 Tage gelebt. — Sein Name erlosch 1785 in einem Enckel, Johann Andreas der als Raitoffizier bei der Siebenbürgischen Landesbuchhalterei starb.

Das Friedenbergische Wappen ist ein, auf einem dreifachen Hügel stehender Palmbaum.

Stephan Walthütter von Adlerhaus.

Als Stuhlsrichter zu Hermannstadt, erhielt er den 4ten Brachmond 1740 die Bürger germeisterwürde, welche er bis 1745 bekleidete, da er den 25ten Hornung die Allerhöchste Bestättigung, als Graf der Nation und Königsrichter erhielt.

Daniel, Edler von Klokner.

Georg Edler von Klokner, und Agnetha Armbrüster, waren seine Eltern, und er wurde 1690 den 24ten Mai geboren. Er verlor seinen Vater sehr frühzeitig, indem derselbe als Rathsherr 1693 in einem blühenden Alter von 31 Jahren starb. Zwei Jahre vorher sandte ihn die Nation an den Kaiserlichen Hof, wo er von Kaiser Leopolden nicht nur die Bestättigung seines Adels, sondern auch eine Gnadenkette erhielt. Seine Gemalin heurathete nachgehends Friedrich Kirchmeiren von Altkirchen, damahligen Zeuglieutenant zu Hermannstadt. Der junge Klokner genos also einer vortreflichen Auferziehung, und bildete sich durch schöne Reisen nach Italien und Rom immer mehr aus. 1722 erhielt er die Rathsherrnwürde; 1738 das Stadthannenamt, und den 11ten März 1745 das Konsulat, welches er bis 1752 mit Ruhm und Ehre bekleidete. Im Jahr 1754 wurde er abermahls zum Bürgermeister erwählt; allein seine Laufbahn war vollendet. Er beschloß sie den 27ten März an einem hizigen Fieber, als der lezte dieses verdienten Geschlechts, in einem Alter von 63 Jahren,

10 Monaten und 3 Tagen. Von seiner Gemahlin Sophia, Edlen von Schirmer, hatte er zwei Töchter, davon die jüngere **Katharina Sophia**, an Se. Exzellenz, **Samuel Freiherrn von Bruckenthal**, gewesenen Gouverneur des Großfürstenthums Siebenbürgen, vermählt war. Sein marmornes Denkmal in der Kirche führt die Aufschrift:

Memoriæ
Spectabilis ac Generosi Domini, Domini Danielis Nobilis Clockner, Saxonicæ in Transsilvania Nationis nec non Liberæ Regiæq. Civitatis Cib. per VII. annos Consulis Provincialis, per biennium Proconsulis & novissime Consulis Provincialis iterum Designati. Qui anno R. S. 1690 9kal. Iun. natus, post annos LXIII. Menses X. Dies tres, præclare de sua & Religione & Natione & Civitate & domo merendo transactos, illustrium ex Nobilissimis inter Teutones septem Castrenses, Clockneriana & Armbrusteriana stirpibus oriundorum Saxonum agmen claudens, anno 1754 VI. kal. April. Defletus a Suis desideratus a bonis omnibus inter mortales esse desiit. Pietas Hæredum posuit.

Petrus Binder von Sachsenfels.

Kaiserl. Königlicher Hofrath, geboren zu Hermannstadt, den 13ten Hornung 1695.
Seine

Seine Verdienste erwarben ihm den Adel und zuletzt das Provinzialkonsulat, 1730 wurde er Notarius, und den 9ten Oct. 1734 Rathsherr. Als die Landesstände 1741 die allerhöchste Erlaubnis erhielten, Abgeordnete nach Hof zu senden: so sandte die Sächsische Nation ihn und Michael Schüller, Burgermeistern zu Medwisch, worauf er im folgenden Jahre Exaktorats Beisizer wurde. Von 1747, bis 1752 verwaltete er das Stuhlsrichteramt, da er dann das Konsulat erhielt. Da Klokner 1754 starb, blieb er in dieser Würde bis an das Ende seiner Tage, welches 1765 den 24ten Oct. an einem Rothlauf, der sich in eine Entzündung der Lunge verwandelt, erfolgte, nach dem er 71 Jahre 8 Monate und 11 Tage gelebt hat. Unter der Amtsführung dieses Mannes wurden die Gränzregimenter in Siebenbürgen errichtet, wozu denn auch die Sächsische Nation mehrere auf ihrem Grund und Boden liegende, walachische Ortschaften, als ihre Untervasalen hingab. Bei dieser Gelegenheit fiel denn auch unter andern das walachis. Dorf Rakowitz aus der besondern Gerichtsbarkeit der Prov. Bürgermeister weg. Mit seinem Sohn, **Paul Karl von Sachsenfels**, Revisor bei der Provinzialbuchhalterei, ist 1778 den 21ten Oct. auch der männliche Stamm dieses Geschlechts erloschen. Er starb in einem Alter von 48 Jahren, 6 Monaten und 3 Tagen, und stiftete zu seinem Ge-

dächtnis einen Freitisch für zwölf Manteltra=
gende Schüler in Hermannstadt.

Jakob Hutter.

Ein berühmter Doktor der Arzeneikunst,
geboren den 8ten März, 1708 zu Reußmark,
woselbst sein Vater Georg Hutter, Pfar=
rer, und Dechant des Unterwälder Kapitels
war. Im Jahr 1732 nahm er auf der ho=
hen Schule zu Halle, die höchste Würde in
der Arzenei Wissenschaft an. Nach seiner Zu=
rückkunft lebte er einige Zeit als Staabsdok=
tor in der Oesterreichischen Walachei, nach dem
aber wurde er Stadtphysikus zu Hermannstadt,
Rathsherr und 1766 Provinzialbürgermeister.
Den 27ten Jäner, wurde er mit den gewöhn=
lichen Feierlichkeiten eingeführt, aber die Vor=
sehung hatte ihm eine kurze Amtsführung be=
stimmt. Schon den 10ten Febr. 1768 vollen=
dete er an einer Brustwassersucht seine Tage,
in einem Alter von 59 Jahren und 11 Mona=
ten. Dem verderblichen Luxus, der sich unter
die Bürgerschaft eingeschlichen hatte, widersetz=
te er sich aus allen Kräften.

Samuel Vest.

Ein Sohn des Siebenbürgischen Regie=
rungsraths gleiches Namens, der zu der Rö=
mischen Kirche übergetreten war. — Im Jahr
1752

1752 den 3ten Febr. wurde er Stuhlsrichter, und blieb es bis 1768 da er das Konsulat erhielt, und den 10ten Nov. feierlich eingeführet wurde. Sein Tod erfolgte den 9ten März 1769.

Im Jahr 1762 wurde mittels Allerhöchster Genemigung die Stadtthorsperre eingeführt, wo die Wintermonate hindurch die Thore um 5 Uhr Abends unter der gewöhnlichen 1 kr. Sperre gesperrt, um 10 Uhr aber gänzlich verschlossen, in den Sommerabenden hingegen halb 9 Uhr gesperret, und Nachts 11 Uhr gänzlich verschlossen werden.

Johann Georg von Honnamon.

Nach erhaltener Allerhöchsten Bestättigung geschahe seine feierliche Einführung den 4ten Heumond, 1770. Er bekleidete seine Würde mit einem patriotischen Eifer, bis 1777 worauf er zum Prokonsul erklärt wurde. Seine Gesandschaft an den Allerhöchsten kaiserl. kön. Hoff wird denkwürdig bleiben. Sie geschahe im Namen der ganzen Nation. Den 18ten May 1772 traten Herr von Honnamon, Herr Dokt. Seivert, Provinzialnotarius, und die Abgeordnete der geistlichen Universität, ihre Reise nach Wien an. Im folgenden Jahre kehrten sie glücklich nach Hause zurücke.

Johann von Rosenfeld.

Königlicher Vicetruchses im Großfürstenthum Siebenbürgen, verwaltete die Bürgermeisterliche Würde vom 6ten Febr. 1777 bis 1781, starb 1789 den 13ten Jul. im 76ten Jahr seines Alters. Im Jahr 1780 führte ein Allerhöchstes Hofrescript vom 3ten Febr. zu Vermehrung des Stadtverschönerungsfonds die Accise ein, wornach von jedem Fußgänger oder Reitenden, so etwas zum Verkauf zu Markt brächte bei den Stadtthoren $\frac{1}{2}$ kr. von jedem Wagen ohne Rücksicht auf die Verschiedenheit der Vorspann 1 kr. abgenommen; an Jahrmärkten aber dieser Betrag doppelt erlegt wird.

Johann Gottlieb von Reissenfels.

Konsul vom 23ten Apr. 1781 bis 1782 da er den 19ten Sept. seine würdige Tage endigte. Sanft ruhe die Asche dieses Menschenfreundes und Musters der Bescheidenheit! und Leutseligkeit.

Johann Friedrich von Rosenfeld.

Seine Hochwohlgeborn erhielten den 23. Apr. 1781 die Stuhlsrichterwürde, und darauf 1783 das Konsulat.

Blos

Blos städtische Bürgermeister von Hermannstadt.

Stephan Leopold Hirling.

Wurde den 20ten Oktober 1786 zum Bürgermeister erwählet, führte ruhmvoll diese Verwaltung 2 Jahre und 8 Monat, und resignirte darauf freiwillig, in Ansehung seines bereits erreichten Alters und der mittlerweil überaus zugenommenen Beschwerlichkeit des Dienstes, diese Würde den 4ten Julius 1789. Worauf

Andreas Georg von Hannenheim

An dem nehmlichen Tage durch Mehrheit der Stimmen in diese Stelle eintrat, und bis zu der im 1790ten Jahr erfolgten Nationsrestauration dieselbe ehrenvoll bekleidet hat.

Nach der Restauration.

Johann Friedrich von Rosenfeld.

Bisher wirklicher Geheimer Gubernialrath, erhielt den 13ten März 1790 nach einstimmi=

stimmiger Wahl und Wünschen seiner Bürger, die in einem 7 jährigen für Siebenbürgen und besonders die Sächsische Nation ewig unvergeßlichen auserordentlichen Staatsinterwall mit der erwähnten Geheimen Gubernialrathsstelle vertauschte Provinzialbürgermeisterstelle und Würde wieder, welche demselben auch mittels Allerhöchstem Hofdekret vom 5ten Mai 1790 mit Beibehaltung des Geheimen Gubernialrathskarackters und Titels zugesichert und confirmirt wurde.

II.

II.

Die Gesundbrunnen des Szekler Stuhls Haromszek in Siebenbürgen.

Seit vielen Jahren haben die größten Aerzte bei langwierigen und hartnäckigen Krankheiten, oft mit dem erwünschtesten Erfolg, ihre Zuflucht zu dem Gebrauch der mineralischen Quellen genommen. Indessen hat die Erfahrung gelehret, daß in manchen Fällen auch dieses Mittel, entweder der Absicht nicht entsprochen, oder gar eine Verschlimmerung der Krankheit nach sich gezogen hat. Die Ursache dieses verfehlten Zwecks mag zwar manchmal darinnen liegen, daß die Kranken bei dem Gebrauch der Gesundbrunnen, entweder nicht das gehörige Regim und Diät beobachteten; oder daß ihre Krankheit schon an sich den Gebrauch eines mineralischen Wassers schädlich machte: weit häuffiger aber ist der Grund der mißlungenen Anwendung der Sauerbrunnen, in der unvorsichtigen Wahl der mineralischen Quellen selbst zu suchen. Da die Bestandtheile der verschiedenen Sauerbrunnen so sehr verschieden sind, und von diesen Theilen die Würcksamkeit der Quellen abhängt: so ist es leicht einzusehen, warum von einem und demselben Brunnen ein Kranker sich neue Kräfte und neues Leben, der andere hingegen neue Schmerzen, ja selbst den Tod hohlen könne. Demnach wäre es eine wünschenswerthe Unternehmung, wenn jeder einzelne Sauerbrunnen nach seinen Bestandtheilen gehörig untersuchet, und bekannt gemacht würde. Siebenbürgen hat von der gütigen Natur so viele und so reichhaltige mineralische Quellen erhalten, daß es darinnen vielleicht keinem Lande nachstehen darf; und doch haben nur sehr wenige dieser Brunnen bis noch das Glück gehabt, daß ihre Schätze untersucht, und ihre Heilkräfte bekandt gemacht worden wären. Ausser dem vortreflichen Werke meines ehemaligen verehrungswürdigen Lehrers: Heinrich Johann von Crantz ꝛc. Gesundbrunnen der Oesterreichischen Monarchie, und der Streitschrift des Herrn Lucas Wagner, *De aquis medicatis Transsilvaniæ*, kenne ich keine Schrift, in welcher der Gehalt der mineralischen Brunnen Siebenbürgens bestimmt angegeben worden wäre. Und selbst in diesen Schriften finden sich noch so manche Lücken, daß Herr von Crantz selbst an mehreren Orten patriotische Aerzte zur genauern Untersuchung

chung und Ergänzung auffordert. Als ich vor einigen Jahren das Amt eines Kreisarztes von Haromszek bekleidete, hielt ich es für meine Pflicht, dieser Aufforderung des Herrn von Crantz wenigstens in so weit ein Genügen zu leisten, in wie weit die mineralischen Quellen in dem Bezirk entsprangen, welcher meiner Besorgnng anvertraut war. Mit der grösten Sorgfalt untersuchte ich also die Sauerbrunnen dieses Theiles meines Vaterlandes an ihren Quellen, nach eben der Methode, deren sich mein unvergeßlicher Lehrer bei seinen Untersuchungen bedienet hatte; und auf diese Weise entstand gegenwärtige Schrift. Ich schmeichle mir gar nicht damit, daß ich etwas Vollkommnes liefern werde, vielmehr sehe ich das Unvollständige und Mangelhafte an vielen Stellen selbst ein; besonders da ich nur sehr wenige Gelegenheit gehabt habe, die Wirkungen dieser Brunnen bei Kranken zu beobachten, und meine dermalige Entfernung von Haromszek mir die Ergänzung des Unvollständigen ganz unmöglich macht. Indessen glaube ich doch so vieles geleistet zu haben, daß wenigstens Aerzte durch diese Schrift in den Stand gesetzt werden, mit mehrerer Gewißheit von den eigentlichen Bestandtheilen dieser Quellen zu urtheilen, ob selbige nemlich ihren Kranken dienlich, oder schädlich seyn werden.

Ohnerachtet ich aber mit Wissen keine Quelle in Haromszek übergangen habe; so werde ich doch nicht alle und jede Sauerbrunnen genau beschreiben; sondern vielmehr nur diejenigen, die wegen ihrem reichern Gehalt eine vorzügliche Aufmerksamkeit verdienen: Jene hingegen, die sehr arm am Gehalt sind, und sich nur wegen ihres Geschmacks den Namen Sauerbrunnen erworben haben, werde ich zuletzt nur ganz kurz anführen, damit nicht durch eine weitläufige Erzählung aller damit angestellten Versuche, diese Abhandlung ohne Nutzen vergrößert werde. Ich bin inzwischen doch nicht in Abrede, daß meiner genauen Nachforschung ohngeachtet, nicht eine oder die andere Quelle mir verborgen geblieben seyn sollte; besonders da manche Brunnen so wenig besucht und gepfleget werden, daß oft nur wenige Einwohner von Haromszek einige Kenntniß davon haben. So ist zum Beispiel in den Waldungen von Arkos ein Brunnen, Egeveszi genannt, welcher wegen seiner Entfernung vom Dorfe, und wegen dem übelsten Weg bis zur Quelle, so sehr vernachlässigt wird, daß nur wenige Einwohner von Arkos den Brunnen kennen, der doch der einzige in ihrem Gebiete ist. Als ich im Jahr 1780 diesen Brunnen aufsuchte, fand ich die Quelle ohne alle Einfassung, mit abgefallenen Blättern, Moos und Schlamm so sehr bedeckt, daß ich unmöglich einige genaue Versuche mit dem Wasser anstel-

anstellen konnte, wiewohl ich doch so viel abnahm, daß es eine ziemlich reichhaltige alcalische Stahlquelle sei.

Noch muß ich erinnern, daß Herr v. Crantz in seinem Werke einiger Säuerlinge erwähnet, die ich aller angewandten Mühe ohngeachtet, nicht habe finden können. So habe ich weder bei Almás noch bei Belefalva, noch bei Kézdi-Szent-Lélek, noch bei Nagy-Ajta, noch bei Sárfalva, noch auch bei Zabala einen Sauerbrunnen ausfindig machen können; und daher werde ich auch dieser Oerter in dieser Beschreibung nicht gedenken.

Ich wende mich nunmehr zur genauern Beschreibung der vorzüglichsten mineralischen Quellen von Haromszeck selbst: und damit diejenigen Leser, welche etwa mit den chemischen Versuchen, zur Untersuchung der Sauerbrunnen, nicht sehr bekannt sind, bei Durchlesung der von mir angestellten und erzählten Versuche, nicht Langeweile erfahren; so werde ich bei dem ersten Brunnen diese Versuche etwas genauer beschreiben, und bei den folgenden mich desto kürzer fassen.

Der

Der Arapataker Sauerbrunnen.

Dieser Brunnen hat seinen Namen von dem Dorf Arapatak, von welchem die Quelle auf eine Stunde weit, in dessen Waldungen entfernet liegt. Der eigentliche Name der Gegend, wo dieses Wasser entspringt, ist Elöpatak; und es befinden sich daselbst hin und wieder einzelne Bauernhütten, etwa 20 an der Zahl, in welchen die Brunnengäste einiges, wiewohl sehr schlechtes Unterkommen finden können. Seit einigen Jahren, haben auch einige adeliche Familien sich daselbst bequeme Häuser aufbauen lassen, um die Brunnenkur mit mehrerer Bequemlichkeit brauchen zu können.

Der Brunnen selbst entspringt in einem Thal, welcher von beiden Seiten durch Berge, die mit Buchen bewachsen sind, gebildet wird. In der Mitte dieses Thals fließt ein schöner, klarer und steinigter Bach; der aber bei starken Regengüssen oft sehr anschwillt, und große Steine mit sich fortreißt; daher auch der Weg, der von Arapatak zum Brunnen führet, und in gedachtem Thal, meist nach dem Lauf des Bachs geht, sehr rauh und beschwerlich ist. Sonst hat die Gegend viele Annehmlichkeiten, und man kann von den nahe gelegnen Dörfern, Hidvéd, Arapatak und Bxendorf, mit den benöthigten Lebensmitteln ziemlich versehen werden.

Die Quelle ist zwar ergiebig, jedoch entsteht bei dem Zusammenfluß vieler Brunnengäste nicht selten ein Mangel am Wasser, so daß nicht allein die von Cronstadt dahin zum Füllen und Verführen kommenden Leute, oft lange zu warten genöthiget sind, bis sie zum Wasser kommen können; sondern auch die Brunnengäste selbst nur selten hinlängliches Wasser zum Baade sammeln können.

Nie ist das Wasser vollkommen klar, jedoch zu einer Zeit mehr, als zur andern. Bei einfallendem Regenwetter verliert es besonders vieles von seiner Durchsichtigkeit. Vielleicht könnte man diesem trüben Ansehn des Wassers dadurch in etwas abhelfen, wenn man dem Wasser aus dem hölzernen Kasten, in welchem es sich sammlet, einen freyen Abfluß verschafte; da es sich jetzo, ohne einen solchen Abflußgraben, durch die hölzernen Wände des Kastens selbst den Abfluß suchen muß. Läßt man das Wasser, nachdem es geschöpfet worden, an der freien Luft stehen, so wird es noch trüber, und macht nach und nach einen starken Bodensatz; ja selbst gläserne Flaschen, die man öfters mit diesem Wasser anfüllet, werden in kurzer Zeit inwendig so sehr incrustiret, daß sie alle Durchsichtigkeit gänzlich verlieren. Bei dem Hervorquellen aus der Erde, wirft das Wasser eine Menge Luftbläschen auf die Oberfläche, welche mit einigem Geräusche daselbst

zerpla=

zerplatzen, und die Gegenwart eines elastischen mineralischen Geistes ausser allem Zweifel setzen. Sonst hat das Wasser einen angenehmen säuerlichen, und weinichten Geschmack, aber gar keinen Geruch. Mit Wein vermischt brauset es, und zwar desto stärker, wenn wenig Wein mit vielem Wasser vermischet wird: zugleich erhöhet es dessen Geschmack; aber die angenehme gelbe Farbe des Weins wird meistens, wenn die Mischung einige Zeit stehen bleibt, in eine widerlich schwarze verändert.

Tröpfelt man in ein Glasvol dieses Wassers einige Tropfen reines Weinsteinöl (Oleum Tartari per deliquium) so scheidet sich augenblicklich die, in dem Wasser durch die Luftsäure aufgelösete Erde, das Wasser wird trübe, Milchfärbig und es setzet sich nach und nach ein feines weisses Pulver an die Seiten und den Boden des Glases an, welches eben die im Wasser enthaltene Erde ist.

Ganz das Gegentheil erfolget, wenn man einige Tropfen einer mineralischen Säure, zum Beispiel von der Salpetersäure zum Wasser giesset. Es entsteht hier sogleich ein gelindes Brausen, worauf das Wasser weit heller als zuvor erscheinet; zugleich aber hängen sich viele kleine Lutfbläschen an die Seiten des Glases an. Dieser Versuch zeiget, daß ein Alkali in dem Wasser enthalten sei. Denn
die

die Säuren machen nur dann ein solches Aufbrausen, wenn sie in der Vermischung mit einem alkalischen Salz, oder mit einer alcalischen Erde zusammen treffen.

Verdünnet man ferner einen Löffelvoll blauen Veilchen Syrup (Syrupus Violarum) mit einem Glasvoll von diesem Wasser, so wird alsbald die schöne blaue Farbe dieses Syrups sich in eine grüne verwandlen. Auch dieser Versuch beweiset die Gegenwart eines Alkali in dem Wasser, weil das Alkali diese Verwandlung der blauen Pflanzensäfte in Grün zu bewerkstelligen pfleget.

Löset man ferner reines Quecksilber in der reinsten Salpetersäure auf, und tröpfelt man von dieser Auflösung einige Tropfen unter das Wasser: so wird das Quecksilber aus seiner Auflösung unter der Gestalt eines feinen gelben Pulvers niedergeschlagen. Hierdurch werden die beiden vorhergehenden Versuche und der Schluß auf die Gegenwart eines Alkali im Sauerbrunnen noch mehr bestätiget. Denn das Alkali pfleget das Quecksilber mit einer gelben Farbe niederzuschlagen; und zwar ist die gelbe Farbe desto höher und dunkler, je schärfer und kräftiger das Alkali ist, womit der Niederschlag gemacht wird.

Nimmt

Nimmt man eine beliebige Menge Ochsenblut, und troknet solches in einem ofnen irdenen Gefäß über einem gelinden Feuer, unter beständigem Umrühren mit einem hölzernen Spatel, gänzlich ein, bis es zu einem groben Pulver wird: vermischet man hernach drei Theile dieses Pulvers mit einem Theil Weinsteinsalz, und calciniret solches in einem Tiegel, bis kein Rauch mehr aus der Maße aufsteiget; und ziehet man hernach mit distillirtem Regenwasser aus der im Tiegel zurück gebliebenen Maße eine Lauge heraus: so hat man eine sogenannte Blut oder Hornlauge. Mit dieser Lauge kan man die Gegenwart des Stahls in einem mineralischen Wasser sehr gut entdecken. Denn wenn man einige Tropfen von dieser Lauge unter ein Stahlwasser mischt, und noch etwas Salpetersäure dazu gießt, so nimmt diese Mischung eine sehr schöne blaue Farbe an, welche man Berlinerblau zu nennen pflegt. Je mehr Stahl in einem Wasser enthalten ist, desto geschwinder erfolgt bei diesem Versuch die blaue Farbe. In dem Arapataker Wasser zeigten sich erst nach 24 Stunden einige wenige Spuren dieses Berlinerblaues.

Auch das Gallapfelpulver kann zur Entdeckung des Eisens in den mineralischen Quellen sehr gut angewendet werden. Denn, wenn man mit diesem Pulver die Seiten eines angefeuchteten Glases gut reibt, und sodann in dieses

dieses Glas ein Eisenhaltiges Wasser giesset; so wird das Wasser augenblicklich violet od. schwarz, je nachdem das Wasser reicher oder ärmer an Stahlteilchen ist. In unserm Arapataker Brunnen zeigte sich keine deutliche Veränderung der Farbe; woraus auch der sichere Schluß zu machen, daß dieses Wasser nur sehr wenige Eisentheilchen führe.

Aus diesen angeführten Versuchen läßt sich also schliessen, daß die Bestandtheile dieses Wassers, ein elastischer mineralischer Geist, eine alcalische Erde, ein alcalisches Salz, und etwas sehr weniger Eisenstof seyen.

Um nun das Verhältnis dieser Bestandtheile gegen das Wasser näher zu untersuchen, dämpfte ich zwei gemeine Siebenbürgische Maas dieses Wassers, in einer gläsernen Schüssel, im Sandbade, bei gelindem Feuer ab; und nachdem ich alles bis zur gänzlichen Eintroknung hätte abrauchen lassen, erhielt ich einen Satz, welcher weiß, sehr fein und leicht war, auch einen etwas salzigen Geschmack hatte und 152 Gran wog. Dieses Pulver laugete ich mit destillirtem Regenwasser aus, um das salzige Wesen von der Erde zu scheiden. Nachdem ich die Lauge durchgeseiget hatte, blieben noch 140 Gran eines feinen Geschmacklosen Pulvers im Seighute zurück. Dieses Pulver lösete sich in allen mineralischen Säuren unter heftigem Brausen vollkommen auf, und als ich zur Auflösung in Salpetersäure etwas Blutlauge hinzu goß, zeigten sich sogleich einige Spuren des schönsten Berlinerblaues. Die mit dem Regenwasser ausgezogene wenige Lauge aber, konnte ich nicht zur Crystallisation bringen. Indessen hielt solche in allen damit angestellten Versuchen die Proben eines ganz reinen mineralischen Laugensalzes aus.

Ausser dem elastischen mineralischen Geist, welcher in grosser Menge in diesem Wasser enthalten zu seyn scheinet, enthält demnach jede Maas etwa 70 Gran einer reinen Kalcherde, etwa 6 Gran reines mineralisches Laugensalz, und etwas sehr weniges Eisenstoff. Die Kalcherde, welche in diesem Wasser so häufig vorhanden ist, macht mit dem mineralischen Geist, oder mit der so genannten Luftsäure, wodurch diese Erde gleichsam in dem Wasser aufgelöset erhalten wird, eine Art eines erledigten Mittelsalzes aus. Nur ist es Schade, daß diese Auflösung nicht vollkommen ist, und daß sich die Kalcherde von ihrem Auflösungsmittel, dem mineralischen Geist, so leicht scheidet.

Keine besondere Erfahrungen habe ich bis noch mit diesem Wasser anstellen können, die Würkungen desselben im menschlichen Körper zu bestimmen. Es sind nur wenige Jahre ver=

verflossen, seitdem dieser Brunnen einigen Ruf erhalten hat; und von denen, die ihn gebraucht haben, erhält man oft so widersprechende Nachrichten, daß man am Ende nicht weiß, woran man sich halten soll. Einige loben das Wasser als sehr eröfnend und abführend; und diese Wirkung sollte man auch wegen der im Brunnengeist aufgelöseten alkalischen Erde, wodurch, wie schon erinnert worden ist, ein Mittelsalz gebildet wird, davon erwarten. Dagegen beklagen sich andere, daß sie von dieser abführenden Würkung an sich nichts haben empfinden können. Bei Hemorhoidalbeschwerden, wenn diese nicht recht fliessen, soll der Brunnen einigemal gute Dienste geleistet haben, indem er diese bald in Fluß brachte. Ein Fall ist mir bekannt, wo die schleinigten Hämorrhoiden dadurch befördert wurden, und der Patient von vielen Beschwerden, die ihm diese vorher verursachten, Erleichterung erhielt. Mir scheint derselbe in Rücksicht seiner Bestandtheile vorzüglich zur Dämpfung der Säure in den ersten Wegen geeignet zu seyn. Was man aber für Würkungen von diesem Wasser erwarten könne, wenn man es als ein warmes Baad gebraucht, sehe ich nicht ein. Die Luftsäure, in welcher die Kalcherde und der Eisenstof aufgelöset erhalten wird, entschlüpft bei der geringsten Erwärmung des Wassers, und sogleich erfolgt die gänzliche Trennung der Bestandtheile: das Wasser wird trübe, die Kalcherde fällt

zu Boden, und der ganze mineralische Gehalt
geht verloren. Man kann demnach von diesem
Wasser, wenn es als ein warmes Baad ge=
braucht wird, nichts mehr als von jedem an=
dern warmen Wasser erwarten.

Der Bodoker Sauerbrunnen.

Der Bodoker Sauerbrunnen hat seine
Bennennung von dem Dorf Bodok, welches
beiläufig sechs Stunden von Cronstadt, hart
an dem Altfluß liegt, und in welchem Brun=
nengäste ein ziemliches Unterkommen finden,
wie auch aus diesem sowohl, als den benach=
barten Dörfern, Oltszeme, Málnas, Etfalva
und Giddofalva, mit den benöthigten Lebens=
mitteln versehen werden können. Etwa 20
bis 24 Minuten weit vom Dorf, an dem Fuß
der daselbst sich erhebenden, und mit jungen
Buchen, Birken anderem Gesträuche bewach=
senen Berge, entspringt dieser vortrefliche Sau=
erbrunnen. Das Wasser sammelt sich in einem
viereckigen, sehr geräumigen, mit einem gu=
ten Obdach versehenen und von Bruchsteinen
verfertigten Kasten, in so großer Menge, daß
bei dem beständigen Schöpfen des Wassers
(indem sowohl die Einwohner von Bodok,
als auch des benachbarten Dorfs Oltszeme,
sich blos dieses Wassers zum ordentlichen Ge=
tränke bedienen) doch nie ein Mangel an
Wasser entsteht; vielmehr ein Theil davon
durch

durch den eigenen Ablaufgraben beständig abfließt.

Das Wasser dieses Brunnens, welches mit vielen auf die Oberfläche steigenden Luftbläschen hervorquillt, ist überaus klar und durchsichtig, so daß es in diesem Stück auch von dem reinsten Quellwasser nicht übertroffen werden kann; ja wenn es auch mehrere Tage an der freien Luft stehen bleibt, verliert es wenig oder gar nichts von seiner Klarheit. Von dem röthlichen Schlamm, womit nach dem Herrn v. Crantz (siehe dessen Gesundbrunnen N. 465) der Ablaufgraben überzogen seyn soll, habe ich nie etwas gefunden; vielmehr war der Graben mit einem dunkelgrauen Satz nur ganz wenig bedeket. Der Geschmack des Wassers ist sehr angenehm, weinig, salzig und erfrischend. Mit Wein vermischt brauset es sehr stark, und ein weisser bald verschwindender Schaum steigt auf die Oberfläche; zugleich erhöhet es dessen Geschmack: aber wenn diese Mischung einige Zeit stehen bleibet, verändert solche die Farbe und wird schwarz.

Mischt man einige Tropfen zerflaßnes Weinsteinöl unter das Wasser, so verliert es nur sehr weniges von seiner Durchsichtigkeit, und es setzet sich nach und nach ein feines weisses Pulver an das Glas an. Aber mit den mineralischen Säuren brauset es ungemein stark, und eine Menge Luftbläschen hangen sich an die Seiten des Glases an, so, daß das Glas gleichsam mit einer Perlenrinde überzogen zu seyn scheinet. Die blaue Farbe des Veilchensyrups wird von dem Wasser sogleich in eine Grasgrüne verwandelt; und das in Salpetersäure aufgelösete Quecksilber Strohgelb niedergeschlagen. Von dem Galläpfelpulver erleidet das Wasser keine Veränderung, und selbst mit der Hornlauge und Salpetersäure, kann man erst nach 24 Stunden einige Spuren eines Berlinerblaues entdecken.

Als ich zwei Siebenbürgische Maas von diesem Wasser in einer gläsernen Schüssel, im Sandbade bei gelindem Feuer, bis zur gänzlichen Eintroknung abdämpfte, erhielt ich zuletzt eine weisse glänzende Rinde, womit der Boden und die Seiten der Schüssel überzogen waren, welche, nachdem sie sorgfältig herausgenommen worden war, 168 Gran wog. Diese Maasse lösete ich neuerdings in destillirtem Regenwasser auf, und filtrirte die Auflösung. Ein feines, weisses, geschmackloses Pulver, welches noch 28 Gran im Gewicht hatte, blieb sodann im Filtro. Die Lauge aber hatte eine dunkelgelbe Farbe, einen salzigen laugenhaften Geschmack. Ich dämpfte diese abermals in einer gläsernen Schaale ab, und erhielt sodann durch die Crystallisation zu drei verschiedenenmalen flache, blätterreiche Crystallen, welche
zusam=

zuſammen 280 Gran wogen. Das Uebergewicht über 140 Gran iſt aber dem Waſſer zuzuſchreiben, welches immer in den Cryſtallen enthalten iſt. Die erſten Cryſtallen waren ſchön weiß, die letztern hingegen fielen etwas ins Gelbe. Ein jedes Seidel von dieſem Waſſer giebt demnach 3¼ Gran einer feinen Erde und 17¼ Gran reines, oder 35 Gran cryſtalliſirtes Salz.

An dem auf dieſe Weiſe erhaltenen Salz, bemerkte ich folgende Erſcheinungen: An der freien Luft zerfielen die Cryſtallen bald in ein feines weiſſes Pulver. Uber einem gelinden Feuer floſſen ſie leicht. Mit allen mineraliſchen Säuren brauſeten ſie ſtark, und als ich dieſe Vermiſchungen zur Cryſtalliſazion brachte, erhielt ich aus jener mit der Vitriolſäure ein dem Glauberſchen Wunderſalz vollkommen ähnliches Mittelſalz; und aus jener mit der Salpeterſäure einen wahren würflichten Salpeter. Den Mercurium sublimatum corrosivum ſchlug es aus einer in diſtillirtem Regenwaſſer gemachten Auflöſung pomeran enfärbig nieder. Dieſe Erfahrungen ſetzen demnach die alcaliſch mineraliſche Natur dieſes Salzes auſſer allem Zweifel.

Die nach der Auslaugung im Filtro zurück gebliebene weiſſe feine Erde löſete ſich gleichfalls unter ſtarkem Brauſen in allen mineraliſchen

lischen Säuren gänzlich auf; und jene Auflösung, die mit der Salpetersäure gemacht war, gab sogleich, als ich etwas Hornlauge dazu goß, einige Spuren eines hellen Berlinerblaues.

Der ganze Gehalt dieses Waſſers beſteht demnach. 1. In einem ätherisch mineralischen Geiſt, welcher in großer Menge darinnen vorhanden iſt. 2. in einer zarten feinen Kalcherde, wovon jedes Seidel etwa 3 und $\frac{1}{4}$ Gran führet. 3 In einem laugenhaften mineralischen Salz, wovon $17\frac{1}{2}$ Gran auf jedes Seidel gerechnet werden kan; 4. In einem sehr kleinen Theil eines Eisenstofs, welcher aber fast in keine Betrachtung kommen darf, weil schwerlich in vielen Eimern dieses Waſſers ein Gran enthalten seyn kann.

Diese Bestandtheile sind aber durch den enthaltnen mineralischen Geiſt sehr innig mit einander verbunden, so daß ſich ſolche nicht leicht von einander trennen. Daher auch dieses Waſſer seinen Geschmack und seine Kräfte lange Zeit unverändert behält, wenn es in gläsernen Flaschen gut verwahret aufbehalten wird.

Daß dieses Waſſer viele Aehnlichkeit mit dem so sehr berühmter Selter Waſſer habe, erhellet aus den vorher angeführten Versuchen.

chen. Freilich ist unser Bodoker Wasser nicht so reich an Gehalt, wie dieses. Aber man kann, da wir ihn hier in der Nähe haben, und an der Quelle selbst trinken können, immer diejenigen Würkungen davon erwarten, welche das so weit hergeholte, so kostspielige, und durch die Länge der Zeit oft verdorbene Selter Wasser verspricht. Mit vieler Wahrscheinlichkeit kann man ihm eine auflösende, verdünnende, die Schärfe der Säfte versüssende, die zu sehr gespannten Fasern erschlaffende, eine Schleim zerschneidende, und durch den Harn, Stuhlgang und Schweiß abführende, wie auch die erschlappten Fasern zu stärkern und öftern Zusummenziehungen reizende Kraft zuschreiben. In allen jenen Krankheiten also, wo die Urinwege leiden, in schleimigten Verstopfungen der Eingeweide des Unterleibes, in der Hypochondrie, Mutterbeschwerungen, Magenkrampf, habituellem Brechen, Colik, beschwerlichen Stuhlgang, Versäurung des Magens, in allerhand chronischen Ausschlägen der Haut, im Podagra und Gicht, in langwierigen Krankheiten der Brust, Husten, Schwindsucht, Lungengeschwüren, Engbrüstigkeit u. s. w. kann man sich dieses Wassers mit Nutzen bedienen. Bei einem Frauenzimmer, welches nach einem langwierigen Kindbett in ein schleichendes, die Auszehrnng drohendes Fieber verfiel, leistete der innerliche Gebrauch dieses Wassers so erwünschte

Bb 5 Dienste,

Dienste; daß sich dasselbe seit der Zeit der dauerhaftesten Gesundheit erfreuet. Bei einem andern Frauenzimmer, welches nach einem langwierigen Krankenlager, wobei die, mit der Krankheit verbundenen Schmerzen, keine andere Lage, als auf dem Rücken erlaubten, alle Zufälle des Steines in den Nieren und in der Harnblase erlitte, und von welchem auch einige Steine wircklich abgingen, verschwanden auf den Gebrauch dieses Wassers alle jene Zufälle, so zwar, daß selbiges seit der Zeit auch nicht die mindesten Anstösse dieses schrecklichen Uebels empfunden hat. Bei einem mit der englischen Kranckheit behafteten Kinde, war die Würkung dieses Wassers ebenfalls von den erwünschtesten Folgen: indem sich nicht allein die Geschwulst der Knochenende senckte, die üble Gesichtsfarbe sich besserte, und die natürliche Festigkeit des Fleisches einstellte: sondern auch das Kind sehr bald darauf allein zu gehen anfing.

Diese wenigen Beispiele setzen die Würksamkeit dieses Wassers ausser allem Zweifel; und es wäre daher zu wünschen, daß man auch in mehrern Fällen sich dieses leichten, angenehmen und unschuldigen Mittels bedienen sollte.

Der

Der Bodoker rothe Sauerbrunnen.

Auſſer dem vorher beſchriebnen Sauerbrunnen hat das Dorf Bodok noch eine andere Quelle, welche in Anſehung der Beſtandtheile von dem vorigen ſehr verſchieden iſt. Es Entſpringt dieſe Quelle an dem Fuß des gegenüberſtehenden Berges, auf einige hundert Schritte von dem vorher beſchriebnen Säuerling, und wird Veres-Kut, oder der rothe Brunnen gemeiniglich genannt. Vermuthlich hat der rothe Schlamm, womit ſo wohl der Brunnen ſelbſt, als auch der um denſelben befindliche Platz, überzogen iſt, zu dieſer Benennung Gelegenheit gegeben. Was bei den meiſten Sauerbrunnen in Haromſzek zu beklagen iſt, daß ſie nemlich nicht der geringſten Pflege und Beſorgung gewürdiget werden, findet auch bei dieſem ſtatt. Das Rindvieh, welches in dieſe Gegend auf die Weide getrieben wird, und ſehr begierig dieſes Waſſer zu trinken pfleget, tritt häufig mit den Füſſen in die Quelle hinein, und verunreiniget das Waſſer. Die Quelle ſelbſt iſt ohne alle Einfaſſung, und ohne Ablaufgraben, daher das Waſſer ſich an verſchiedenen Orten um die Quelle ſammlet, und die Gegend ganz ſumpfig und moraſtig machet. Davon kommt auch vermuthlich der Schwefelgeruch her, welcher dieſe Gegend erfüllet. Das Waſſer quillt ziemlich ergiebig mit vielen Luftbläs=

bläschen hervor, und man sieht bei Sonnenschein, die Oberfläche als mit einem dünnen Häutchen überzogen. Sonst ist das Wasser sehr klar, und kalt; und es hat einen weinnichten, beissenden, vitriolischen Geschmack.

Mit dem Weinsteinöl vermischt verlieret es sogleich seine Klarheit, und wird apfelfärbig. Die Salpetersäure erregt in dem Wasser nur ein gelindes, kaum bemerkliches Brausen. Den Veilchensyrup verändert es im Anfang nur wenig, nach und nach aber wird die Farbe desselben doch grün. Die Auflösung des Quecksilbers in der Salpetersäure wird dadurch hellgelb niedergeschlagen. Von dem Galläpfelpulver nimmt es bald eine dunkelrothe, nachher aber eine violett, und endlich eine schwarze Farbe an. Die Blutlauge aber schlägt auf der Stelle das schönste Berlinerblau daraus nieder.

Als ich zwei gemeine Siebenbürgische Maas von diesem Wasser auf die gewöhnliche Weise in einer gläsernen Schüssel abdämpfte, und die Abdämpfung bis zur gänzlichen Eintrocknung fortsetzte; erhielt ich zuletzt ein weisgelbes, fettanzufühlendes und geschmackloses Pulver, welches 34 Gran im Gewicht hatte. Selbst durch die sorgfältigste Auslaugung konnte ich kein Salz von diesem Pulver scheiden,

und

und in den mineralischen Säuren lösete es sich unter starkem Brausen gänzlich auf.

Es scheinen also die Bestandtheile dieses Wassers ein elastischer mineralischer Geist, eine zarte absorbirende Erde, und ein zarter Eisenvitriol zu seyn.

Man bedienet sich bis noch dieses Wassers nur äusserlich als eines Baades. Die Einwohner von Bodok legen demselben eine vorzügliche Kraft wider die Schmerzen der Glieder bei, die nach äussern Verletzungen, zum Beispiel, nach Beinbrüchen, Verrenkungen u. s. w. zurück bleiben, und welche meistens bei Veränderung der Witterung sich zu vermehren pflegen. Daß das Wasser vermög seiner Bestandtheile vorzüglich zur Stärkung geschwächter Theile geschickt sey, sieht man leicht ein; und daher glaube ich allerdings, daß es in jenen Fällen nützliche Dienste leisten könne. Aber ich hoffe zugleich ganz sicher, daß es auch innerlich in jenen Krankheiten, wo stärkende absonderlich aber Stahlmittel angezeiget sind, mit Nuzen angewandt werden dürfte.

Der Brunnen von Sepsi-Szent-György.

Sepsi-Szent-György ist ein Marktfleck in Haromszek. Es liegt vier Stunden von Cronstadt entfernet, hart an dem Altfluß. Dieser Ort hat zwo mineralische Quellen von verschiedenem Gehalt. Die eine ist am Ende des Markts an dem Fuß eines Hügels, und dienet den Einwohnern von Szent-György zum ordentlichen Getränke; die andere aber quillt an dem Ufer eines durch den Markt laufenden Bachs hervor, und wird nur zum Baaden gebraucht. Von dem Trinkwasser werde ich zuerst reden.

Das Wasser dieses Brunnens, welches sich häufig in dem aus einem ausgehöhlten Baum gemachten Kasten sammlet, und mit vielen Luftblasen hervorsteiget, ist klar, helle, ohne Geruch, und hat einen angenehmen weinigten etwas süssen Geschmack. Die Gegend um den Brunnen ist etwas sumpfig, und das hin und wieder stillstehende Wasser hat mehrentheils eine regenbogenfärbige Haut. Ohne Zweifel rühret auch der schwefelichte Geruch, der sich in dieser Gegend verbreitet, von diesem sumpfigen Wasser her, denn an dem frisch aus der Quelle geschöpften Wasser kann man nichts schwefelichtes spüren.

Die Vermischung mit Weinsteinöl machte das Wasser sogleich trübe, milchfärbig, und ein feines weisses Pulver setzte sich an das Glas an. Mit allen mineralischen Säuren brausete das Wasser, und seine Durchsichtigkeit schien zugleich vermehret zu werden. Den
Veilchen=

Veilchensyrup färbete es bald grün; und die Auflösung des Quecksilbers in Salpetersäure gab einen strohgelben Niederschlag. Vom Gallapfelpulver wurde es ein wenig purpurfärbig; und die Hornlauge gab mit der Salpetersäure bald etwas Berlinerblau.

Als ich zwei Siebenbürgische Maas von diesem Wasser auf die gewöhnliche Art abdämpfte, zeigten sich die bei den mineralischen Wässern gewöhnlichen Erscheinungen. Nach gänzlicher bis zur Eintroknung fortgesetzten Abdämpfung, erhielt ich ein weisses, blätterichtes, glänzendes, etwas salzig schmeckendes Pulver, welches 94 Gran wog. Als ich dieses Pulver mit distiliртem Regenwasser ausgelauget und filtriret hatte, blieb noch ein feines, geschmackloses, weisses Pulver zurück, welches ausgetrocknet 72 Gran im Gewicht hatte? Dieses Pulver lösete sich nur zum Theil in den mineralischen Säuren auf; der grössere Theil aber blieb unaufgelöset. Aus der Lauge aber erhielt ich nach der Abdämpfung noch 39 Gran eines reinen alcalischen mineralischen Salzes.

Es besteht demnach dieses Wasser aus einem ätherischen Brunnengeist, aus einer zarten absorbirenden Erde, die mit einer selenitischen vermischt ist, aus einem reinen alcalischen Salz, und aus etwas Eisenstoff; welche

Theile

Theile in dem Waſſer innigſt aufgelöſet ſind.

Man kann dieſemnach von dem Waſſer billig eine eröfnende, auflöſende, abführende, Urintreibende und zugleich ſtärkende Wirkung erwarten. Durch die Erfahrung ſind indeſſen die Kräfte deſſelben noch nicht beſtättiget worden; indem, ſo viel mir bewuſt iſt, noch niemand dieſes Waſſer zu einem mediciniſchen Gebrauch gewählet hat.

Die Baabquelle in Sepſi-Szent-György.

Der andere Brunnen von Szent-György welcher, wie ſchon oben gemeldet worden iſt, an dem Ufer eines durch den Markt fließenden Bachs hervorquillt, und nur zum Baaden gebraucht wird, hat einen ſcharfen, ſtinkenden Geruch, und einen unangenehmen ſchwefelichten Geſchmack. Ohnerachtet die Einwohner von Szent-György dieſem Waſſer vorzügliche Kräfte gegen hartnäckige Kopfſchmerzen, alte Geſchwüre, wie auch gegen die Krätze und chroniſche Ausſchläge der Haut zuſchreiben: ſo verwenden ſie doch ſo wenige Sorgfalt auf die Unterhaltung dieſer Quelle, daß ſie in Gefahr ſtehen, wegen der daſelbſt immer mehr ſich anhäufenden Unreinigkeiten, die ganze Quelle zu verlieren. Schon jezo iſt die Quelle nicht ſehr ergiebig, daß man nur mit vieler

ler Mühe so vieles Wasser, als zu einem Baade erforderlich ist, zusammen bringen kann. Den Grund der Quelle bedeckt ein schwarzer mit dem feinsten Sand vermischter, schmieriger Schlamm, welcher ebenfalls den stinkenden Geruch des Wassers ausduftet. Läßt man diesen schwarzen Schlamm an der Luft austrocknen, so verliert er seinen Geruch und seine Farbe, und wird aschgrau; nimmt aber sowohl seinen üblen Geruch, als auch seine schwarze Farbe wiederum an, wenn er von neuem befeuchtet wird. Sonst ist das Wasser klar, kalt, und man sieht bei der Quelle keine Luftbläschen aufsteigen, wie bei andern mineralischen Brunnen.

Mit dem Weinsteinöl vermischt, wird das Wasser sogleich milchfärbig und läßt ein feines weißes Pulver zu Boden fallen. Aber es brauset mit keiner Säure. Das Gallapfelpulver färbet das Wasser etwas schwärzlich, und mit der Hornlauge und Salpetersäure giebt es ein helles Berlinerblau. Die Farbe des Veilchensyrups verändert es nicht, wiewohl die Auflösung des Quecksilbers in der Salpetersäure etwas gelblich davon niedergeschlagen wird.

Zwei gemeine Siebenbürgische Maas gaben nach der Abdämpfung in einer gläsernen Schüssel nicht mehr als 14 Gran eines feinen, etwas gelben und salzigen Pulvers. Durch die

Auslaugung schied ich zwar das salzige Wesen von der Erde dieses Pulvers, jedoch konnte ich solches nicht krystallisiren, und es schien sogar als wenn das Pulver durch die Auslaugung nichts von seinem Gewicht verloren hätte. Jedoch zeugten alle Versuche, die ich mit der Lauge machte, von der alcalischen Beschaffenheit derselben. Das nach dieser Auslaugung übrig gebliebene Pulver lösete sich in allen mineralischen Säuren gänzlich auf, und gab mit der Hornlauge ein schönes Berlinerblau.

Die Bestandtheile dieses Wassers sind also eine zarte mit Eisenstoff gemischte Kalchartige Erde, und eine unbedeutende kleine Menge eines alcalischen Salzes. Von dem ätherischen Geist, hat dieses Wasser fast gar nichts. Den schwarzen Schlamm, der sich in der Quelle sammlet, halte ich für eine Art einer Schifererde, die mit feinem Sand vermischt ist, und mit dem Quellwasser hervorgespühlet wird.

Die Fälle, in denen dieses Wasser, nach der Aussage der Einwohner von Szent-György sich würcksam bewiesen haben soll, habe ich oben schon angeführet. Aus eigner Erfahrung kann ich nicht davon urtheilen. Mir scheint das Wasser eine stärkende und reinigende Kraft zwar zu besitzen, aber zur Hebung jener Zufälle unzureichend zu seyn.

Der Sugas Brunnen.

Anderthalb Stunden weit von dem Markt Sepsi-Szent-györgy gegen Abend, entspringt in einem angenehmen mit Buchen dicht bewachsenen Thale, neben einem kleinen Bach ein sehr guter Sauerbrunnen, welcher von der Gegend den Namen Sugas erhalten hat. Es ist zu bedauren, daß dieser Brunnen nicht durch eine bessere Pflege und Besorgung der ihm drohenden Gefahr, gänzlich verschüttet zu werden, entrissen wird. Denn da die Quelle nahe an dem Ufer eines zwar kleinen, jedoch sehr reissenden und bei starken Regengüssen oft ungeheuer anschwellenden Bachs, entspringt: so geschieht es nicht selten, daß die Quelle von Schlamm und Steinen so sehr bedecket wird, daß man kaum die Stelle mehr finden kann, wo ehemals das Wasser herorsprudelte. So geschah es im Monat Junius 1780, wo nach einem Platzregen diese Quelle gänzlich vergraben wurde, und erst einige Wochen nachher machte sich das Wasser eine neue Oefnung. Man könnte diesem Umstand mit wenigen Unkosten und mit leichter Mühe abhelfen, wenn man den Bach, der so nahe an der Quelle herabrollt, auf die entgegengesetzte Seite des Thals ableitete. Indessen ist diese Verbesserung nicht leicht zu hoffen, da dieser Brunnen, des vortrefflichen Wassers ohngeachtet, wegen seiner üblen Lage schwerlich je in einen starken Ruff kommen wird. Denn nicht allein der Weg zu demselben ist sehr steil, und ungebahnt; sondern auch die Unterkunft bei dem Brunnen ist so elend als möglich; indem keine Hütten, kein Dorf in der Nähe anzutreffen sind, und man also entweder unter freiem Himmel, oder unter einem Zelt beständig sich aufzuhalten genöthiget wird: eine Unterkunft, die für Kranke in diesen bergigten Gegenden, selbst zur Sommerszeit nicht dienlich seyn kann. Zudem ist alle Zufuhr der Lebensmittel daselbst sehr schwer, und Brunnengäste dürften öfters den grösten Mangel daran leiden. Zum Glück hat dieses Wasser den Vortheil, daß es sich ohne Verlust seiner Kräfte lange Zeit aufbewahren, und also auch gut verführen läßt.

Das Wasser dieser Quelle ist sehr hell, klar und wirft bei seinem Ursprung viele Luftbläschen auf die Oberfläche. Den Abflußgraben überzieht es mit einem dunkelrothen Schlamm. Es hat einen überaus angenehmen, weinigten und zugleich etwas bittern Geschmack. Mit Wein vermischt brauset es stark, und erhöhet zugleich dessen Annehmlichkeit.

Von dem zerflossnen Weinsteinöl wird das Wasser trübe, milchfärbig, und ein feines weisses Pulver setzt sich an das Glas an. Mit den mineralischen Säuren brauset es, und viele le kleine Luftbläschen steigen empor, welche sich an die Wände des Glases anhängen. Die Hornlauge und Salpetersäure erzeugten bald aus diesem Wasser ein sehr schönes Berlinerblau; und von dem Galläpfelpulver färbete sich dasselbe violett. Der Veilchensyrup nahm davon eine grüne Farbe an, und das in der Salpetersäure aufgelösete Quecksilber wurde unter der Gestalt eines strohgelben Pulvers niedergeschlagen.

Dämpfet man zwei gemeine Maas von diesem Wasser bei gelindem Feuer ab; so steigen bei der gelinden Erwärmung sehr viele kleine Luftbläschen auf die Oberfläche des Wassers; das Wasser selbst verliert seine Durchsichtigkeit, und wird mit einer gelblichen Haut überzogen. Man erhält auf diese Weise zu Ende der Abdämpfung ein gelbes, mit kleinen weissen Schuppen vermischtes, feines Pulver, welches 117 Gran wiegt, und sehr salzig schmeckt. Lauget man das Salz aus diesem Pulver aus, so bleibt ein feines gelbes Pulver noch übrig, welches gut ausgetrocknet noch 48 Gran im Gewicht hat, und welches sich nicht allein in allen mineralischen Säuren grösstentheils auflöset, sondern auch mit der Hornlauge ein recht angenehmes Berlinerblau giebt. Aus der Lauge aber erhält man durch die Crystallisation 96 Gran schönes, weisses, blätterichtes und 24 Gran gelbes, unregelmässig crystallisirtes Salz; welches in allen Versuchen die Proben eines reinen mineralischen Laugensalzes aushält.

Dieses Wasser enthält also, wie ich glaube, 1. vielen elastischen mineralischen Geist. 2. eine feine absorbirende, mit etwas selenitischer gemischte Erde. 3. einen zarten Eisenvitriol, und 4. ein alcalisches mineralisches Salz.

Diesemnach sind in diesem Wasser sowohl auflösende, Schleim zerschneidende, verdünnende und urintreibende, als auch stärkende Theile mit einander verbunden. Aus der Erfahrung kann ich jedoch noch gar nicht von den Würkungen dieses Brunnens urtheilen, weil der Brunnen wegen seiner üblen Lage, nur äusserst selten von Kranken besuchet wird. Gegen die Würmer bei Kindern hat er einigemal gute Dienste geleistet.

Ohngefehr zweihundert Schritt weit von dieser Quelle, entspringen zwei andere Brunnen, welche keine besondere Namen führen, und von welchen ich nicht weiß, ob sie mit Recht unter die Zahl der mineralischen Wasser aufgenommen werden dürften. Beide Quellen sind nur einige Schuhe weit von einander entfernet, und zwar also, daß die eine Quelle etwas höher am Berge befindlich ist, als die

die andere. Beide haben zwar keinen Ausfluß, sondern das Wasser, welches mit vielen und großen Luftblasen, und mit einem Geräusch aus der Erde hervorgestossen wird, so daß die Quellen das Ansehen eines siedenden Kessels haben, verliert sich wiederum in seine Quelle zurück. Sonst ist das Wasser ganz klar, kalt, ohne allen Geruch, es hat einen weichen Geschmack, fast wie lang gestandenes Regenwasser, und macht weder bei seinem Ursprung, noch wenn es in einem gläsernen Geschirr lange aufbewahret wird, einen Bodensatz. Auch in allen damit angestellten Versuchen zeigt es keine Veränderung, wie ein höchst reines distilirtes Regenwasser. Bei der Abdämpfung von 2 Maas dieses Wassers stiegen zwar sehr viele Luftbläschen auf, aber ich erhielt davon doch nicht mehr als etwa 4 Gran eines feinen ins Gelbe fallenden Pulvers, welches gar keinen Geruch hatte.

Man lobt dieses Wasser zum Baade für solche Personen, die von Gichtschmerzen lange geplaget sind, und bei der Quelle habe ich selbst einige Denkmale gefunden, welche arme Leute zum Zeugniß ihrer erlangten Besserung daselbst zurück gelassen hatten. Es pflegen nemlich abergläubische Bauern bei den Gesundbrunnen, von deren Gebrauch sie einige Besserung empfunden haben, Stückchen Leinwand von ihren Kleidern abzureissen, oder Haare

Haare von ihrem Kopf abzuschneiden, und diese an die um den Brunnen befindliche Sträuche anzubinden, weil sie sonst Rückfälle befürchten.

Noch ist in dieser Gegend ein kleiner, runder, etwa 4 Schuh breiter, und anderthalb Schuh tiefer Graben zu bemerken. Der Grund dieses Grabens ist beständig, auch bei der anhaltendesten Dürre, etwas feucht; und selbst in dem strengsten Winter soll kein Schnee darinnen bestehen, sondern augenblicklich wegschmelzen. Wenn ein Vogel sich in diesen Graben niederläßt, sinkt er gleich todt dahin. Ich habe selbst zu verschiednen Zeiten todte Amseln, Sperlinge und Zeisige in dieser Grube gefunden. Riecht man an der feuchten Erde, welche auf dem Grund dieses Grabens befindlich ist, so empfindet man nur einen schwachen Dampf, der demjenigen ähnlich ist, wenn Eisen in der Vitriolsäure aufgelöset wird. Vielleicht ist es also eine Art einer zündbaren Luft, welche aus dem Grund dieser Grube ausdünstet? Auch dieses Grabens bedienen sich gichtische und podagrische Personen; indem sie vor Sonnenaufgang ihre entblößte Füße in diese Grube stecken.

Der Málnáser Brunnen.

Bei dem Dorf Málnás sind zwo mineralische Quellen befindlich, von welchen die erstere re den Einwohnern des Dorfs zum ordentlichen Trinkwasser dienet; die andere aber nur zum Baade gebraucht wird.

Die Trinkquelle entspringt in den Waldungen des Dorfs, etwa eine halbe Stunde weit vom Dorf, an der Seite eines kleinen Hügels, und ergießt ihr Wasser durch eine kleine hölzerne, mit einer hochrothen Ocherrinde überzogene Rinne. Die Quelle ist sehr ergiebig, hell, klar, und kalt. Das Wasser hat einen weinichten etwas vitriolischen Geschmak; aber keinen Geruch.

Von dem Weinsteinöl wurde eine weisgelbe Wolke niedergeschlagen, welche das Wasser ganz trübe und milchfärbig machte. Mit der Salpetersäure brausete es nur ganz gelinde, und es zeigten sich auch an den Seiten des Glases nur hin und wieder einige bald verschwindende Luftbläschen. Von der Hornlauge und der Salpetersäure entstund sehr bald ein schöner blauer Niederschlag. Das Gallapfelpulver färbte das Wasser nach und nach ganz schwarz. Der blaue Veilchensyrup gab ihm eine grüne Farbe; und das in der Salpetersäure aufgelösete Queckfilber legte einen strohgelben Satz auf den Boden.

Als ich zwei Maas dieses Wassers bei gelindem Feuer auf die gewöhnliche Art abdämpfte,

dämpfte, erhielt ich zuletzt ein gelbes, ocherartiges und salzig schmeckendes Pulver, von 26 Gran im Gewicht. Dieses Pulver laugete ich mit distillirtem Regenwasser aus; und erhielt eine Lauge, welche sich in allen Versuchen als ein mineralisches Laugensalz verhielt. Nach der Auslaugung hatte das Pulver noch 22 Gran im Gewicht, und dieses löfete sich in allen mineralischen Säuren leicht auf.

Dieses Wasser scheinet also nur wenig mineralischen Brunnengeist, einen zarten Eisenvitriol, eine alcalische Erde und alcalisches Salz zu enthalten.

Man kann also von diesem Brunnen eine Schleim zerschneidende, die zähen Säfte auflösende, die Säure des Magens dämpfende, eine reizende, stärkende, und die erschlapten Fasern belebende Würkung erwarten. Bis noch aber hat, sich, soviel mir bewust ist, niemand zur Heilung einer Krankheit dieses Wassers bedienet; und aus diesem Grund kann ich auch seine Würcksamkeit nicht gehörig beurtheilen.

Der Budgyogo Brunnen bei Málnás.

Die andere Quelle, welche bei Málnás entspringt, und den Namen Budgyogo führet, und nur zum Baade gebraucht wird, entspringt

springt an dem Fuß eines mit Sträuchen bewachsenen Berges. Das Wasser sammlet sich häufig in einem von Kalchsteinen sehr unordentlich zusammengesetzten, und mit einer dünnen Ocherrinde überzognen Kasten. In diesem sprudelt das Wasser beständig mit einem sausenden Geräusche; es wirft viele große Blasen auf die Oberfläche, und ein Theil des Wassers scheint sich durch den Kasten wiederum in die Erde zurück zu ziehen, indem ein anderer Theil durch einen besondern Ablaufgraben abfließt. Dieses Wasser ist nicht ganz klar, und hat eine etwas graue Farbe, sein Geruch ist unangenehm, faulig, so wie auch der Geschmack desselben süßlich, weich und säulig ist.

Von der Vermischung mit Weinsteinöl wurde dieses Wasser nicht trüber als es vorhero war; aber auch durch die Zugießung der mineralischen Säuren gewann seine Klarheit nichts; so wie sich auch bei diesem Versuch keine Luftbläschen an die Seiten des Glases anhingen, wie dieses sonst bei andern mineralischen Quellen gewöhnlich zu geschehen pfleget. Durch die Hornlauge und Salpetersäure aber wurden einige Spuren eines blauen Niederschlages in einigen Stunden kenntlich.

Bei der Abdämpfung, wozu, wie gewöhnlich, 2 Maas genommen wurden, zeigte sich
keine

keine aufsteigende Luftbläschen, sondern es scheidete sich nur ein sehr zartes aschenfarbiges Pulver daraus ab, welches sich an den Boden des Abdampfungsgefässes ansezte. Nachdem das Wasser gänzlich abgeraucht war; wog das auf dem Boden befindliche aschfarbige Pulver noch 22 Gran, und hatte zugleich einen salzigen Geschmack. Dieses Pulver laugete ich abermals aus, und erhielt durch die Krystallisation ein gelbes, schmieriges, übel krystallisirtes Salz, welches 4 Gran wog, und alle Merkmale eines alcalischen mit einem fetten Wesen vermischten Salzes an sich hatte. Das Pulver aber, welches nach der Auslaugung im Filtro zurück blieb, schien eine graue mit Ocher vermischte Thonerde zu seyn.

Die Bestandtheile dieses Wassers könnten demnach also angegeben werden: Eine mit Eisenstoff vermischte Thonerde, sehr weniges Laugensalz, und vielleicht auch etwas Bergöl. An mineralischen Brunnengeist scheint es jedoch sehr arm zu seyn.

Man rühmt von diesem Wasser, daß es als Baad wider hartnäckige, langwierige Hautkrankheiten, wider chronische Kopfschmerzen, und wider die Gicht mit Nuzen angewandt worden sei. Eigne Erfahrungen darüber anzustellen habe ich keine Gelegenheit gehabt.

Indes=

Indessen sollte man eben keine so grosse Würkungen davon erwarten.

Etwa eine Stunde weit von diesem eben beschriebenen Bande, ist eine andere Quelle, ebenfalls unter dem Namen Budgyogo, bei dem Dorf Üveg Csür befindlich. Diese kommt dem vorhin beschriebnen Brunnen in allen Stücken gleich; nur daß man hier noch deutlichere Spuren eines enthaltnen fettigen Wesens wahrnehmen kann; indem nach der Abdämpfung des Wassers, die Seiten des Gefäßes gleichsam mit einem fetten Firniß hin und wieder überzogen zu seyn schienen.

Der Kovászner Sauerbrunnen.

Das Dorf Kovászna, welches sehr weitläufig und groß ist, liegt an den Gränzgebürgen, welche Siebenbürgen und die Moldau von einander scheiden. Von Cronstadt ist dieses Dorf beiläufig 8 Stunden entfernet. In diesem Dorfe findet man 3 Eisenhaltige Quellen. Vor vielen Jahren sollen in den Waldungen dieses Dorfs auch Eisenbergwerke gewesen seyn, von denen man noch izo Spuren daselbst sehen kann. In einer besondern Gegend dieser Gebürge, welche die Einwohner von Kovászna Timsó-hegy, deutsch: Alaunberge zu nennen pflegen, findet man einen natürlichen Eisenvitriol, welcher von den daselbst

selbst befindlichen Felsen bei trockner Witterung abgebrochen werden kann; und von den brennenden Sonnenstrahlen gleichsam calcinirt, unter einer weissen Farbe zu erscheinen pfleget.

Der erste mineralische Brunnen ergießt sein Wasser in dem Garten eines dasigen Inwohners, und wird für den besten gehalten, daher derselbe auch von Brunnengästen am mehresten besuchet wird. Die Quelle dieses Brunnens ist mit einem von Kalchsteinen gemachten tiefen Kasten umgeben, und diese Steine sind mit einer dunkelrothen Ocherrinde eben so, wie der Ablaufgraben überzogen. In der ganzen Gegend empfindet man einen widerwärtigen vitriolischen Geruch. Der Geschmack des Wassers ist selbst etwas unangenehm, jedoch beissend und weinicht. In der Vermischung mit Wein verursacht es nur ein geliudes Aufbrausen, wie es denn auch den Geschmack desselben nicht erhöhet. Uibrigens ist die Quelle sehr ergiebig, das Wasser vollkommen klar und kalt, und an der Quelle steigen viele Luftbläschen in die Höhe, welche mit einigem Geräusch auf der Oberfläche des Brunnens bersten.

Von dem Weinsteinöl wurde das Wasser nur sehr wenig in seiner Durchsichtigkeit verändert. Eben so wenig konnte man von der zugemischten Salpetersäure ein

Auf=

Aufbrausen bemerken. Mit der Hornlauge und Salpetersäure gab es augenblicklich ein schönes Berlinerblau. Von dem Gallapfelpulver nahm es geschwind eine schwarzbraune Farbe an; und den Veilchensyrup färbete es grün.

Als ich 2 Maaß dieses Wassers bei gelindem Feuer im Sandbaade bis zur gänzlichen Eintrocknung abdämpfte, erhielt ich zuletzt ein sehr dunkelgelbes etwas salziges Pulver, welches in allem 24 Gran wog. Nachdem ich durch die Auslaugung das salzige Wesen von diesem Pulver geschieden hatte, blieb noch ein Pulver im Filtro zurück, welches 11 Gran schwer war, und sich größtentheils in allen mineralischen Säuren unter Brausen auflösete, auch nach Beimischung der Hornlauge zu der Auflösung in der Salpetersäure, ein sehr dunkles schönes Berlinerblau absetzte. Die erhaltne Lauge gab durch die Krystallisation einige wenige würflichte Krystallen, die sich in den damit angestellten Versuchen als ein ordentliches Küchensalz zeigten. Das übrige der Lauge aber konnte ich nicht zur Krystallisation bringen. Die damit aber angestellten Proben zeugten von der alcalischen Natur derselben.

Es scheint demnach dieses Wasser 1. einen mineralischen Brunnengeist 2. einen zarten und sehr subtilen Eisenvitriol. 3. etwas weniges alcalische Erde. 4. weniges Küchensalz und

und 5. weniges mineralisches Laugensalz zu führen. Der vorzüglichere Bestandtheil aber scheint der zarte Eisenvitriol zu seyn.

Man kann diesem zu Folge von diesem Wasser mit Recht eine stärkende und reizende Kraft erwarten. Der Stahl hat von jeher eine der ersten Stellen unter jenen Mitteln behauptet, wodurch den erschlappten Fasern und Gefässen ihre verlorne Spannkraft wieder hergestellet zu werden pfleget. Eben diese Würkung kann also auch ein Wasser leisten, welches mit Stahltheilchen geschwängert ist. Jene Kranke also, die durch langwierige Krankheiten, durch Ausschweifungen in der Liebe, Saamenergiessungen, starken Blutverlust, langwieriges Abweichen, nächtliche häufige Schweiße, Speichelfluß, und andere Entleerungen gänzlich erschöpfet und entkräftet sind; jene Frauenzimmer, welche von der Bleichsucht, Verhaltung monatlicher Reinigung, vom weissen Fluß und Schwäche des Magens geplaget werden, können wenn anders diese Krankheiten von einer Erschlappung, und nicht etwa von einer Verstopfung der Gefässe herrühren, mit Grund von dem Gebrauch dieses Wassers eine Linderung ihrer Plagen hoffen. Eben so kann man sich dieses Wassers zu einer Nachkur vortreflich bedienen; wenn nemlich durch andere auflösende Brunnen, die Verstopfungen der Gefässe hinlänglich gehoben worden sind, und

man

man den Körper nun nur noch stärken will, um einer neuen Anhäufung stockender Säfte vorzubeugen. Im Gegentheil aber muß dieses Wasser, so wie überhaupt der Stahl, in allen jenen Fällen schaden, wo eine Vollblütigkeit, eine Neigung zu Entzündungen, Verstopfungen der Eingeweide, gallichte oder schleimige Unreinigkeiten der ersten Wege, oder innerliche Geschwüre vorhanden sind.

Der zweite mineralische Brunnen entspringt ohnweit der Dorfskirche, und ist mit einem eichnen Kasten umgeben, dessen Wände ebenfalls von einer dunkelrothen Ocherrinde überzogen sind. Alles, was von dem vorhergehenden Brunnen ist angemerket worden, findet auch bei diesem statt; nur mit dem Unterschied, daß von 2 Maas, nach der Abdämpfung nicht mehr als 16 Gran eines dunkelgelben Pulvers, mithin um ein Drittel weniger als bei dem erstern, übrig blieb; und daß ich auch weder durch den Geschmack etwas salziges daran entdecken, noch auch durch die Auslaugung ein Salz herausziehen konnte.

Eben so zeigt auch der dritte Brunnen, welcher im obern Theil des Dorfs nahe an einer Sägemühle hervorquillt, und mit Steinen unordentlich eingefaßt ist, in der Vermischung mit den sogenannten Reagentibus, alle jene Erscheinungen, welche bei der ersten

Quelle sind erzählet worden. Doch scheinet er nur wenige Luftsäure oder Brunnengeist zu führen, da man bei der Quelle nur selten einige Luftbläschen empor steigen sieht. Nach der Eintroknung blieben von 2 Maas dieses Wassers nicht mehr als 10 Gran eines feinen dunkelgelben, ganz geschmacklosen Pulvers übrig.

Ausser den itzo beschriebenen drei Eisenhaltigen Quellen, gedenket Hr. von Crantz in seiner Beschreibung der mineralischen Brunnen der Oesterreichischen Monarchie bei Kowasna noch eines warmen Wassers, welches mit Steinöl häufig versehen seyn, und von dem Pöbel zum Ausweissen der Wohnungen gebraucht werden soll. Dieses warme Wasser habe ich bei der sorgfältigsten Nachforschung nirgends finden können. Dagegen aber habe ich im Dorfe ohnweit der Kirche ein anderes kaltes Wasser gefunden, welches Pokol.Sár, deutsch der Höllenmorast genannt wird, und dieses Wassers bedienen sich die Innwohner von Kowasna zum Ausweissen ihrer Wohnungen, indem es, wie sie glauben, die Wanzen vertreiben soll. Es ist dieser Höllenmorast eine besondere Art der Quellen. Das Wasser sprudelt daselbst mit vielem Geräusch, und eben dem Ansehen, als wenn es stark siedete, wobei es aber doch ganz kalt anzufühlen ist, in dem Umfang einiger Klaftern, dik, trübe und aschfärbig hervor, und wird von der Quelle

gleichsam

gleichsam wiederum begierig verschlungen. Das Rindvieh des Dorfs versammlet sich häufig bei diesem Morast, und lecket selbigen, wegen dem salzigen Geschmack sehr begierig. In der Mitte dieses Morastes soll diese Tiefe so groß seyn, daß man auch mit einer Stange von etlichen Klaftern keinen Grund finden kann. So wie das Wasser aus der Erde hervorsprudelt, tauget es gar nicht zum trinken, weil es von der beigemischten thonartigen Erde ganz dick und trübe ist. Läßt man es aber einige Zeit ruhig stehen, so setzet sich der Thon zu Boden, und ein klares, doch nicht vollkommen helles Wasser bleibet oben, welches einen weinichten, sehr salzigen Geschmack, und einen etwas harzigen Geruch hat.

Dieses Wasser brauset mit allen mineralischen Säuren sehr stark, und wirft bei dieser Mischung sehr viele Blasen auf die Oberfläche, welche sich lange an die Seiten des Glases anhangen; jedoch nimmt die Klarheit des Wassers durch diese Vermischung nicht zu. Von dem Weinsteinöl wird das Wasser milchfärbig und läßt ein feines weisses Pulver zu Boden sinken. Den Veilchensyrup färbet es sogleich schön grün, und die Gilbwurzeltinktur roth. Das in Salpetersäure aufgelösete Quecksilber wird gelb davon niedergeschlagen. Aber weder durch die Hornlauge noch durch das Gallapfelpulver kann man einige Spuren eines enthaltenen Eisenstoffs entdeken.

Von zwei Maas dieses Morastes, welche ich so, wie es geschöpfet worden war, ohne daß es sich durch die Ruhe hätte klären können, bei gelindem Feuer bis zur gänzlichen Eintroknung abrauchen ließ, erhielt ich 8 Unzen 3 Drachmen und 44 Gran einer fetten, aschfarbigen, sehr weich und glatt anzufühlenden, und sehr salzigen Thonerde. Diese Erde laugete ich abermals mit reinem Wasser aus, und bekam durch die Krystallisation 7 Quentchen und 44 Gran gelbes, beinahe braunes Salz, dessen Krystallen größtentheils rhomboidisch, ein sehr kleiner Theil aber würflicht waren: und von welchen jene bald an der freien Luft in ein weisses Pulver zerfielen, und in allen Proben eine laugensalzartige Eigenschaft verriethen; diese aber dem gemeinen Küchensalz ganz ähnlich waren. Die Thonerde aber, von welcher ich dieses Salz abgeschieden hatte, war nach der Austrocknung wie vorher ganz fein und glatt anzufühlen, gleichsam wie eine Seife; es ließ sich dieselbe schneiden, auf allerhand Art Formen, und bekam keine Risse. Im Feuer trocknete sie wie Stein und wurde roth, zersprang aber bei grösserer Hitze in kleinere Stücke mit starkem Knallen.

Ausser

Auſſer der Thonerde enthält alſo dieſes Waſſer einen mineraliſchen Brunnengeiſt, eine beträchtliche Menge mineraliſches Laugenſalz, mit welchen etwas weniges gemeines Küchenſalz vermiſcht iſt, und eine feine weiſſe alcaliſche Erde. Vielleicht auch etwas Bergöl, von welchem vermuthlich die braune Farbe der Salzkryſtallen, und der harzige Geruch des Waſſers herrühret.

Bis noch iſt dieſes Waſſer zu keinem andern Gebrauch, als zum Ausweiſſen der Wohnungen geſchöpfet worden. Sollte man ſolches nicht als ein ſeiffenartiges Waſſer in Contracturen, Lähmungen, Steifigkeiten der Glieder, und Hautausſchlägen anwenden können? Die Wäſche wird, wenn ſelbige in dem geläuterten Waſſer gewaſchen wird, ohne Seiffe vollkommen rein, und weiß.

Der Pollyaner Brunnen.

Das Dorf Pollyan, welches im obern Theil des Szekler Gebiets Haromſzek, an dem Fuß eines ſteinigten Berges liegt, hat zwo Quellen, welche nahe an einander ihr Waſſer ergieſſen, und ſich in allen Stücken ſo ähnlich ſind, daß man keinen Unterſchied zwiſchen beiden finden und mit Grund vermuthen kann, daß beide aus einer unterirrdiſchen Haupquelle ihren Urſprung nehmen. Die eine dieſer Quellen

Quellen ist in einen ordentlichen Röhrbrunnen verwandelt worden, und strömet ihr Wasser sehr häufig hervor. Die andere aber ist mit einem hölzernen Kasten umgeben, welcher mit einer starken Ocherrinde bekleidet ist. Dieses Wasser wirft bei seinem Ursprung viele Luftblasen auf die Oberfläche; es hat einen angenehmem, weinigen Geschmack, keinen besondern Geruch, und brauset mit dem Wein sehr lebhaft; zugleich wird der Geschmack des Weins dadurch erhöhet. Aber immer ist es etwas trübe.

Von der Vermischnng mit Weinsteinöl wird dieses Wasser sogleich milchfärbig, und seines weisses Pulver scheidet sich davon ab, welches sich an die Seiten des Glases ansetzet. Mit den mineralischen Säuren brauset es sehr stark, und zugleich scheinet das Wasser sich mehr zu klären. Den Veilchensyrup färbet es grün, und schlägt das in der Salpetersäure aufgelößte Quecksilber strohgelb nieder. Mit der Hornlauge und Salpetersäure erzeuget es ein schönes Berlinerblau; und von dem Gallapfelpulver nimmt es eine schwarze Farbe an.

Durch die Abdämpfung bei gelindem Feuer bekam ich von 2 Maas dieses Wassers ein feines, bleichgelbes, salziges Pulver, welches ein Quentchen und 52 Gran im Gewicht hatte. Aus diesem schied ich durch die Auslaugung

mit

mit distillirtem Regenwasser, und durch die Krystallisation 34 Gran reines mineralisches Laugensalz. Das nach der Auslaugung aber im Filtro zurück gebliebene gelbe Pulver lösete sich nicht allein in allen mineralischen Säuren fast gänzlich unter einem starken Brausen auf, sondern die Auflösung in der Salpetersäure gab auch mit der Hornlauge augenblicklich ein sehr schönes dunkles Berlinerblau.

Es enthält also dieses Wasser 1. einen mineralischen Brunnengeist. 2. ein alcalisches mineralisches Salz. 3. einen zarten Eisenvitriol, und 4. eine alcalische Erde.

Dieses Wasser hat also mit dem Sugás Brunnen viele Aehnlichkeit, und man kann demnach ebenfalls eine auflösende, schleimzerschneidende und stärkende Kraft von demselben erwarten. Die Inwohner von Pollyan schreiben demselben eine vorzügliche Würksamkeit gegen die Kröpfe am Halse zu, welche es sehr glücklich zertheilen soll. In dieser Absicht muß man nicht allein das Wassertrinken, sondern auch den Satz, den dieses Wasser bei dem Abkochen macht, mit Wasser verdünnet, in Gestalt eines Breyes auf die Kropfgeschwulst auflegen; und auf diese Weise sollen sogar die größten Kröpfe in kurzer Zeit gänzlich zertheilet werden.

Diese nun hier beschriebene mineralischen Quellen sind die vorzüglichere Gesundbrunnen von Haromszek. Ausser diesen befinden sich noch einige weniger erhebliche Quellen daselbst, welche aber wegen ihres geringen Gehalts keine besondere Aufmerksamkeit verdienen: dahin gehören

Erstlich: Vier Quellen bei der Glashütte Zalánypatak, welche in der Nähe bei einander entspringen, und den Arbeitern in der Glashütte zum Getränke dienen. Sie sind alle von einerlei Geschmack und Gehalt, und gehören unter die Klasse der Eisenhaltigen, mit keinem Salz verbundenen Wasser.

Zweitens: Eine Quelle in den Waldungen bei Páva, welche ebenfalls unter die Stahlquellen zu zählen ist: aber nur sehr wenigen Gehalt hat; wie denn auch das Wasser nur sehr sparsam hervorquillt.

Drittens; Eine Quelle bei dem Dorf Zalány, von welcher die Inwohner des Dorfs ihr ordentliches Trinkwasser hohlen. Sie enthält eine kleine Quantität alcalische mit einer selenitischen vermischten Erde.

Viertens: Eine Quelle an dem Wege bei Petöfalva. Diese Quelle kömmt mit jener bei
Páva

Páva gantz überein, nur daß sie etwas reich:
licher ihr Wasser ergiesset.

Fünftens: Verschiedene Quellen in Hotolyka, welche von den dasigen Inwohnern beständig getrunken werden. Ich zweifle aber, ob diese Quellen mit Recht den Namen der mineralischen Brunnen führen.

Joseph Barbenius.
Der Arzneiwissenschaft Doktor und praktischer Arzt in Kronstadt.

III.

Literatur.

a. Recensionen.

Antonii Szeredaj de szent Háromság S. Theologiæ Doctoris, Prothonotarii (*Protonotarii*) Apostolici, Capituli Cathedralis Ecclesiæ Albensis Transilvaniæ Præpositi Majoris Infulati atque Tabulæ in Transilvania Iudiciariæ Prælati *Series antiquorum & recentiorum Episcoporum Transilvaniæ.* A Carolinæ. Typis Episcopalibus 1790. 4.

Als wir im verflossenen Jahrgange (Heft II. III. IV.) Johann Seiverts Entwurf der Siebenbürgischen Bischöfe einrückten, war gegenwärtige Schrift des infulirten Herrn Domprobsten Seredaj entweder noch nicht erschienen oder wenigstens in Hermannstadt nicht bekannt: sonst hätten denn schon beide verglichen werden müssen. Dies wollen wir gegenwärtig thun.

Das

Das Specmen Episcopatus Trensilvaniensis des Herrn Abbe Pray ist sowohl von Seivert als dem Herrn Probsten zum Grund gelegt worden. Jener hatte schon zur Berichtigung einige zum Theil ungedruckte Urkunden gebraucht, und noch häufiger thut es dieser. Er zählt die Bischöfe von Weißenburg chronologisch auf, merkt bei jedem die Urkunden an, in welchen des genannten Bischofes gedacht wird, und rückt sehr viele Urkunden aus dem Original des Albenser Kapitulararchives ganz ein. In der angegebenen Reihefolge der Bischöfe haben wir einige Verschiedenheit angetroffen, und manche eigene Bemerkungen gemacht.

Bei dem Jahre 1124 stehet bei Seredaj **Felicianus**, Seivert zweifelt S. 195. fehlet bei Pray.

Bei dem Jahre 1181 stehet bei Ser. **Paulus**, fehlt bei Pr. und Seiv. Von diesem Paulus sagt Bela III. in der eingerückten Urkunde, er sei vorhin sein Notarius gewesen. Wahrscheinlich ist es dieses, dessen Geschichte noch übrig ist mit der Aufschrift: P. dictus Magister ac quondam -- Belæ regis Hungariæ Notarius &c. S. Pray Diss. IV. pag. 73. Uibrigens wollen wir zum Behufe derer, die etwa diese Urkunde ganz zu lesen wünschen, anmerken, daß sie in den Archivischen Nebenarbeiten v. Spieß Th.

Th. I. S. 140. aus dem Original abgedruckt ist.

Bei dem Jahre 1203 stehet bei Ser. Petrus II. fehlt bei Pr. und Seiv. Der Herr Probst verweiset den Leser auf die Werke von Farlatus und Ganoßi. Indessen befindet sich in dem Albenser Kapitulararchive eine vom Bischofe Petrus 1203 ausgefertigte Urkunde. Freylich ist sie nur einer Vatern von 1308 eingerücket, und eben dies mag die Ursache seyn, warum sie der Aufmerksamkeit des Herrn Probsten entgangen ist. Die Mittheilung derselben würde gewiß jedem Forscher der Siebenbürgischen Geschichte, dem sie noch unbekannt ist, sehr angenehm gewesen seyn.

Bei dem Jahr 1211 Villinus. Der Hr. Probst vermuthet, es sei der nämliche der in früheren Urkunden Wilhelmus heißt. Er hätte sich davon überzeugen können, wenn ihm das Diplom Andreas II. von 1212, welches den Kreuzherrn im Burzenlande ist ertheilet worden, wäre bekannt gewesen. S. Ungr. Magaz. B. IV. S. 223.

Bei dem Jahr 1224 bei Ser. Bernardus, fehlt bei Pr. und Seiv. Der Hr. Probst vermuthet, er dürfte der nämliche seyn, der in einem Diplome des folgenden Jahres Reginaldus heißt, ohne jedoch diese Vermuthung

muthung durch irgend einen Grund zu unterstützen. Vergl. Seiv. S. 205. und Katona H. Cr. R. H. T. 5. p. 748.

Bei dem Jahr 1228 Petrus III. fehlt bei Pr. und Seiv. Hier kommt die erste Urkunde aus dem Albenser Kapitulararchive vor. Sonderbar ist es, daß bei d. J. 1225 Reginaldus stehet, und 1230 ebenfalls Reginaldus vorkommt. Allein des nämlichen Namens ungeachtet können es verschiedene Bischöfe gewesen seyn, vielleicht ist auch die eingerückte Urkunde nicht von dem damals lebenden Bischofe zu verstehen.

Bei dem Jahr 1243 Gallus I. fehlt bei Pr. und Seiv. welche erst bei dem Jahr 1246 eines Gallus erwähnen, den aber der Hr. Probst für einen andern des nämlichen Namens hält, und schreibt Gallus II. In welcher Hypothese der Zweifel nothwendig verschwindet, den er S. 16 über den Bischof Artolphus äussert. Uibrigens ist die Unterschrift von Gallus als Bischofe von Siebenbürgen in einer Urkunde von 1243 auch bei Katona zu sehen. Hist. crit. Reg. H. T. 6. p. 5.

Bei dem Jahr 1256 Gallus II. Seiv. stimmt ein, Pr. steht Smaragdus.

Bei dem Jahre 1259 Paulus I. (soll heißen II.) nach Pray. Seivert zweifelt.

Bei dem Jahre 1275 S. 20, 21 ist eine Urkunde vom Bischofe Petrus eingerückt mit der Jahrzahl 1269. Recensent hat ein durch das Großwardeiner Kapitel im Jahre 1358 veranstaltetes Transumt von dieser Urkunde gesehen, nach welchem dieselbe im Jahre 1276 ist ausgefertiget worden. Es mag also hier ein **Druckfehler** eingelaufen seyn, so wie es auch aus dem folgenden: Eodem hoc anno &c. zu ersehen ist.

Von dem Jahre 1290 kommt der Herr Probst unmittelbar auf 1295. Es mögen manche Urkunden des Kapitulararchives, welche zur Beleuchtung der Zwischenzeit hätten dienen können, der Aufmerksamkeit des Herrn Verfassers entgangen seyn. Recensent hat selbst Gelgenheit gehabt, einst eine solche zu sehen, durch welche der König Andreas die Unterthanen des Kapitels von der Gerichtsbarkeit und zu leistenden Bewirthung des Waywoden freispricht. Am Schluße dieser Urkunde, welche sich im Kapitulararchive (Cist. Capit. Fasc. I.) befindet, heißt es: Datum per manus viri discreti Magistri Theodori Præpositi Albensis Aulæ nostræ Vice Cancellarii dilecti & fidelis nostri Anno Domini millesimoducentesimo nonagesimo primo — — Venerabilibus Patribus

tribus Lodomio (Lodomerio) Dei gratia Strigonien. & Ioanne Colocen. Archiepiscopis, Petro Transilvan. — — — — Episcopis Ecclesiae Dei feliciter gubernantibus. Da diese Urkunde weder in Katona nach sonst wo abgedruckt ist, so würden wir sie hier einrücken, wenn wir dadurch nicht zu sehr von der Manier einer Recension abzuweichen fürchteten, und zum gegenwärtigen Gegenstande auch schon die angeführte Stelle nicht hinlänglich wäre. Eine noch frühere in diesen Zeitraum gehörige bischöfliche Urkunde hat schon der Fiskaldirektor vor einigen Jahren in dem Zehendprocesse zum Theil abdrucken lassen. Sie ist vom Jahre 1283 und fängt so an: Nos Petrus divina miseratione Episcopus Transilvanus. Diese Urkunde durfte dem Herrn Probsten desto weniger unbekannt seyn, da sie im Kapitulararchive vorfindig ist. Fascic. I. N. 14.

Bei dem Jahre 1299 heißt es: Idem Petrus. Seivert stimmt ein wider Pray, der hier Gregotius I. einschiebt.

Bei dem Jahre 1311 Benediktus, Pray nennet ihn schon bei 1310 ohne jedoch einen Beweis anzugeben. Seivert berufet sich blos auf Ferarius. Recensent kann aus einer Urkunde, welche zwar später als die Hierarchie von Pray erschienen ist, die aber Hr.

Seiv-

Seivert als einem Mitarbeiter an dem Werke, dem sie eingerücket ward, nicht hätte unbekannt seyn sollen, und in Ansehung des Stofes, auf dem sie geschrieben ist, dem Diplomaticker besonders merkwürdig ist, beweisen, das Benedikt schon 1309 den 2. May Bischof von Siebenbürgen war. S. **Ungrisch. Magaz.** B. I. S. 133. Wallaszki Conspect. Reipubl. litt. p. 73.

Bei dem Jahre 1314 **Andreas**. Pray und Seivert setzen ihn erst 1320. Es ist freylich schwer, die von Seredaj aus den Original angeführten Urkunden mit dem Tabulis Romanis zu vereinbaren. Vergl. Pray p. 257 N. c.

Bei dem Jahr 1344 **Demetrius**. Pray und Seivert wissen nichts von ihm.

Bei dem Jahre 1355 **Andreas**. Recensent wundert sich auch hier, warum der Hr. Probst sich auf Ganozi und nicht auf eine Urkunde berufen, welche im Kapitulararchive Fascic. I. N. 12. vorhanden ist. Das Großwardeiner Kapitel zeuget in derselben von dem durch den Bischof Andreas gemachten Kaufe von Ujwar. So lang auch diese Urkunde ist: so hätte sie der Geschichtforscher doch mit Vergnügen gelesen; weil er in derselben einige Daten zur Aufklärung in dem Münzwesen gefunden hätte.

Bei

Bei dem Jahr 1368. Dominikus. Nach einer eingerückten Urkunde lebte er noch in diesem Jahre Feria tertia proxima post festum Epiphaniæ Domini, das ist den 11. Jäner. Dies war den H. H. Pray und Seiv. nicht bekannt.

Bei dem Jahre 1400 führet Seredaj aus Pray eine Urkunde an, durch welche Nikolaus die Privilegien der bischöflichen Unterthanen in Silah bestätiget, und macht dabei die Anmerkungen. Observo equidem hanc confirmationem (a) Clarissimo Pray pro eodem Nicolao ad annum 1401 statuendo adduci, cum tamen illam anno 1400 editam fuisse notet, sed istud pro calami vel typi errore reputandum fortasis est. Dieser Schreib= oder Druckfehler bei Pray befindet sich wenigstens in dem Exemplare, das Recensent vor sich hat, nicht, wo es heißt: Datum in prædicta Zylak in festo circumcisionis Domini anno MCCCC primo, und es ist folglich ein Lesefehler, wenn dieser Schluß der Urkunde in dem Werke des Herrn Probsten so abgedruckt wird: Datum &c. A. D. 1400. Die Folge dieses Verstoßes war, daß er bei dem folgenden Jahre des Nikolaus nicht mehr erwähnt, wo er bei Pray und Seiv. erscheint.

Bei dem Jahre 1423. Georgius I. bei Pray und Seivert stehet auch bei diesem Jahre schon Blasius.

Bei dem Jahre 1449 Petrus. War nur von Rom ernannter Bischof in Siebenbürgen, wie Seredaj und Seivert wider Pray behaupten.

In der Zwischenzeit von 1453 bis 1462 ist eine Lücke, die weder Pray noch Seredaj auszufüllen weis. Recensent hat selbst Gelegenheit gehabt, ein authentisches Transumt des Albenser Domkapitels von der im Jahre 1459 in Mediasch zwischen den Ständen von Siebenbürgen, das ist dem Adel den Seklern und Sachsen geschlossenen Union, in welcher es ausdrücklich heißt: Reverendo etiam in Christo Patre & Domino Matthæo Episcopo Transilvano Domino & Prælato nostro dignissimo personaliter ibidem existente. Man muß sich also wundern, daß diese Urkunde der Aufmerksamkeit des Herrn Probsten des nämlichen Domkapitels entgangen ist.

Bei dem Jahre 1486 *Gereb*. Von diesem und den folgenden neun Jahren weis der Hr. Probst keinen Beweis aufzubringen. Es ist schwer zu glauben, daß im Archive des Kapitels nichts zu finden sey. Recensenten selbst ist eine Urkunde bekannt, in welcher der Siebenbürgische Bischof *Gereb* genannt wird, und welche

welche im Archive des Albenser Kapitels Fasc. II. N. 7. vorfindig ist. Sie ist von 1487 und enthält die Verleihung des Rektorats eines Altars in Peterwardein. In einer andern Urkunde von 1500 macht der Konvent von Kolosch Monostor Meldung von eben diesem Bischofe mit der Bestimmung de V.ingárth.

Bei dem Jahre 1503 *Nikolaus de Batka* Pray heißt ihn *de Raska*, Seivert muthmaßt *de Bochka* oder nach jetziger Art Botschkaj. Der Herr Probst hat in einer Originalurkunde gelesen *de Bathka*. Doch welche Verschiedenheit bei eigenen Namen in alten Urkunden herrsche, kann keinem, wenn er auch nur zehn gelesen hat, unbekannt seyn.

Bei dem Jahre 1512 *Franciscus II.* ist unstreitig ein Druckfehler im Jahre, und soll stehen 1514, da, wie der Hr. Probst selbst anmerkt, sein Vorfahrer **Franz** der erste die päbstliche Bestätigung erst von Leo X. erhalten hat, dieser aber bekanntlich 1513 auf den päbstlichen Stuhl gelangt ist.

Bei dem Jahre 1526 **Johann Goston**. Pray und Seivert stimmen ein: allein Stephan Broderith Bischof in Sirmien und königlicher Kanzler erwähnt in der Geschichte der Niederlage bei Mohatsch des **Nikolaus Gerendi** als Siebenbürgischen Bischofes, dem der Auftrag gemacht worden sey, bei der allgemeinen Landesnoth aus den Kirchenschätzen Silber zu sammeln und Geld daraus münzen zu lassen. Da aber bei dem nämlichen Schriftsteller auch Johann Goston als Siebenbürgischer Bischof vorkommt, so dürfte wohl dieser zur Zeit der Mohatscher Niederlage und jener erst in der Folge, da Broderith die Geschichte schrieb, Bischof in Siebenbürgen gewesen seyn. Vergl. De Dominio Nobilium S. 230.

Bei dem Jahre 1533 Johann Statilius. Nach Pray und Seivert war er schon 1528 zum Bischofe ernannt.

S. 197 stehet 1533 statt 1538. Die bei diesem Jahre eingerückten 2 Briefe an den Connétable von Montmorenci stehen bei *Ribier Lettres & memoires d' Etat. T. 1.* Es ist leicht zu erachten, wie sich die hier vorkommenden Fehler *Conmestabilis* und *Comestabilis* eingeschlichen haben.

Bei dem Jahre 1553 hätte füglich Erwähnung geschehen können von Franz de Megyes, der noch den 22. April dieses Jahres Episcopatus Transilvaniæ tam in spiritualibus quam in temporalibus Administrator war. Die Urkunde, welche dieses erweiset, ist von dem Waiwoden Andreas Bathori im nämlichen

lichen Jahre ausgefertiget worden, und das Original davon befindet sich in dem Albenser Kapitulararchive. Cist. Cap. Fasc. 3. N. 49.

Bei dem Jahr 1556 erwähnt der Hr. Probst S. 110 aus einem 1531 geschriebenen Verzeichnisse der Weißenburger Kirchengeräthschaften eines dasigen Bischofes Peter Feneschi, von dem er aber nicht anzugeben weis, wann er gelebt habe. Pray und Seivert kennen ihn gar nicht.

Bei dem Jahr 1596 Demetrius Napragi. Die von dem Herrn Verfasser hier eingerückte Urkunde gehörte wohl nicht in den Plan desselben, da der Name des Bischofes, dessen Existenz dadurch sollte bewiesen werden, in derselben nicht vorkommt. Selbst das Jahr fehlt in der Urkunde, die der Herr Probst vor sich gehabt hat, indessen bestimmet Pray S. 279 N. a. den 16. April 1602.

Bei dem Jahre 1659 Franz *Sz. Györgyi.* Bei Seivert steht bei diesem Bischofe S. 367 fehlerhaft das Jahr 1649 statt 1659. So wie auch S. 282 Z. 4. statt 1401 das Jahr 1501 und Z. 8 statt 1601 ebenfalls 1501 zu setzen ist.

Bei dem Jahre 1665 Franz *Tolvay.* Pray, auf den allein sich der Hr. Probst berufet, nennet ihn *Folnay*, Seivert ebenfalls. Benkö weis gar nichts von ihm. S. *Transilvan.* T. II. pag. 152.

Bei dem Jahre 1666 ist unstreitig ein Druckfehler im Jahre, und soll nach Pray und Seivert stehen 1668. Denn im Jahre 1667 den 7. Jul. war kein Bischof.

Bei dem Jahr 1676 Andreas *Mokchay.* Pray und nach ihm Seivert nennen ihn schon bei 1674: allein die vom Herr Probsten eingerückte Urkunde streitet klar dawider.

Bei dem Jahre 1681 Andreas *Sebesteny.* Er erhielt die bischöfliche Würde nach Pray schon 1679 und behielt sie nach Seivert noch 1683. Weder bei diesem noch bei dem folgenden Bischofe giebt der Herr Probst die Jahre des Antrites des Bischofsamtes richtig an.

Bei dem Jahre 1722 Ladislaus Freyherr *Mednyanszki* blos ernannter Bischof. Fehlt bei Pr. und Seivert.

Bei dem Jahre 1729 Gregorius Freyherr von Sorger. Seivert und sein, wie meistens, einziger Gewährsmann Pray, lassen ihn schon 1728 zur Bischofswürde gelangen; vermuthlich weil sein Vorfahrer in diesem Jahre den 10. Jun. (nicht im Maimond, wie

wie Seiv. sagt) gestorben ist. Hingegen hat der Herr Probst das Sterbejahr anzugeben vergessen, obwohl er Monat und Tag richtig angemerkt hat.

Von dem Bischofe Freyherrn Baitai erzählet der Herr Probst verschiedenes, das man ihm glauben kann und muß; weil es Dinge sind, die öffentlich geschehen sind: desto mehr Beweise müßte Herr Pfarrer Seivert aufbringen, um uns von den geheimen Entwürfen dieses Bischofes, den Adel und die Sächsischen Pfarrer zu plündern, zu überzeugen. Recensent kann hierorts nur so viel versichern, daß diese geheimen Nachrichten sehr einseitig sind, und hat es auch gelegenheitlich nur deswegen gerügt, damit nicht etwa ein Leser in der Folgezeit jene Beschuldigung für allgemein bewußt und anerkannt halte, weil niemand widersprochen habe.

Bei dem jetzt lebenden Herrn Bischofe Ignatz Grafen von *Battyán* stehet ein Elogium in einer Art von Lapidarstile, aus dem wir ersehen, daß Se. Excellenz diese Schrift des Herrn Probsten auf eigene Kosten haben auflegen lassen.

Soviel von der Reihefolge der Bischöfe, bei welcher wir nur noch anmerken wollen, daß manche Lücken, welche auch nach den Verdienst-

vollen Arbeiten sowohl der HH. Pray und
Seivert als des Herrn Probsten geblieben sind,
aus den Unterschriften der Diplomen ausge=
füllet werden können. Schon das reichhaltige
Urkundenmagazin, die Historia Critica von
Katona würde dabei trefliche Dienste thun. Doch
da dieses Buch in jedermanns Händen ist,
dem es daran gelegen seyn kann, die Reihefol=
ge der Bischöfe zu ergänzen: so mußte davon
hier kein Gebrauch gemacht werden. Aber auch
in Büchern, in denen man so etwas nicht su=
chen würde, giebt es manchmal Beiträge, die
man in andern Werken vermißt. In der
Sammlung auserlesener Urkun=
den, welche von Spieß 1783 ist herausge=
geben worden, stehet ein Diplom Andreas II.
von einem Jahre, von welchem selbst Hr. Ka=
tona kein unstreitiges Diplom aufzubringen
wußte, (Hist. Crit. T. V.) und welches
nicht nur als eine der größten Diplomatischen
Seltenheiten in Ansehung des Siegels Auf=
merksamkeit verdienet: sondern auch den Be=
weis enthält, daß 1220 Willelmus Sieben=
bürgischer (ultrasilvanensis) Bischof war.
Indessen sind die noch hier und da übrig ge=
lassenen Lücken keineswegs von der Art, daß
dem Forscher der Geschichte Siebenbürgens die
Arbeit des Herrn Probsten nicht sehr schäzbar
und willkommen seyn müßte. Der Fleiß des
ehrwürdigen Greisen, der sich in einem ho=
hen Alter der mühsamen verdrüßlichen Arbeit

unter=

unterziehet, so viele oft nur mit äußerster Anstrengung und eiserner Geduld lesbare schriftliche Urkunden zu entziffern, ist musterhaft. Vielleicht daß dieses Beispiel auf einen und den anderen jüngeren Mann wirket, dem es nicht an ähnlicher Gelegenheit fehlet, ungedruckte Urkunden zu benutzen, der aber zu der Klasse derjenigen gehört, von deren Einem es geschrieben stehet:

Man geb ihm Landeskassen, dazu ist er
der Mann;
Was man ihm anvertraut, rührt er gewiß nicht an.

So schätzbar aber auch dieses Werk in Ansehung der Bestimmung der Bischöfe seyn mag: so hat es dennoch wegen der Urkunden, welche sehr oft aus den Originalien ganz eingerücket werden, noch einen viel größeren Werth: besonders da sehr viele davon bisher noch gar nicht gedruckt erschienen sind. In diesen findet der Forscher Theils Bestätigung Theils Aufklärung über manchen dunkeln und wichtigeren Punkt der Geschichte, als die Bestimmung der Bischöfe ist. Dahin gehören die Spuren von Hussiten in Siebenbürgen, die Einkünfte der Königin von Hungarn aus dem Bistritzer Distrikte, verschiedene Zehendeinrichtungen, die Einrichtung der Kirchhöfe auf Sächsischen Dörfern wider feindliche Einfälle, die Nachricht, daß blos durch die Siebenbürgischen Bischöfe, welche in dem gegenwärtigen Jahrhunderte diese Würde bekleidet haben, mehr als ein mahl hundert und zwanzig tausend Gulden, zum Behufe der studirenden Jugend und auf ähnliche Stiftungen sind geschenket worden u. s. w.

Bei einigen Urkunden, welche der Herr Probst aus den Originalien des Kapitulararchives liefert, schon vorhin aber von anderen Schriftstellern sind bekannt gemacht worden, äußert sich eine außerordentlich große Verschiedenheit. Man vergleiche das Diplom von Ludwig I. S. 22 mit der Abschrift von ebendemselben Diplome bei H. Benkö Milkov: T. I. pag. 122. folg. Noch größer ist die Verschiedenheit in der Urkunde, welche der H. Probst S. 24 folg. und H. Katona Hiſtor. Crit. Reg. Hungar. T. VI. pag. 936 folg. beide aus dem Original eingerücket haben. Wir wollen nur einige Stellen zur Probe anführen. Der Anfang der Urkunde lautet bei jenem: Ven. in C. P. P. D. G. Epiſcopo Tranſilvano amico ſuo chariſſimo *Ludovicus* Miſeratione divina Archiepiſcopus ſanctæ Strigon. Eccleſiæ. Bei Katona heißt der Erzbischof Lodomerius Am Ende der Urkunde heißt es bei dem Herrn Probsten: Et quia eædem litteræ lectæ in Congregatione Regni noviter habita cum ſumma reverentia

ſunt

funt receptæ, placuitque univerſitati Præ-latorum omnium & Baronum nec non & Nobilium Budæ convenientium: ut ipſi proventus reginales tam in tricefimalibus locis quam in teloniis, tributis, cenſibus & terragiis juxta regni conſvetudinem — — approbatam — — — debeant cum integritate — — — exhiberi. Amicitiam veſtram duximus requirendam — — — Paternitati veſtræ confidenti cum reverentia imponentes, quatenus cenſus & tributa eidem dominæ reginæ provenientia in diſtrictu *de Beſztercze* tam in capite quam in membris pertinentibus ad eosdem ac jura omnia & tributa monitione præmiſſa *& contradictione Patriali poſthabita*, officialibus ejusdem dominæ reginæ — — — procurare *velitis* contradictores qui fuerint — — — per cenſuram — — compeſcendo — — — Dat. Strigonii in feſto B. Nicolai Ep. A. D. 1187 Herr Katona lieſt dieſe Stelle ſo: Et quia eædem literæ lectæ in Congregatione regni noviter habita cum ſumma reverentia ſunt receptæ, placuitque Univerſitati prælatorum omnium & baronum, nec non & nobilium *eodem* convenientium, ut ipſi proventus reginales tam in tricefimalibus locis, quam in teloniis & tributis, cenſibus & terragiis juxta regni conſvetudinem approbatam (— *cui etiam eædem litteræ ſedis apoſto-*

apoſtolicæ & Cardinalium in communi, ficut tenor earum infertus præfentibus manifeſtat) debeant cum integritate *fine contradictione qualibet* exhiberi. *Et quoniam ejusdem apoſtolicæ ac fanctæ fedis & venerabilium Patrum dominorum Cardinalium mandatum, prout & præceptum cum ſumma reverentia & exact — — cia profequi nos oportet, exigente hoc ipſum ejusdem Dominæ ac Dei gratia illuſtris reginæ Hungariæ juſtitia manifeſta — — quod venuſtis ejus moribus & eximiis actibus, imo verius venerabilis vitæ paſſionibus valeat imputari;* amicitiam veſtram duximus *affectuoſius* requirendam, *auctoritate fedis apoſtolicæ* paternitati veſtræ *confidenter* cum reverentia imponentes, quatenus cenſus & tributa, eidem dominæ reginæ provenientia, in Diſtrictu — tam in capite quam in membris pertinentibus *ad eamdem* & jura omnia ac tributa, monitione præmiſſa — — officialibus ejusdem dominæ reginæ, *latoribus præfentium,* procurare — contradictores, *ſi* qui fuerint, *auctoritate fedis ejusdem* per cenſuram *eccleſiaſticam* compeſcendo; *in principales perſonas, quæ impedimentum huic negotio poſuerint, & in familiam eorum — — interdicti ſententiam promulgando — — ut apud Deum & eamdem apoſtolicam ac fanctam Romanam Eccleſiam, matrem eccleſiarum omnium ac magiſtram, noſtræ follicitudinis inſtantia & vigilantia merito valeat commendari.*

dari. Datum Strigonii in festo beati Osvaldi. an. dom. M. CC. LXXX. VII. Einige dieser Varianten ließen sich zwar erklären, wenn man annähme, der Herr Probst hätte geflissentlich die ihm minder wichtig scheinenden Worte und Säße ausgelassen: (obwohl er dies sonst ausdrücklich anzumerken pflegt) allein was soll man zu anderen z. B. der Bestimmung des Tages sagen? Indessen hat der Hr. Probst auch bei diesen Varianten noch das Verdienst vor Herrn Katona, daß er das Wort Beſzterczͤ gelesen und eingerücket hat, welches, wie leicht zu ersehen, einen interessanten Aufschluß giebt. Bei der bald darauf folgenden Variante, wo jener eosdem und dieser eamdem ließt, soll es wohl wahrscheinlich heissen: *eundem.*

Der Herr Probst hat den Urkunden hier und da auch einige außer dem Hauptplane seines Werkes liegende Erläuterungen eingeschaltet, und es findet sich manche darunter, für welche ihm der Diplomatiker und Geschichtforscher Dank wissen wird. Unter den vielen kommt freylich auch manchmahl eine von geringerem Werth, oder von der Art vor, daß man an der Richtigkeit derselben zweifeln kann. Auch hierüber sollen einige Belege gegeben werden: die Aufmerksamkeit, mit welcher Recensent das Werk durchgegangen hat, mag für
einen

einen Beweis gelten von der Achtung, die er für dasselbe hat.

Bei dem Jahre 1503 kommt die Anmerkung vor: His circiter temporibus, nec multo ante coepit nomenclatura *Transilvani* in *Transilvaniensem* commutari. Jeder, der Gelegenheit gehabt hat, Originalien von Siebenbürgischen Urkunden zu sehen, weis es, daß es sehr oft blos von der Willkühr des Kopisten abhängt, das verkürzt geschriebene Wort Transilvan. auf eine oder die andere Art zu lesen: selbst der Herr Probst schreibt schon in einer Urkunde von 1379 (S. 115) bald *Transsylvanienfis* bald *Transylvanus*. So stehet auch in einer Urkunde des Pabsten Bonifacius von 1400 *Transsilvaniensi* olim Albensi Dioecesi. Bei. *Péterfi Concil. Hung.* P. II. und schon in einer Urkunde von 1213, welche der Hr. Probst S. 6 folg. eingerücket hat, heißt es am Ende: Esau Domini *Transilvaniensis* Episcopi Yconomo. Letzt erwähnte Urkunde ist ein bischöfliches Schreiben, durch welches den Fratribus Hospitalis S. Mariæ in Ierusalem de Domo Theutonicorum in terra, quæ *Borza* nominatur, verschiedene Vortheile eingeräumet werden. Es kommen dabei zwei Dinge vor, über welche die Gelehrten mit dem H. Probsten nicht einstimmen dürften. Er nimmt es für ganz ausgemacht und bekannt an, daß die Fratres Hospitalis de domo Teutonicorum

Tempelherrn waren: indessen ist es in der That eine allgemein bekannte Sache, daß diese zwei Ritterorden ganz verschieden waren. Der Orden der Deutschen Ritter ist erst 1191 von Cälestin III. bestätiget worden, (Grebner Hist. Universf. T. II. p. 781) und Pabst Innocenz III. verbietet ihnen den Gebrauch der weissen Mäntel, welche den Tempelherrn eigen wären. Libr. XIII. epist. 125 126 (Vergl. Katon. Hist. Crit. R. H. T. 5.) Ferner behauptet der Herr Probst wider H. Abbe Pray, die in der Urkunde erwähnte Terra Borza, der Sitz der Deutschen Kreuzherrn, sey nicht im Burzenland sondern bei dem Passe Bodsa zu suchen. Herr Katona suchet sie gar an den Gränzen der Marmarosch (Hist. crit. R. H. T. 5. p. 173) allein beide Muthmassungen werden, durch die von H. Seivert schon im Jahre 1787 bekannt gemachten Urkunden (S. Ungr. Magaz. B. IV.) und durch das bereits bei uns bekannte Diplom des Königs Andreas II. von 1222, welches sich in dem Codex Pomeraniæ S. 102 befindet, widerlegt. Wären diese dem Herrn Probsten bekannt gewesen: so kann man versichert seyn, daß er von den S. 8. angeführten Gründen keinen Gebrauch würde gemacht haben. (*)

Bei

(*) In dem Diplome Andreas II. von 1211 welches der Pabst Gregor IX. seiner Bulle eingerücket, und Seivert

Bei dem Jahr 1383 rücket der Hr. Probst aus Pray eine Urkunde der Königin Maria ein, durch welche die Besitzung Omlás dem Bischofe Goblinus und seinen Anverwandten geschenket wird. Diese Besitzung gehört itzt zum Sächsischen Grunde, daher macht der Hr. Probst am Ende der Urkunde folgende Anmer=

---

am angeführten Orte hat abdrucken lassen, werden die Gränzen des Gebietes der Deutschen Kreutzherrn bestimmet. Das nämliche geschieht auch in dem Diplome des nämlichen Königes vom Jahre 1222. Es heißt in demselben, nach der Abschrift, welche Recensent davon hat, unter andern: Hinc est, quod piæ recordationis parentum nostrorum vestigia pro desiderio amplectentes, & æternæ vitæ bravium cum eis post præsentis vitæ cursum apprehendere cupientes, Hermanno Magistro religiosæ fraternitatis Hospitalis S. Mariæ Theutonicorum Hierosolymitanæ ejusque fratribus tam præsentibus quam futuris caritatis intuitu terram *Burtza* nomine ultra silvas (jenseit des Zaidner Waldes) versus Cumanos — contulimus — libere possidendam — — Prima vero meta hujus terræ incipit de indaginibus castri Almagie, (*Halmágy*) & procedit ad indagines castri Noialt, (Salt?) & inde progreditur usque ad indagines Nicolai, (*Miklosvár*) ubi aqua defluit quæ vocatur *Alt*, & sic ascenditur per *Alt* — — Et ut istud eis ratum permaneat atque firmum, præsentem paginam sibi jussimus bullæ nostræ aureæ charactere insigniri. Datum per manus Cleri aulæ regiæ Cancellarii Agriensis Præpositi, anno ab Incarnatione Domini M. CC. XXII. — Regni nostri anno XVII.

Anmerkung: Patet ex hac donatione, quod Regibus Hungariæ, non obſtante Andreano privilegio Saxonibus Tranſilvanis collato, jus ſuperfuerit, in fundo regio bona extraneis conferendi. In dem Diplome Andreas II. von 1224 heißt es: Volumus etiam & Regia autoritate præcipimus, ut nullus de Iobagionibus noſtris villam vel prædium aliquod a Regia Majeſtate audeat poſtulare: *ſi vero aliquis poſtulaverit, indulta eis libertate a Nobis contradicant.* Dieſes Vorrecht der Siebenbürger Deutſchen iſt ihnen nebſt den übrigen Begünſtigungen durch Karl I. 1317, durch Ludwig I. 1366 und durch die Königin Maria ſelbſt 1383 den 20. Febr. zugeſichert worden: wie könnte ſich alſo dieſe Königin b e r e ch t i g e t zu ſeyn glauben, etwas von dem Grunde der Deutſchen an einen Fremden zu vergeben? Da ſie alſo doch die Beſitzung Omlás dem Biſchofe verliehen hat: ſo muß man ſchließen, dieſe Beſitzung habe zu jener Zeit nicht zum Gebiete der Deutſchen gehört, welches ohnehin durch den König Andreas nur der Länge nach A Varas usque in Baralth nicht aber nach der Breite beſtimmt iſt. Und dieſer Schluß wird ſowohl durch die Worte der Königin ſelbſt im eingerückten Diplome als durch die Geſchichte beſtätiget. Von den Zeiten Ludvigs des I. wenigſtens war das Gebiet der Deutſchen in Stühle (Sedes) eingetheilet: nun aber heißt es in dem Diplome Mariens;

quamdam poſſeſionem Omlàs vocatam in terra noſtra Tranſilvana *inter* Sedes noſtras Cibinienſem & Szeredahely vocatas ſituatam. Es konnte alſo die außer dieſem Gebiete liegende Beſitzung Omlás, ohne die Vorrechte der Deutſchen zu kränken, ſo wie jedes andere Krongut von den Königen verliehen werden, mit der Bedingung, daß es in gewiſſen Fällen, ſo wie andere edeliche Güter, an die Krone heimfalle, und dann wieder an andere Beſitzer verliehen werde. So war im Jahre 1464 Stephanus de Hederfája Herr von Omlás, welches aus einem im Hermannſtädter Nationalarchive N. 236 befindlichen Originaldokumente erhellet; ſo ward es endlich 1472 vom Könige Matthias den Sachſen verliehen; da aber die Bothen, welche den Schenkungsbrief mitbrachten, auf dem Wege das Unglück hatten, von Walachen ausgeplündert zu werden, und auch dieſer Brief dabei verloren ging, ertheilte ihnen der König einen neuen, welcher ſowohl die Erzählung dieſes Vorfalles als auch die Verleihung ſelbſt, novæ donationis titulo enthält. Auch dieſe Urkunde auf Pergament ausgefertiget, und mit einem hangenden Siegel verſehen befindet ſich im oben erwähnten Archive N. 342. Dieſe U r k u n d e n konnten nun freylich dem Herrn Probſten unbekannt ſeyn, deſtoweniger durfte es aber eine andere ſeyn, welche ſich im Albenſer Kapitulararchive vo e Fasc. 7. N. 26 befindet, aus welcher es ganz deutlich erhellet, daß Omlás bevor es dem Bischofe Goblinus ist verliehen worden, adelichen Besitzern und nicht zum Sächsischen Gebiete, oder dem so genannten fundus regius gehörte.

Aehnliche Berichtigungen dürften zwar noch hier und da, wiewohl nicht sehr häufig, nothwendig seyn: dessen ungeachtet aber bleibt das Werk immer eines der nützlichsten und für den Forscher der Siebenbürgischen Geschichte unentbehrlichen Bücher, das vor so vielen anderen verdienet hätte, bei der Herausgabe nicht in Stümperhände zu gerathen; denn von Seite der typographischen Kunst, des Papiers, der Lettern, der Richtigkeit im Setzen ist es eine wahre Sudeley, der man selbst von den ältesten Produkten der Siebenbürgischen Druckereyen nichts als etwa den S i e b e n b ü r g i - s c h e n W ü r g e n g e l an die Seite setzen kann.

Antonii Szereday de Szent-Háromság &c. *Collectio continens Tabulas vetustorum ac recentiorum monumentorum, quæ in Templo Alba-olim Iuliensi, nunc Carolinensi in Transilvania sunt fueruntque locata.* A Carolinæ, Typis Episcopalibus anno 1791. 4.

Inschriften können manchmal zur Erörterung eines Zweifels in der Geschichte beitragen: und in dieſer Rückſicht, muß uns dieſe Sammlung ebenfalls willkommen ſeyn, beſonders da bereits ſchon manche vorhin an der Weiſſenburger Kirche befindlichen Inſchriften ganz unlesbar und andere nur kaum noch zu entziffern ſind. Noch im ſechzehenten Jahrhunderte waren an der Kirchenwand von auſſen ſieben Römiſche Inſchriften vorhanden, welche Bongars aufgezeichnet hat: (*Scriptores Rer. Hung. ſtudio Schwandtn. T. 1. p.* 881) Der Herr Probſt konnte izt nur die erſte davon mehr leſen, und auch dieſe nicht ganz, und nicht richtig. So läßt er die ganze Zeile: ET IVLIAE AVG. MATRIS AAG. aus, und ſezet: MK. LEG. XIII. ſtatt: MIL. LEG. XIII.

Bei einigen Grabſchriften, beſonders bei jenen, in welchen der Zahn der Zeit ſelbſt die Namen vertilgt hat, hätte eine Erläuterung beigefüget werden können. So eine Grabſchrift iſt die S. 27. welche Recenſent auf Staniſlaus Niſovsky den geheimſten Rath Iſabellens (Forgacs Comment. Rer. Hung. p. 230. 231) deuten würde, um ſo zuverläſſiger, da es aus einer Urkunde von 1578, welche ſich im vormaligen Koloſchmonoſtorer Archive befindet, erhellet, daß Niſovsky bis an ſeinen Tod in Siebenbürgen geblieben, und ungefähr in dem Jahre 1574 geſtorben iſt. Seine hinterlaſſene Gemahlin Saphira Moyſin heurathete bald darauf einen
Sieben=

Siebenbürgischen Edelmann Stephan Keserii und erhielt 1578 von Christoph Bathori die Besitzungen Sz. György und Vállja in der Hunyader Gespannschaft.

Aehnliche Erläuterungen würden nun unstreitig den Werth des Buches erhöhet haben: indessen aber müssen wir dem Herrn Probsten auch für das, was er vor der Hand geliefert hat, Dank wissen, und wir wollen blos noch erinnern, daß es Gelehrte geben dürfte, die mit dem, was S. 4 von der Stiftung des Kapitels gesagt wird, nicht einverstanden wären. Es giebt Gründe, welche es wahrscheinlich machen, das Albenser Domkapitel sei erst vom Könige Ladislaus gestiftet worden. Vergl. Katona Hist. crit. Reg. H. T. II, pag. 615. sequ.

A' Nötelen és Nehézkéseknek az az Anyáknak és Gyermekeknek az ö Különös nyavalyájokban és változásaikban valo Gyógyitásokrol és Gondviseléséről szólló oktatás, vagy a' köz és falú-hellyt lakó Népnek számára iratott Könyv, Doktor MARSCHAL Henrich György által. Németböl Magyarra forditotta GEODRI IANOS a' Neudorffi két Nátioból álló Ev. Ekklésia Lelki Tanitója. Kolosváratt és Szebenben nyomtattatott

Hoch-

Hochmeifter Márton Ts. K. privilegiomos Könyvnyomtató által 1791.

Die grobe Unwissenheit, sagt Herr Doktor Lange in der Zueignungsschrift an Se. Exzellenz den hiesigen Herrn Landesgouverneur Graf Banfi, in welcher sich die Siebenbürgischen Hebammen auf Dörfern besonders befinden, bewog ihn, die Uebersetzung gegenwärtiger Schrift zu veranstalten. Der Grund des Herrn Herausgebers wird durch die allgemeine Klage über diesen Punkt bestätiget, und jeder Menschenfreund muß dem Manne warmen Dank wissen, der durch die Verbreitung eines mit allgemeinem Beifalle aufgenommenen Werkes einem wahren Landesbedürfnisse zu steuren sich bestrebt. Die Uebersetzung selbst ist, was die Hauptsache bei Werken dieser Art ist, sehr verständlich, bis etwa auf einige Germanismen, welche einer ungrischen, der Deutschen Sprache unkundigen Hebamme Schwierigkeit machen dürften. Z. B. *Főző-Só* statt *Közönséges Só*, *Hánytató efzköz*, *Pappendekkel*, u. s. w. Die am Ende des Buches befindlichen Recepte hätten auch zum Behufe der Apothecker lateinisch können eingerücket werden. Uebrigens muß in jedem, dem das Buch zu Gesicht kommt, der lebhafte Wunsch rege werden, es bald allgemein bekannt und in den Händen all derjenigen zu wissen, deren Pflicht es ist, an der Geburtshülfe

Hülfe und der ersten Pflege der Kinder Theil zu nehmen: nur leider! ist es bei uns, auf Dörfern besonders, noch der gewöhnlichste Fall, daß dieses Geschäft von Weibern besorget wird, welche weder von diesem noch von irgend einem andern Buche ohne fremde Hilfe Gebrauch zu machen im Stande sind.

A' maga Mátkájáért ártatlanul halált szenvedett Groff ESSEX egy szomorú Iáték őtt fel vonásokban, melly Németből Magyarra fordittatott SEELMANN KAROLY által. Kolosvárat és Szebenben nyomtattatott Hochmeister Márton Ts. K. privilegiomos Könyvnyomtató által 1792.

Schon seit geraumer Zeit gehet man mit dem Gedanken um, die Ungarische Sprache auf das Theater zu bringen. Das erste, auf was man dabei sorgen mußte, war, daß man hinlänglichen Vorrath von Stücken in dieser Sprache habe. Auch sind bereits einige brauchbare Stücke und besonders treffliche Uebersetzungen aus dem Französischen sowohl als Deutschen erschienen. Herr Seelmann, der schon vor einiger Zeit ein Ungrisches Schauspiel herausgegeben hat, liefert ißt auch den Graf Essex von Christoph Seipp. So wenig wir daran zweifeln, daß die Ungarische Nation die Wahl eines Stückes billigen werde,

dessen

dessen Plan von Lessing ist, und das auf sehr vielen Deutschen Theatern mit Beyfall gespielet wird: so wollen wir es doch dahin gestellet lassen, ob dieselbe auch mit der Sprache der Uebersetzung zufrieden seyn, ob diese nicht zu periphrastisch, und eben darum zu matt scheinen, und ob sie geneigt seyn werde, so niedrige Ausdrücke, wie z. B. S. 67 Midőn a' Parlamentum és Hazámfiainak nagyobb része törvénytelen szűletésemet piszkálták, statt: feszegették aus dem Munde der Königin Elisabeth zu hören.

(*) b. Mortalitäts Tabellen.

In dem verflossenen Jahre 1791 sind

	geb.	gest.	mehr geb.	mehr gestorb.
In Hermannstadt	371	596	—	225
— Kronstadt	(unbek.)	599	—	—
— Mühlenbach	47	38	9	—
— Großschenk	29	52	—	23

(*) Die Vorausgeschickte wichtige Recension der Katholisch. Bischöfe hat es uns nicht erlaubt, die uns gütigst zugesandten Mortalitätstabellen in extenso mitzutheilen. Daher nur diese kurze summarische Uibersicht.

A. d. H.

www.ingramcontent.com/pod-product-compliance
Lightning Source LLC
Chambersburg PA
CBHW020533300426
44111CB00008B/645